AF260368

PROCÈS

DES ACCUSÉS

DU COMPLOT DE NEUILLY.

IMPRIMERIE DE D'URTUBIE ET WORMS,
17, rue Saint-Pierre-Montmartre.

PROCÈS

DES ACCUSÉS

DU COMPLOT DE NEUILLY,

DEVANT LA COUR D'ASSISES DE LA SEINE.

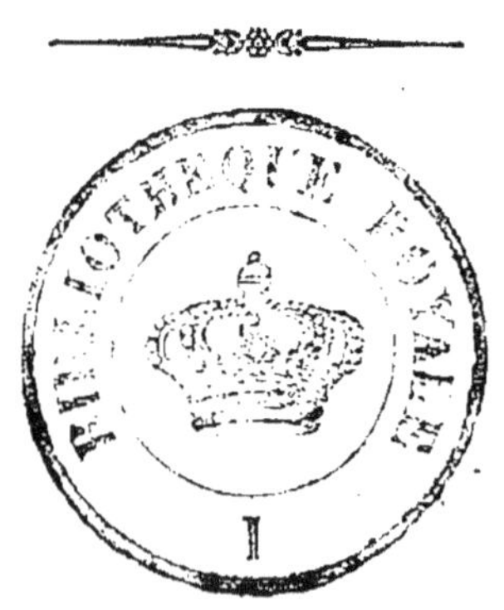

PARIS,

E. BOURDIN, ÉDITEUR,	PAGNERRE, ÉDITEUR,
57 et 59, rue Quincampoix.	19, rue du Bouloy.

1836.

PROCÈS

DES ACCUSÉS

DU COMPLOT DE NEUILLY.

ACTE D'ACCUSATION

CONTRE

CHAVEAU (Gabriel), CHAVEAU (Charles), Vᵉ CHAVEAU, HUILLERY, HUSSON, HUBERT, LEROY, COMBES, DELONT, BOIREAU, DULAC, DUVAL ET LÉGLANTINE. [1]

Le procureur-général près la cour royale de Paris expose que par arrêt du cinq février 1836, la cour a ordonné la mise en accusation et le renvoi devant la cour d'assises du département de la Seine des nommés :

1° Gabriel Chaveau, âgé de 22 ans, commis papetier, né à Paray-le-Monial (Saône-et-Loire), demeurant à Paris, rue Mauconseil, n° 10 ;

2° Charles Chaveau, âgé de 19 ans, courtier de commerce, né à ParayleMonial (Saône-et-Loire), demeurant à Paris, rue Mauconseil, n° 10 :

3° Louise Joleaud, veuve Chaveau, âgée de 40 ans, ouvrière, née à Paray-le-Monial (Saône-et-Loire), demeurant à Paris, rue Mauconseil, n° 10 ;

4° Charles Auguste Huillery, âgé de 20 ans, sans profession, mais ayant étudié la médecine (on a omis de lui deman-

---

(1) Cette pièce importante n'a été publiée d'une manière complète par aucun journal. Nous la reproduisons textuellement d'après la copie qui en a été signifiée à chacun des accusés.

der le lieu de sa naissance), demeurant à Paris, carrefour de l'Odéon, n° 10;

5° Maximilien Husson, âgé de 21 ans, né à Courcemont (Sarthe), passementier, refusant d'indiquer son domicile, mais ayant demeuré rue Saint-Denis, n° 376;

6° Louis Hubert, âgé de 22 ans, né à Vasselonne (Bas-Rhin), ouvrier corroyeur, demeurant à Paris, rue Grénétat, n° 53;

7° Hippolyte Leroy, âgé de 25 ans, né à Tournant (Seine-et-Marne), ouvrier corroyeur, demeurant à Paris, rue de l'Homme-Armé, n° 5;

8° Louis-Combes, âgé de 36 ans, né à Fort-Saint-Esprit (Gard), tailleur, demeurant à Paris, rue Saint-Honoré, n° 24;

9° Jean-Claude Délont, âgé de 50 ans, né à Echelon-Hamelin (Haute-Saône), marchand de bric-à-brac, demeurant à Paris, rue Maucouseil, n° 18;

10° Victor Boireau, âgé de 25 ans, né à La Flèche (Sarthe), ouvrier lampiste, demeurant à Paris, rue Quincampoix, n° 79;

11° Charles-Louis Dulac, âgé de 24 ans, né à Paris, tourneur en cuivre, demeurant rue du Faubourg-Saint-Martin, n° 35;

12° Charles-Napoléon Duval, âgé de 29 ans, né à Bernay (Eure), perruquier, demeurant à Paris, rue Saint-Jean-de-Beauvais, n° 31;

13° François Léglantine, âgé de 55 ans, né à Janey (Yonne), porteur d'eau, demeurant à Paris, rue Saint-Germain-l'Auxerrois, n° 32. — Tous détenus:

Déclare, le procureur-général, que, des pièces et de l'instruction, résultent les faits suivans:

Depuis les événemens politiques de juillet 1830, l'ordre public a plus d'une fois été troublé d'une manière grave, au sein de la capitale et sur divers points de la France. On a vu des factieux lever audacieusement l'étendard de la révolte, rougir du sang de leurs concitoyens le sol de la patrie, jeter le deuil et le désespoir dans un grand nombre de familles. Leur but avoué, hautement proclamé, c'était de détruire le gouvernement établi, de bouleverser l'édifice social tout entier. Mais que pouvaient d'aussi coupables efforts devant la contenance ferme, intrépide de la garde nationale et le concours empressé d'une armée fidèle? Force est donc partout restée à la loi, à nos institutions, contre des rebelles, qui n'avaient pris les armes que pour la violation de l'une et le renversement des autres.

Le procès naguère jugé par la cour des pairs nous révèle la cause principale des insurrections qui ont tourmenté le pays, et dont la dernière a été si désastreuse pour la seconde ville du royaume. Ces insurrections, la société des Droits de l'homme les a seule fomentées et produites.

Convaincus aujourd'hui de son impuissance, mais égarés par ses doctrines, fanatisés par ses prédications démagogiques, quelques-uns de ses membres ont la criminelle pensée d'arriver aux mêmes résultats par la lâcheté du régicide; si des hommes, que n'aveugle point l'esprit de parti, conservaient encore quelques doutes à cet égard, la procédure actuelle leur offrirait au besoin les élémens de la plus entière conviction.

FAITS GÉNÉRAUX.

Le sieur Bray, ancien militaire, et maintenant fabricant de socques pour femmes, connaissait Gabriel Chaveau depuis quelques années. Celui-ci venait le voir assez fréquemment, rue de la Sourdière, n. 8 bis, où il demeure. Il l'avait parfois entretenu de projets de révolte. Mais Bray s'était borné à lui répondre qu'on pouvait compter sur lui, comme ancien militaire, et non comme homme politique.

Le 25 juin dernier, vers midi, Bray reçoit la visite de Gabriel Chaveau. Ils se trouvent seuls; ils causent ensemble pendant plus de cinq heures. Leur conversation a pour objet d'abord des choses indifférentes, puis la politique. Gabriel Chaveau finit par dire qu'il existe une société dont il fait partie avec son frère Charles, et qui a formé le projet d'attenter à la vie du roi. Déjà les membres de cette société se sont rendus, deux ou trois fois, sur son passage, à l'entrée des Champs-Elysées, armés de pistolets et de poignards. Ils l'y ont attendu, et si le coup a manqué, c'est parce que dans le nombre il y avait un *poltron*. Son frère Charles s'est même avancé seul contre la voiture du roi, porteur d'un poignard et d'une ceinture garnie d'armes et de munitions; mais comme il n'a remarqué ni plan ni ensemble parmi les conjurés, il a pris le parti de se retirer en saluant le roi.

Ce récit terminé, Gabriel Chaveau propose à Bray d'entrer dans le complot : « *Il nous faut*, dit-il, *un homme sûr ; comme ancien militaire vous n'êtes pas homme à reculer. Au surplus, on brûlera la cervelle à celui qui reculera.* » Le soir même, à huit heures, une réunion doit avoir lieu chez lui, rue Mauconseil, no 10 ; il invite Bray à s'y rendre, en lui faisant observer *qu'il est indispensable de se connaître.*

Cette confidence indigne Bray et le révolte : toutefois il promet d'aller à la réunion. En agissant de la sorte, il n'a d'autre but que d'être utile à son pays, de connaître ce qui se passera parmi les conjurés, et de le révéler à l'autorité.

Cependant il sent qu'il a besoin de conseil et d'appui dans cette situation délicate. Aussi, dès que Gabriel Chaveau l'a quitté, il se rend chez le baron de Breiderbach, capitaine d'état-major, rue Saint-Nicolas-d'Antin, no 59. Depuis que Bray a pris son congé, cet officier le traite avec bonté, l'emploie de temps en temps comme un homme de confiance, et le recommande à ses amis pour lui donner de l'occupation.

Mais le baron de Breiderbach est absent ; il dîne en ville. Bray insiste pour savoir où il est. Il annonce qu'il doit lui faire une communication à la fois très-urgente et de la plus haute importance. Alors on lui fait connaître que M. de Breiderbach dîne chez M. Cerclet, secrétaire rédacteur de la chambre des députés. Il y va tout de suite et demande à lui parler. M. de Breiderbach interrompt son dîner, l'entend séparément dans une pièce voisine, et lui exprime ainsi son avis sur sa conduite à tenir : « Vous êtes lancé, il faut aller jusqu'au bout et accepter les armes. » Puis il l'engage à revenir le lendemain matin, pour lui donner de nouveaux détails.

En sortant du palais de la chambre des députés, Bray se dirige vers la rue Mauconseil, n° 10 ; là, dans une chambre au troisième étage, sur le derrière, il trouve réunis la veuve Chaveau, ses deux fils et cinq ou six individus qu'il ne connaît pas. Dulac est de ce nombre. Bray ne l'a connu que postérieurement. Une table est dressée au milieu de la chambre et le couvert mis, mais il n'y a qu'une bouteille de vin. C'est une précaution prise en cas d'intervention de la police. La veuve

Chaveau veut pouvoir dire qu'elle tient une table d'hôte, pour expliquer la présence de tous ces individus dans son logement.

Dès que Bray est arrivé, on lui annonce qu'on attend Auguste. C'est Huillery, étudiant en médecine. Il l'a vu quelquefois chez la veuve Chaveau, lorsqu'elle demeurait rue Saint-Claude, n_0 2.

Le complot contre la vie du roi ne tarde pas à devenir l'objet de la conversation. On en parle avec beaucoup de vivacité. Tout ce qui se dit peut être entendu dans l'escalier. Vainement Bray recommande modération et prudence. Dulac et un autre individu resté inconnu se font remarquer surtout par leur exaltation. Ils la portent à un tel degré, qu'ils se disent décidés à attaquer le roi *à bras retroussés*.

Bray craint d'être compromis par la violence de leurs propos ; il boit un verre de vin et s'en va le plus tôt qu'il peut, mais après que l'on est convenu de se réunir le lendemain à midi dans le même endroit pour y prendre les armes.

Le 26 juin, à huit heures du matin, Bray arrive chez la veuve Chaveau. Elle est absente ; ses fils sont encore couchés. Charles se lève pour lui ouvrir la porte. La mère rentre bientôt après. Bray leur dit que ses affaires et l'éloignement de sa demeure ne lui permettront pas de se trouver au rendez-vous de midi ; mais il promet d'être exact à celui qui sera indiqué pour la réunion définitive des conjurés.

Charles ouvre alors une malle placée à la tête de son lit, dans un cabinet noir faisant face à la porte d'entrée, et qui n'est éclairé que par le jour de la chambre, prend dans cette malle une ceinture en passementerie, la montre à Bray, le prévient qu'elle renferme deux pistolets, un poignard, des cartouches et la lui fait toucher, pour qu'il s'assure bien par lui-même de sa véracité. Il lui dit en outre qu'il y a là (en indiquant la malle) des armes qui seront distribuées à midi. Puis il lui remet deux pistolets très-longs, en l'avertissant qu'ils ont été déjà refusés par d'autres, à raison de leur longueur, et il y joint un paquet de seize cartouches. Les pistolets sont chargés et amorcés. Bray les cache sous sa blouse et répond qu'il saura bien s'en servir, lui, quelle que soit leur dimension.

Tout cela se passe en présence de la veuve Chaveau et de son fils Gabriel. Lorsque Bray les quitte, les deux frères lui désignent, comme un point de ralliement, pour cinq heures du soir, le quai d'Orsay, vis-à-vis la rue Belle-Chasse. C'est là que seront donnés les ordres définitifs pour se porter et s'embusquer sur le passage du roi, à l'entrée des Champs-Elysées.

Après avoir accepté ce rendez-vous, Bray se transporte chez M. de Breiderbach, lui apprend tout ce dont il a été témoin la veille, tout ce qui vient d'avoir lieu, la distribution d'armes qui doit se faire à midi, et dépose entre ses mains les deux pistolets et le paquet de cartouches.

M. de Breiderbach, on le conçoit aisément, n'avait pas manqué de faire connaître à M. Cerclet l'objet de la démarche de Bray. Ils avaient l'un et l'autre pensé que de nouveaux détails étaient nécessaires pour savoir s'il y avait lieu d'éveiller l'attention de l'autorité; mais il fut convenu entre eux que si les renseignemens ultérieurs présentaient quelque gravité, M. de Breiderbach les communiquerait à M. Cerclet, qui, dans ce cas, ferait auprès du ministère public, ou ailleurs, toutes les diligences propres à déjouer le complot, et à livrer ses auteurs à la justice.

En conséquence M. de Breiderbach, convaincu par la représentation des armes et des cartouches, de la réalité des projets révélés par Bray, et sentant toute l'importance qu'il y a à en prévenir sur-le-champ l'exécution, se hâte d'avertir M. Cerclet, lequel, de son côté, va d'abord chez le procureur-général soussigné, qu'il ne trouve pas, puis chez M. de Gasparin, au ministère de l'intérieur, qui demande que le révélateur soit tout de suite amené devant lui.

Entre onze heures et midi, Bray est conduit par M. de Breiderbach, chez M. Cerclet, au palais de la chambre des députés, et de là au ministère de l'intérieur, où il donne à M. le sous-secrétaire d'état les explications les plus circonstanciées sur le complot contre la vie du roi.

Immédiatement des instructions sont transmises à M. le préfet de police, lequel décerne un mandat pour faire perquisition au domicile de la veuve Chaveau, saisir toutes armes et arrêter tous individus qui pourront s'y trouver. Un commissaire de police est chargé de l'exécution de ce mandat. A une heure et demie il arrive rue Mauconseil, 10, assisté d'un officier de paix et de huit sergens de ville. Après avoir placé deux de ces agens dans l'allée de la maison, avec la consigne de ne laisser sortir personne, il monte au troisième étage et frappe plusieurs fois à la porte du logement occupé par la veuve Chaveau, sans que personne n'ouvre ni réponde. Un sergent de ville reçoit l'ordre d'aller s'informer auprès du portier s'il y a quelqu'un dans ce logement. Le portier répond que la veuve Chaveau n'est point sortie. Le commissaire de police frappe encore à plusieurs reprises et toujours inutilement. Toutefois, un mouvement se fait alors entendre dans l'intérieur. Le commissaire de police invite à ouvrir; pas de réponse. Il fait appeler un serrurier du voisinage, et, avant que celui-ci arrive, il enjoint aux deux sergens de ville, restés dans l'allée, de se placer dans un escalier opposé à celui où il se trouve, pour empêcher l'évasion, présumée possible, par ce côté des personnes qui sont dans le logement.

A peine le serrurier a-t-il introduit son crochet ou rossignol dans la serrure, que la porte est ouverte de l'intérieur. Apparaissent alors une femme et quatre jeunes gens; c'est la veuve Chaveau. Les autres refusent de se faire connaître. Interpellés par le commissaire de police sur les motifs de leur présence dans ce local : « Nous sommes, disent-ils, libres de nous trouver où bon nous semble, cela ne vous regarde pas. »

On s'assure d'abord de leurs personnes ; on les fouille ensuite et l'on découvre une pierre à fusil dans la poche du gilet de l'un, et une balle de plomb dans la main d'un autre qui cherche à la soustraire aux regards du commissaire de police.

Au même instant, arrive, jusqu'au deuxième étage, un grand jeune homme, vêtu d'une redingote, mais qui s'apercevant que la police opère dans la chambre de la veuve Chaveau, redescend précipitamment et s'enfuit à toutes jambes. Les agens de police le poursuivent en vain. On ne peut savoir qui il est, mais tout porte à croire que c'était Gabriel Chaveau. Comme son frère, il était sans doute sorti pour donner des ordres aux conjurés du dehors.

Le commissaire de police commence sa perquisition. Il n'est pas plus tôt entré dans le cabinet noir, que les quatre inconnus se répandent en invectives contre lui et contre les agens qui l'assistent. Ils les traitent de gueux, de voleurs, de brigands, de gredins, de forçats libérés, etc., etc. Cette explosion subite d'injures ne permet plus de douter que dans cette pièce ne soient cachées les armes dont peu d'heures après ils se pr opo saient de faire usage. En effet, le commissaire de police trouve sur deux malles ou dans le linge et les effets qu'elles contiennent :

1° Treize pistolets de tous calibres, dont douze chargés et amorcés, et le treizième en mauvais état ;

2° Six poignards ou stylets de diverses grandeurs, grossièrement emmanchés ;

3° Un fusil de munition chargé et muni de sa baïonnette ;

4° Trois ceinturons dont un garni d'un cartouchier entièrement plein ;

5° Treize cartouches, un sac rempli de plomb et treize balles ;

6° Deux tabatières en écorce, l'une remplie de balles de divers calibres, l'autre à demi remplie de poudre de chasse fine ;

7° Deux sabres, l'un d'infanterie, l'autre de fantaisie ;

8° Une poudrière en corne, remplie de poudre de guerre ;

9° Un ceinturon non achevé, trouvé dans une corbeille à ouvrage ;

10° Une poire en plâtre, peinte en vert et représentant une face humaine.

La veuve Chaveau connaissait parfaitement l'existence de ces armes et de ces munitions dans le cabinet ; car, pendant que le commissaire de police vide l'une des deux malles, elle s'applique, avec un empressement mystérieux, à replacer les effets dans l'autre qui a déjà été visitée. Cette conduite fait naître des soupçons dans l'esprit du fonctionnaire. Les deux malles sont retirées du cabinet, vidées une seconde fois, et six ou sept pistolets sont retrouvés au milieu des paquets de linge dans la malle visitée en premier lieu.

« Madame, vous n'avez pas mal travaillé, » lui dit le commissaire de police ; elle ne sait que lui répondre, ou feint de ne pas le comprendre.

Survient un cinquième individu. Le commissaire de police lui demande son nom. Sans avoir égard aux gestes que font les quatre inconnus pour l'engager à ne pas répondre à cette question, il déclare s'appeler Charles Chaveau. Mais il entre aussitôt dans un accès de fureur difficile à décrire, vomit toutes sortes d'imprécations contre les agens du gouvernement, les traite de gueux, de voleurs, de brigands, et s'écrie en s'adressant aux quatre inconnus : « Comment! vous êtes armés et vous vous êtes laissé prendre comme des lâches, |sans vous défendre! Si j'avais été là, j'en aurais au moins tué un ou deux pour ma part. » Puis il s'anime et s'agite, au point que ses camarades, craignant qu'il ne commette des actes de violence, se jettent au devant de lui pour le contenir et parviennent à l'appaiser.

Procès-verbal est dressé par le commissaire de police pour constater les circonstances qui ont accompagné l'exécution de son mandat. Il en donne lecture aux inculpés ; mais quand il arrive à la mention de l'ouverture de la porte du logement par une femme qui a déclaré être la veuve Chaveau, les inculpés le traitent d'insolent, lui disent que le mot *dame* est le seul convenable à employer, soutiennent que le procès-verbal énonce des faits faux, et l'empêchent ainsi d'en continuer la lecture.

Pendant que les armes sont attachées et qu'on enveloppe les munitions dans du papier pour les emporter, les injures déjà proférées se renouvellent avec la même fureur, et la veuve Chaveau y ajoute les expressions suivantes : « Nous ne désespérons pas de vous voir un jour au pied de la guillotine, où nous serons heureux de tirer la ficelle. » Ensuite elle entonne successivement *le Chant du Départ* et *la Marseillaise*, que tous chantent en chœur. C'est en faisant entendre de pareils chants et aux cris répétés de *vive la république! à bas Louis-Philippe! mort aux tyrans!* qu'ils arrivent dans la rue, où les attend une voiture de place pour les conduire au dépôt de la préfecture de police. Tout le quartier retentit de leurs vociférations séditieuses, la tranquillité des habitans est un instant troublée.

Descendus à la Préfecture de police, les quatre inconnus persistent dans leur refus de décliner leurs noms. « *Nous sommes républicains,* » voilà leur seule réponse, la seule désignation sous laquelle on ait pu les écrouer d'abord.

Plus tard ils abandonnent ce système devant M. le juge d'instruction, et déclarent se nommer Husson, Huillery, Hubert et Leroy.

Cependant Bray, suivant sa promesse, est exact au rendez-vous sur le quai d'Orsay. Il y arrive le premier à cinq heures.

Quelque temps se passe, personne ne paraît. Enfin il voit venir Gabriel Chaveau, pâle et décontenancé. « Nous sommes pris, dit celui-ci, en l'abordant, toutes les armes sont prises. Bray lui demande comment cela s'est fait, où est son frère. « Tout est pris, tout est arrêté. »

Sur ces entrefaites, quatre ou cinq individus s'approchent. Bray ne les connaît point; mais Chaveau lui apprend qu'ils font partie du complot. Ils demeurent quelques instans réunis sur le quai, puis ils s'éloignent, d'après les conseils de Bray, qui pense qu'on peut les surveiller, et que leurs chuchottemens sont de nature à les compromettre. Ils remontent le quai jusques au coin de la rue du Bac, où ils se séparent. Chaveau dit à Bray qu'il lui écrira pour lui faire connaître l'endroit où ils pourront se revoir plus tard.

Deux ou trois jours après, Gabriel Chaveau passe chez Bray, qui est absent, laisse à sa femme, par écrit, l'adresse d'un tailleur, rue Saint-Honoré, n. 24, au 4e étage, et la prie de le prévenir qu'il le trouvera là.

Le lendemain, ou le surlendemain, Bray se rend à cette adresse. Au 4e étage il entre chez un tailleur qui lui dit ne connaître ni Chaveau, ni le Hussard (le Hussard est le surnom de Bray); quelqu'un l'entend du 5e étage prononcer ces deux noms, avance la tête et l'invite à monter. C'est Combes, tailleur. Jusque là Bray ne l'avait jamais vu. Combes l'introduit dans son logement, composé de deux pièces ; dans la première Bray remarque une petite échelle de meunier, servant de communication avec le grenier, au moyen d'une trappe. Dans la seconde, il trouve Gabriel Chaveau, la femme Combes et un ouvrier qui travaille sur son établi. Il s'entretient d'abord avec Chaveau, en présence des trois autres personnes. Ensuite, ils passent tous deux seuls dans la première pièce. Là, Bray demande à Chaveau ce qu'il se propose de faire. Chaveau répond que les conjurés ont un moyen nouveau et infaillible de tuer le roi ; qu'ils comptent se servir à cet effet d'un baril qu'on remplira de poudre et dans lequel on mettra quatorze ou seize balles. Bray demande alors à voir ce baril, Chaveau le reconduit dans la seconde pièce, et lui montre un baril qu'il retire de dessous le coussin d'une bergère.

Bray déclare avoir vu et tenu ce baril. Il lui a paru avoir douze pouces de longueur et six pouces environ de hauteur à la bonde. Aux extrémités étaient deux cercles de fer assez épais et au milieu deux autres cercles aussi en fer. Il a cru s'apercevoir que le milieu était doublé en bois et que cette doublure était fixée par des cercles de fer.

Les époux Combes et leur ouvrier vont dans la chambre au moment de la représentation du baril. Cependant Bray ne peut affirmer si l'ouvrier a vu ce baril, s'il en a connu la destination. Il paraissait attentif à son ouvrage et avait le dos tourné, mais il a pu tout entendre.

Depuis lors, Bray va chez Combes cinq ou six fois. Il y rencontre Dulac et Délont. On appelle celui-ci le *père Délont*. Il lui entend parler du nouveau mode d'assassinat imaginé par eux, lequel consiste à se jeter sur les chevaux de la voiture du roi, à abattre les postillons à coups de pistolets, et à lancer dans la voiture le baril rempli de poudre, après avoir allumé la mèche que l'on doit y introduire.

Ils se trouvent un jour réunis tous quatre, dans un cabaret, au coin de la rue Lenoir-Saint-Honoré. Ils y boivent quelques bouteilles de vin ; leur conversation roule sur des choses indifférentes. Mais avant de se séparer, Bray leur demande ce qu'ils comptent faire du baril. Combes répond que l'on ne peut rien décider avant le voyage du roi, et s'engage à prendre des renseignemens à cet égard. Délont dit qu'on fixera le rendez-vous pour l'exécution du projet, quand on aura obtenu ces renseignemens.

Bray veut encore savoir si ce sera toujours aux environs des Tuileries qu'aura lieu cette exécution, et sur la réponse affirmative, il propose de se réunir dans le fossé de la place de la Concorde, derrière la ménagerie. Mais on ne convient pas du jour et de l'heure auxquels on s'y trouvera.

Le jour où Combes doit prendre des renseignemens sur le voyage du roi, Bray va dans ce fossé. Son but unique est de s'assurer si les conspirateurs persévèrent dans leur résolution. Il les attend vainement pendant une heure. A six heures il quitte la place de la Concorde et se dirige vers le quai des Tuileries. En arrivant près du poste, au coin de la terrasse du bord de l'eau, il rencontre Dulac et Délont. « Que faites-vous là ? leur dit-il. » Ils répondent : « Nous venons examiner ce qu'il y aurait à faire. » Et Dulac ajoute : « *Ça n'aurait pas été commode aujourd'hui, un piqueur a empêché une femme de don-*

ner une pétition au roi. » Le roi venait de passer pour retourner à Neuilly. On apercevait encore sa voiture dans les Champs-Elysées.

Bray, Dulac et Délont cheminent ensemble vers le Pont-Royal. Ils y rencontrent le nommé Castaing, que Bray n'a jamais vu, mais qui paraît être particulièrement connu de Dulac et de Délont. Ceux-ci causent avec lui, puis ils traversent le Carrousel et vont chez un marchand de vin, rue de Rivoli, n. 8. Ils y passent une demi-heure environ et boivent deux bouteilles de vin. Dulac et Délont parlent du complot, et manifestent leur mécontentement d'être forcés d'en ajourner l'exécution. Dans l'opinion de Bray, Castaing n'est pas un complice. Rien ne l'autorise à penser qu'il ait même connaissance du complot. Cependant le nouveau mode d'assassinat est toujours l'objet de l'entretien de Dulac et de Délont, en présence de Bray et de Castaing.

Au dire de Combes, le baril devait être jeté dans la voiture du roi par un ancien soldat de la garde royale, aujourd'hui porteur d'eau. Mais Dulac a fait connaître depuis à Bray qu'il s'était chargé de cette périlleuse mission, en disant d'un ton décidé : *Que m'importe que j'y reste, pourvu qu'il y saute.*

Ces faits, révélés encore par Bray, amènent les arrestations de Combes et de Dulac. Tout se trouve alors désorganisé. Le jour où ces arrestations s'opèrent, la femme Combes charge Bray d'en avertir Duval, perruquier, rue Saint-Jean-de-Beauvais, n. 31, et de lui dire surtout *de se mettre en mesure pour ses armes.* Loin de se conformer à cette recommandation, Bray en donne avis au sieur Yon, officier de paix.

Il était d'une grande importance de savoir ce que les conjurés avaient fait du baril ; mais tous les efforts de Bray, pour y parvenir, sont restés inutiles.

Délont lui a dit tantôt qu'il l'avait détruit, tantôt qu'il l'avait caché chez un vieillard de 83 ans, qui demeurait avec ses enfans.

Il a prétendu l'avoir jeté dans la Seine, au pont de l'Isle-ouviers. Des recherches ont été faites dans cette partie de la Seine et elles n'ont produit aucun résultat.

Le vieillard dont a voulu parler Délont, est le nommé Pa - lus, avec lequel il paraît avoir de fréquentes et d'intimes relations depuis nombre d'années. Il demeure chez son gendre,

Delperdange, tripier, rue St-Antoine, n. 111. Une perquisition effectuée à son domicile n'a pas été plus efficace.

Les contradictions de Délont sur ce baril, ne permettent pas de douter qu'il n'en impose; Bray se flatte toujours de l'espoir qu'il en obtiendra ce renseignement si essentiel. Il fait une nouvelle tentative qui demeure encore sans succès. Il parle à Délont d'un nommé *Henry* qui peut s'entendre avec les conjurés, et promet de le faire trouver, un jour fixé, à la barrière Blanche, à l'enseigne du Puits-d'Amour. Délont et Chaveau arrivent ensemble au lieu désigné. Bray y est déjà, mais sans Henry, et il éprouve même quelque embarras à leur expliquer cette absence.

Depuis lors, Bray mange et boit plusieurs fois avec Chaveau et Délont, mais il n'en peut rien apprendre touchant le baril.

Pour que des révélations d'une telle gravité méritent une confiance absolue, il est nécessaire qu'elles émanent d'un homme d'honneur, qui agit sans passion, sans intérêt, uniquement dirigé par le besoin et le devoir d'être utile à sa patrie. Or Bray présente toutes ces garanties. Sous l'empire il a servi dans un régiment de hussards. Par suite d'une blessure reçue à Essaux, deux jours avant la bataille de Leipsick, il a perdu un doigt de la main gauche. Quand il a quitté le service militaire il était sous-officier aux vétérans. MM. de Breiderbach et Cerclet attestent qu'il vit tout à fait étranger à la politique et qu'il est d'une fidélité à toute épreuve. Au reste, sa véracité n'est-elle pas complétement établie par la découverte si importante faite au domicile de la veuve Chaveau ?....

Mais une autre déposition vient corroborer la sienne, pour une partie des faits sur lesquels elle porte. C'est celle de l'ouvrier qui était chez Combes, au moment où Bray s'y rendit pour la première fois. Cet ouvrier se nomme Marlin. Il a travaillé chez Combes pendant six jours, à la fin de juin dernier. Or, dans cet intervalle, il y a vu plusieurs fois Gabriel Chaveau, Dulac et Délont. Il les a entendus s'entretenir d'abord vaguement du projet d'attenter à la vie du roi.

Le 27 juin, Marlin y a vu venir la veuve Chaveau et son fils Gabriel. Cette femme a dit en sa présence que l'affaire était manquée; que, la veille, on avait arrêté chez elle un de ses fils et quatre individus; qu'enfin le commissaire de police et ses agens avaient été injuriés, maltraités, soit par elle, soit par les autres.

Peu de jours après, un inconnu vient apprendre à Combes l'arrestation de la veuve Chaveau. Gabriel continue à paraître chez ce tailleur ; il y prend quelquefois ses repas.

Jusqu'alors les conversations avaient été mystérieuses. Mais dès ce moment, on a plus de confiance en la discrétion de Marlin. On s'exprime ouvertement près de l'établi. Chaveau, Combes, Dulac et un quatrième, qu'on dit avoir été avocat, annoncent que le complot formé par la veuve Chaveau et les autres individus arrêtés, va être poursuivi, mais sans indiquer ni le lieu ni l'époque de l'exécution. Ils parlent de pistolets, de se jeter sur les chevaux du roi, d'arrêter sa voiture, d'attenter à sa vie. Ce complot est l'objet habituel de leurs entretiens, ils n'y mettent aucune réserve, aucune prudence. Marlin leur en fait l'observation ; mais ils lui répondent que plus on agit avec mystère, plus on éveille les soupçons.

Délont était reçu comme l'ami de la famille. A son arrivée, on disait : *Voilà le père Délont*, et les enfans allaient à lui. Il s'occupait à cette époque de son déménagement.

La semaine finie, Marlin croit prudent de quitter cette maison, et s'en retourne à St-Leu Taverny, où il raconte à son beau-père tout ce qu'il y a entendu.

A ce témoignage, confirmé d'ailleurs par celui du sieur Sigoulet, beau-père de Marlin, entendu le lendemain même à St-Leu Taverny, en vertu d'une commision rogatoire, vient se joindre une autre circonstance, à laquelle on ne pouvait guère s'attendre.

Le 10 juillet, un commissaire de police est délégué pour faire une perquisition au domicile de Combes. Un grenier lui a été signalé comme servant de refuge aux conjurés qui fréquentent ce tailleur. Ce grenier est au dessus du 5e étage, mais ne domine pas le logement de Combes. Le commissaire de police le trouve fermé par un cadenas. C'est le portier qui en a la clé. Celui-ci est appelé et l'ouvre. Rien de suspect n'y est découvert. Mais un sergent-de-ville, étant sorti par une lucarne, trouve sur le toit une boîte en ferblanc, contenant quarante-une balles de fusil, quatre-vingt-neuf balles de pistolet, dix-huit cartouches pleines et quatre vides, une boîte de capsules, un papier dans lequel est enveloppé une demi-once de poudre de guerre et deux pistolets de poche, l'un à piston, chargé, l'autre à pierre, non chargé. Ce dernier était sous l'égout du toît de la lucarne à gauche. Quatre balles de pistolet paraissaient fondues depuis peu de temps; elles ne sont pas encore noircies; les cartouches, le papier contenant la poudre, les pistolets ne sont ni mouillés ni humides. On est donc fondé à supposer que le dépôt sur le toît avait eu lieu récemment.

Le lendemain 11 juillet, une autre perquisition est opérée au même endroit par le commissaire de police, qui fait en outre dresser un plan descriptif du toît pour indiquer avec précision la partie où se trouvait la boîte en ferblanc, et charge un garçon maçon d'y monter encore, de le visiter soigneusement et de lui rendre compte du résultat de ses observations. Deux lucarnes existent sur le toît. Un intervalle de huit pieds environ les sépare. Le maçon en rapporte deux pistolets à piston, canons et chiens bronzés. L'un chargé d'une balle, sans poudre, est enveloppé dans un morceau de perkaline verdâtre paraissant provenir d'une manche d'habit. Ce pistolet était au ¿dessus d'un châssis à tabatière, situé à trois pieds environ de distance sur le côté de la lucarne du grenier de la maison et au dessous de cette lucarne vers le bord du toît. Le châssis éclaire un cabinet habité par un ébéniste, nommé Bastide, et dont la porte d'entrée est sur le palier du logement de Combes. En l'absence de cet ouvrier, la porte est ouverte par un serrurier commis. Aucun objet suspect n'est trouvé dans ce cabiet, et le commissaire de police constate que les pistolets n'ont pu être déposés sur le toît par la fenêtre qui l'éclaire.

Une troisième perquisition est effectuée chez Combes le 22 août; elle a surtout pour objet de rechercher le baril que des renseignemens fournis indiquent être renfermé dans un carton rouge. Sous ce rapport, la mesure est sans résultat; mais le commissaire de police reconnaît que dans la seconde pièce du logement il existe une vieille bergère en bois peint, velours d'Utrecht cramoisi et garnie de son coussin.

Les faits qui viennent d'être exposés prouvent jusqu'à la dernière évidence qu'il y a eu complot contre la vie sacrée du roi, c'est-à-dire résolution concertée et arrêtée entre plusieurs personnes, dans le but de commettre cet attentat. Quels sont les auteurs de ce crime? L'instruction a été dirigée contre un grand nombre d'individus; mais les charges n'ont paru suffisantes qu'à l'égard de treize d'entr'eux. Nous allons faire connaître la participation de chacun avec le système de défense qu'ils ont adopté dans les divers interrogatoires par eux subis jusqu'à ce jour.

FAITS PARTICULIERS.

CHARLES CHAVEAU.

Interrogé le 27 juin, Charles Chaveau refuse de faire connaître à M. le juge d'instruction les quatre individus arrêtés en même temps que lui au domicile de sa mère. Il se borne à dire qu'ils sont ses amis. Interpellé sur les armes et munitions saisies, il répond *qu'il s'expliquera lorsqu'il sera au procès; mais qu'à présent il ne veut pas le faire.*

Le 5 juillet, la même question lui est adressée par le magistrat, et il s'exprime en ces termes : « Je ne vous dirai pas » depuis combien de temps je suis possesseur de ces armes. » Je ne dirai cela que quand je serai en jugement. » M. le juge d'instruction lui fait observer qu'il est de son intérêt de répondre à la question posée. « Mon seul intérêt, répond- » il, c'est que je ne veux pas le dire. Je ne sais pas ce qu'étaient » venus faire chez moi les quatre individus arrêtés. » Pressé de rompre le silence à cet égard, de ne pas entraver ainsi le cours de la justice, il ajoute : « Je n'ai pas de réponse à vous » faire. »

Le 8 juillet, sur sa demande écrite, il est extrait de la maison d'arrêt et conduit devant M. le juge d'instruction. Il refuse d'abord toute explication sur la possession des armes. « Nous ne sommes pas tous réunis, dit-il, je ne veux compro- » mettre personne. » En demandant à comparaître devant ce magistrat, il dit n'avoir eu pour objet que de lui affirmer que sa mère n'était pour rien dans la saisie des armes. Cependant il finit par déclarer que les armes sont à lui seul; qu'il les a achetées de marchands de bric-à-brac qu'il ne veut point nommer, dans la crainte de les compromettre : qu'il en a fait l'acquisition comptant partir pour l'Espagne, et que si les pistolets étaient chargés, c'est qu'avant son départ il voulait les essayer. Ces explications, il ne les a pas données tout d'abord, aigri qu'il était de son arrestation. Au reste, il convient qu'en arrivant chez sa mère, il s'est écrié : « Comment ! vous avez » douze pistolets chargés, et vous ne tuez pas ces gens-là ! » Suivant lui, les stylets et les munitions devaient avoir la même destination que les pistolets.

Maintenant qu'il sait que les quatre individus arrêtés avec lui se sont fait connaître, il avoue qu'ils s'appellent Huillery, Husson, Hubert et Leroy ; mais il prétend qu'ils se trouvaient là par hasard.

Le 9 septembre, il soutient que personne n'est venu chez sa mère la veille de son arrestation, et qu'il ne peut se rappeler ce qu'il a fait le 26 dans la matinée. Depuis quinze jours, il était sans travail et par conséquent sans obligation de sortir. Questionné sur ses ressources, sur l'argent qui pouvait lui rester de ses économies, il dit qu'il ne veut pas répondre ni faire connaître ses affaires. Il refuse également de dire à quelle époque il a connu Huillery, Husson, Hubert et Leroy ; s'il devait, en sortant, se diriger avec eux de l'autre côté de la Seine, et si antérieurement ils n'étaient pas allés ensemble du côté de Neuilly.

Au sujet d'une perquisition faite chez sa mère, en sa présence, on le voit se jeter sur un papier qu'il déchire en plusieurs morceaux. Le commissaire de police parvient à les réunir presque tous et y remarque des chiffres. Les fragmens d'un autre papier, aussi lacéré par lui, sont recueillis. Il est couvert de caractères hiéroglyphiques, au bas desquels on lit la signature Gouvenez. Le sens des chiffres n'a pu être expliqué ; mais voici celui des hiéroglyphes : « Vous aurez la bonté de vou- » loir aller à Montmartre, pour voir le carliste, pour lui dire » que nous lui couperons la tête, quand nous aurons la Répu- » blique, vive la liberté ! vive la. .

Une autre perquisition, opérée sous ses yeux le 19 octobre, fait découvrir, derrière des poteries et des ferrailles, où ils sont cachés, un morceau de manche de parapluie, disposé pour servir de mandrin à cartouches, une ceinture dite *cartouchière*, renfermant six balles de calibre et une pierre à fusil, un poi-

gnard à manche grossier, une cuiller en fer ayant servi à fondre du plomb ou de l'étain; enfin, plusieurs morceaux de papier à registre tracé au crayon et rayé à l'encre rouge.

A la suite de cette opération, Charles Chaveau est conduit
au bureau du commissaire de police, pour assister à l'examen
de quelques-uns des papiers saisis. Sous prétexte d'avoir un
besoin à satisfaire, il sort, trompe la vigilance des agens pré-
posés à sa garde et s'enfuit. Mais il ne tarde pas à être repris
sur la voie publique.

Le magistrat l'interroge sur l'origine du mandrin, de la cuiller, de la cartouchière et du poignard. Il répond qu'il ne sait
d'où proviennent ces objets. Quant au papier rayé, son frère
ayant été papetier, il est possible qu'il y ait eu chez lui quelques feuilles de ses registres.

La bourre de quelques-uns des pistolets saisis est faite avec
du papier du journal *le Bon Sens*. Charles Chaveau reconnaît
que sa mère achetait quelquefois cette feuille et qu'il s'en trouvait des numéros au logement.

Sur les seize cartouches remises par lui à Bray, cinq sont faites avec du papier à registre semblable à celui dont il vient
d'être question et une avec du papier pareil à celui de la bourre
de l'un des pistolets qu'il reconnaît avoir chargés, c'est-à-dire
avec du papier provenant de la Jérusalem délivrée, épisode de
Renaud. Il est donc naturel de penser qu'elles sont son œu-
vre, cependant il prétend n'en avoir jamais fait en France.

Confronté avec Bray, il dit d'abord ne pas le reconnaître,
mais lorsque Bray affirme qu'il le reconnaît lui parfaitement,
il avoue qu'en effet il a vu plusieurs fois Bray chez sa mère,
où celui-ci est venu lui demander des nouvelles de son fils,
avec lequel il a fait partie de l'expédition de don Pedro; mais
il soutient qu'à l'époque de son arrestation il ne l'avait pas vu
depuis deux mois ou deux mois et demi.

Ajoutons enfin qu'au dire de Bray, Charles Chaveau a certi-
fié en sa présence l'exactitude du récit de son frère Gabriel,
au sujet du *coup manqué* sur la place de la Concorde, faute de
plan et d'ensemble de la part des conjurés.

GABRIEL CHAVEAU.

Gabriel Chaveau est parvenu à se soustraire pendant quelque temps aux recherches de la police. C'est le 17 juillet seu-

lement qu'on l'amène devant M. le juge d'instruction. Il prétend ne pas connaître l'origine des armes saisies dans le logement de sa mère. On a pu, dit-il, les apporter sans qu'il les ait vues. Il convient avoir dîné quelquefois chez Combes, depuis l'arrestation de sa mère. A l'entendre, des inconnus lui ont proposé d'y aller, ce qu'il a fait, mais il n'y a point apporté d'armes ; jamais il n'a possédé que ses armes de garde national. Il nie qu'il y ait eu une réunion chez sa mère, le 25 juin dans la soirée, et par conséquent il n'a pu y être question d'armes quelconques. Il n'a connu Huillery qu'en prison ; ce sont là les seuls rapports qu'il ait eus avec cet inculpé. Jamais il n'a eu de baril en sa possession, et Délont ne lui en a fait voir aucun. Enfin, il refuse de répondre à d'autres questions, demandant à être confronté avec la personne qui l'accuse. Son agitation devient telle, qu'il y a nécessité de suspendre son interrogatoire. Cependant, lorsque le magistrat lui annonce qu'il est inculpé d'avoir formé un complot contre la vie du roi, il répond : « Ce complot n'est pas sorti de loin d'ici. »

Le 10 septembre, son interrogatoire est repris. Il soutient n'être rentré chez sa mère le 25 juin qu'entre dix et onze heures du soir, et n'y avoir trouvé que son frère Charles. Le lendemain, au moment de l'arrestation de celui-ci, il était chez Lacombes, relieur, rue Saint-Merry. A son retour, il s'est aperçu que la police était chez lui, et il a promptement disparu. Il est allé chez Combès depuis ce jour-là, jusqu'à celui de son arrestation. Suivant lui, un inconnu le vit dans la rue et lui proposa de le conduire quelque part ; ce fut chez Combes. Il dit n'y avoir jamais vu sa mère. Elle s'était réfugiée auprès d'une personne qu'il ne veut pas nommer, et qui lui apprit l'arrestation de Charles, mais sans lui donner des détails ni lui parler d'armes saisies. Il persiste à déclarer qu'il ne connaissait pas l'existence de ces armes à son domicile. Garde national depuis six ou huit mois, il ne possédait pas d'autres armes que celles dont il a besoin pour son service en cette qualité ; il l'est devenu, parce que des voisins et des amis lui en ont donné le conseil. Mais, quels sont ces voisins et ces amis ? Il ne juge pas convenable de les nommer.

Son fusil a été trouvé chargé de deux balles. Voici comment il explique cette circonstance. Quelques jours avant la perquisition, il était allé au tir avec son frère, du côté de Montmartre; mais la pluie étant survenue, il avait négligé de décharger son fusil. Ils avaient acheté pour neuf sous de poudre chez un quincaillier dont il ne peut indiquer la demeure.

Il prétend n'avoir vu chez Combes que la femme de ce tailleur, un ouvrier et quelques personnes qui venaient pour sa profession, ne connaître ni Dulac ni Délont, et n'être allé ni sur le quai d'Orsay ni sur la route de Neuilly, depuis dix-huit mois environ. Toutefois, il est forcé d'avouer qu'il a été sur le quai des Tuileries le 22 juin, jour où il montait la garde au château.

Les 7 et 8 octobre, il est encore interrogé, notamment sur son admission dans la garde nationale. Il dit que s'il y est entré, c'est uniquement sur les représentations des voisins, qui trouvaient mauvais qu'il ne fît pas ce service. Il persiste au reste dans son refus de signaler ces voisins. « Il les nommera au jugement, si cela est utile. Il ne veut compromettre personne. Il ne croit pas que son fusil fût chargé lorsqu'il a monté la garde aux Tuileries.» Mais pourquoi deux balles? «C'est, dit-il, que probablement j'aurai voulu tirer avec deux balles. »

Il a été extrait de ce fusil une cartouche en papier rose et collé, semblable à deux autres cartouches saisies au domicile de Duval. Comment expliquer cette identité? «Je ne connais pas Duval, cela n'a pu arriver que par hasard. Je ne lui ai pas donné de cartouches, et je n'en ai pas reçu de lui. » On verra plus tard qu'il connaît parfaitement Duval, et qu'il a pu lui donner ces cartouches.

Après les plus actives recherches, on est enfin parvenu à reconnaître que Gabriel Chaveau a été recensé et appelé devant le conseil de recensement de la cinquième légion, où il s'est déclaré, le 15 septembre 1834, prêt à faire le service, mais en demandant un congé de deux mois pour un voyage projeté; qu'il a reçu de sa compagnie l'équipement complet, et qu'enfin, le 23 juin, il était réellement de garde.

C'est sur la présentation de Chuquet, marchand de vin, rue Montorgueil n° 50, que Gabriel Chaveau a été admis dans la garde nationale. Il a faussement donné alors cette adresse comme la sienne. L'esprit d'une partie de la compagnie dans laquelle il figure, et dont le sieur Hulot était capitaine (*), s'est assez fait connaître par l'étrange protestation imprimée et publiée au commencement du procès d'avril, contre tout ordre de service qui lui serait donné pour les séances de la cour des pairs.

Postérieurement à cette protestation, dont l'opinion publique d'ailleurs a bientôt fait justice, Chuquet et Chaveau reprirent leurs démarches actives pour faire inscrire sur les contrôles de la garde nationale des hommes de leur parti, et cherchèrent à être commandés pour le poste du château, dans le but d'attenter à la vie du roi, soit aux Tuileries, soit un jour de revue, selon que l'occasion s'en présenterait.

Ces renseignemens donnés à l'autorité, n'autorisent-ils pas à penser que Gabriel Chaveau, montant la garde au château des Tuileries, avait chargé son fusil avec des intentions criminelles, qu'il n'a pas trouvé l'occasion de les accomplir, et que le fusil a été saisi dans l'état où il l'a laissé en descendant sa garde? Ainsi paraît pouvoir être expliqué son mystérieux silence au sujet de son admission dans les rangs de la garde nationale.

Quant au mandrin à cartouches, à la cuiller à fondre d plomb, à la cartouchière et au poignard trouvés dans le logement de sa mère, Gabriel Chaveau répond que la perquisition par suite de laquelle ces objets ont été mis sous la main de la justice, a été opérée en présence de son frère Charles, et qu'il ne savait pas que ces objets fussent à la maison. Il n'a jamais eu la *Jérusalem délivrée*. Ce poème lui est tout-à-fait inconnu. Il a parfois acheté le *Bon Sens*, le dimanche, dans les rues, ce qui rendrait possible la découverte de quelques numéros de ce journal dans le logement de sa mère. Le papier réglé, saisi chez lui, provient de registres qu'il avait comme papetier. Mais il affirme que de sa vie il n'a fait aucune cartouche, et que dès lors il n'en a pu donner à personne.

Confronté avec Bray, il a d'abord soutenu qu'il ne le connaissait pas, mais sur la déclaration contraire de Bray, qui a dit l'avoir souvent vu au passage du Caire, rue Saint-Claude et rue Maucouseil, où il a successivement demeuré avec sa mère,

---

(1) Plusieurs journaux ont publié une lettre de M. le capitaine Hulot à ce sujet. Nous la reproduisons après l'acte d'accusation.

il est convenu qu'en effet il avait déjà vu Bray venant demander des nouvelles de son fils, qui faisait partie de l'expédition de don Pédro.

Marlin croit le reconnaître, sans toutefois pouvoir l'affirmer d'une manière positive. Gabriel Chaveau porte aujourd'hui une barbe qu'il n'avait pas quand il allait chez Combes. C'est évidemment ce qui produit l'hésitation du témoin.

Gabriel Chaveau est membre de la société des Droits de l'Homme. Conduit à la Force le 30 juillet 1833, sous l'inculpation de complot tendant à renverser le gouvernement, il a été acquitté par la cour d'assises, au mois de décembre même année.

Cinq rapports, extraits de la procédure instruite à la cour des pairs, le signalent :

1° Le 16 février 1834, comme étant au nombre des commissaires les plus actifs de la société d'Action ;

2° Le 19 mars suivant, comme commissaire de tribun ;

3° Le 22 du même mois, comme devant avoir chez lui, à midi, passage du Caire, une réunion de membres de la société des Droits de l'Homme ;

4° Le 24 avril, comme s'étant bien battu pendant les troubles de cette époque ;

5° Le 10 mai, comme ayant été remarqué à la tête de quelques hommes armés de fusils, et faisant feu derrière les barricades de la rue Beaubourg.

VEUVE CHAVEAU.

La veuve Chaveau ne fut arrêtée que le 28 juin, deux jours après la saisie des armes à son domicile. On crut d'abord devoir ne tenir aucun compte de ses menaces et de ses exclamations furibondes. Mais on ne tarda pas à reconnaître qu'elle était en quelque sorte l'ame de la conjuration. Au passage du Caire, dans la rue Saint-Claude comme dans la rue Mauconseil, elle recevait habituellement des jeunes gens dont les opinions politiques sympathisaient parfaitement avec les siennes et avec celles de ses deux fils. On a remarqué que dans les quinze jours qui ont précédé la perquisition et les arrestations faites chez elle, ces jeunes gens arrivaient en plus grand nombre, et que leurs visites devenaient beaucoup plus fréquentes. Son logement de la rue Mauconseil ne se compose que d'une chambre et de deux petits cabinets; il eût été par conséquent impossible d'y cacher à son insu une telle quantité d'armes et de munitions. Elle prétend néanmoins avoir ignoré comment et par qui tout y a été apporté. Elle n'a rien vu.

Cette femme exerce sur ses fils la plus déplorable influence. Comme elle, ils sont tous deux sans fortune, sans moyens d'existence connus. Au lieu de les avoir de bonne heure habitués au travail, de leur en avoir elle-même donné l'exemple, elle paraît ne s'être étudiée qu'à exciter leurs passions politiques, qu'à encourager leur oisiveté, en leur offrant les chances de la loterie comme un moyen infaillible de parvenir à la fortune. On a trouvé en effet dans les papiers saisis à son domicile des lettres qu'elle leur a écrites, remplies de phrases politiques propres à les exalter contre l'ordre établi, des cahiers et des calculs qui ne permettent pas de douter qu'ils ne soient tous dominés par la passion de la loterie.

La veuve Chaveau appartient à une famille estimable de Paray-le-Monial (Saône-et-Loire); son père, jadis riche, est maintenant réduit à vivre d'une pension alimentaire que lui servent ses deux fils; l'aîné, qui jouit d'une certaine fortune, écrivait à sa sœur, le 15 janvier 1835, en ces termes : «Ma-
» dame, vous devez vous rappeler que vous fîtes faire, par
» madame Pioche et les demoiselles Brigaud, beaucoup de
» démarches pour obtenir de moi que je vous fisse un prêt;
» vous savez que je ne puis le faire. Vous vous adressez de nou-
» veau à M. Barrois qui, pas plus que d'autres, ne peut réus-
» sir d'aucune manière. Je vous engage donc à ne plus tour-
» menter personne, car ce sera toujours inutilement. L'on m'a
» dit que vous aviez votre fils aîné en prison; s'il s'était occupé
» de travail plutôt que de politique, il aurait bien mieux fait.
» Vous devez, Madame, être bien satisfaite des bons principes
» que vous avez donnés à vos enfans, car l'un est allé en pays
» étranger se joindre à tout ce qu'il y a de pire en Europe, et
» l'autre, par sa bonne conduite, se fait mettre en prison.
» Cessez donc, Madame, de faire ces demandes infructueuses.
» Vous n'avez plus à penser qu'à vous, votre travail doit vous

» faire vivre. Dans le cas contraire, je suis dans l'impossibilité
» de vous prêter, car j'ai trois enfans, pour lesquels il me faut
» tout ce que je possède. Votre serviteur. JOLEAUD, fils aîné.
» *P. S.* Ne faites point de réponse, vos lettres restent ordinai-
» rement à la poste. »

Cette lettre donne une mesure des sentimens peu flatteurs
que la veuve Chaveau inspire à sa famille. Cependant, vers la
fin de 1834, elle envoie ses fils à Paray-le-Monial. Leur voyage n'a d'autre but que d'intéresser les parens en leur faveur,
d'en obtenir quelques secours; car ils sont dans le dénuement le
plus absolu. Ils n'ont pas même de quoi acquitter au bureau
de la diligence le port de la malle qui contient leurs effets, et
faute de paiement la malle est envoyée à Paris. Leur séjour
à Paray-le-Monial devenant onéreux au grand-père, M. Joleaud, leur oncle, dont nous venons de rapporter textuellement la lettre, se détermine enfin à leur abandonner 100 fr.,
pour qu'ils puissent reprendre la route de Paris, et surtout
pour débarrasser la famille de leur présence.

C'est pendant cette absence des frères Chaveau que la mère
leur écrivait des lettres où les déclamations abondent contre le
gouvernement. Dans l'une, adressée à Gabriel, on remarque
le passage suivant, relatif à son frère aîné : « J'ai envie de lui
« faire écrire par D'Argenson. Dis-moi si tu lui as parlé de ce
« brave riche et de son désintéressement. Tâche de te rappeler
« si cette famille D'Argenson mérite dans sa pensée quelque in-
« térêt et s'il tient à cette famille dont les Joleaud se sont tou-
« jours fait honneur d'avoir l'estime, etc., etc. »

Comment la veuve Chaveau a-t-elle donc pu acquérir le droit
de parler avec tant de familiarité de *M. le marquis Voyer-
D'Argenson ?* Le rôle qu'a joué ce *personnage* dans la société
des Droits de l'homme lui aurait-il fourni l'occasion de remarquer, d'une manière toute spéciale, le zèle de Gabriel Chaveau et les services de sa mère ?...

Les explications de la veuve Chaveau sur ce point comme
sur tous les autres, ne méritent évidemment aucune confiance.
Suivant elle, il n'y a pas eu de réunion dans son logement, ni
le 25 juin au soir, ni le 26, ni les jours suivans. Elle ne con-
nait ni Dulac, ni Huillery. Elle n'est jamais allée chez Combes.
Bien qu'elle soit parfaitement reconnue par Bray et Marlin,

elle soutient ne les avoir jamais vus. Elle ignore aussi d'où provenaient le mandrin, la cuiller à fondre du plomb ; la cartouchière et le poignard, saisis chez elle, en présence de son fils Charles.

HUILLERY.

Huillery est un des quatre individus qui furent trouvés réunis, le 26 juin, dans le logement de la veuve Chaveau et qui refusèrent de décliner leurs noms au commissaire de police chargé de les faire arrêter. C'est lui qui avait dans sa poche une pierre à fusil. Interrogé le lendemain, il répond que Chaveau est son ami depuis deux ans, qu'il était allé le voir selon sa coutume, qu'il ne connaissait pas les trois autres et qu'il ignorait que des pistolets et d'autres armes fussent cachés dans le cabinet.

Le 1er juillet, il est conduit à son domicile, carrefour de l'Odéon, 8, pour qu'une perquisition y soit faite en sa présence. Placé près de la porte de sa chambre, au cinquième étage, il trouve le moyen de l'ouvrir et de se sauver sans qu'on puisse l'atteindre. Plus tard, il se constitue lui-même prisonnier; mais auparavant il écrit à M. le juge d'instruction qu'il est inutile de le mettre au secret, ainsi que ses complices, puisque, pendant les vingt-quatre heures qui ont précédé l'exécution de cette mesure, ils ont pu tout à leur aise communiquer ensemble et s'entendre sur leurs moyens de défense.

Le 9 septembre, il subit un nouvel interrogatoire dans lequel il dit avoir connu Gabriel Chaveau en prison, au sujet de l'affaire des forts détachés, qu'il a continué à le voir depuis cette époque, place du Caire et rue Mauconseil, qu'il a rencontré son frère Charles chez sa mère; qu'il n'est pas allé chez celle-ci dans la soirée du 25 juin (nous avons vu qu'on l'attendait au moment de l'arrivée de Bray); qu'il n'y a rien d'étonnant à ce qu'il s'y soit trouvé le 26 au milieu du jour, parce qu'il est habitué à consacrer ses soirées au travail, à l'étude de l'histoire naturelle, et que libre le jour il va se promener; qu'il ne connaissait pas Hubert, Husson et Leroy; qu'il les voyait alors pour la première fois; qu'ils ont causé de choses indifférentes, de la pluie et du beau temps; qu'il n'a pas vu de pistolets; qu'il n'en a pas été question, non plus que d'aller au tir, d'enrôlement ni d'achats d'armes pour l'Espagne, ni d'aller sur le quai d'Orsay, ou dans tout autre lieu déterminé.

Le 30 octobre il a été saisi chez lui un certain nombre de brochures politiques, toutes dans un sens républicain., et trois cartes indiquant l'adresse de Chuquet, marchand de vin, rue Montorgueil, 5, le même qui a favorisé l'entrée de Chaveau dans la garde nationale, et chez lequel se sont, pendant long-temps, réunis des membres de la société des Droits de l'homme.

Huillery fut conduit à la Force, le 30 juillet 1833, pour cris séditieux; le 28, il avait crié, sur les boulevards, pendant la revue : à bas les forts détachés ! Devant le magistrat instructeur il déclara qu'aucune intention coupable ne s'était attachée à un pareil cri ; qu'il avait eu seulement le tort de mêler sa voix à celles de quelques jeunes garçons qui proféraient le même cri. Ces explications paraissant de nature à le disculper, intervint une ordonnance de la chambre du conseil, portant qu'il n'y avait pas lieu à suivre.

HUSSON.

Husson fut arrêté dans le logement de la veuve Chaveau. C'est lui dans la main duquel le commissaire de police trouva une balle de plomb qu'il cherchait à dérober à ses regards. Il professe des opinions républicaines, et il paraît attacher une grande importance à ce que son extérieur et sa mise ne puissent les démentir en aucune manière.

Interrogé le 17 juin, il répond que Charles Chaveau est son camarade, qu'il va le voir habituellement, qu'ainsi doit s'expliquer sa présence dans la chambre de sa mère, qu'il ne sait d'ailleurs ni pourquoi il y avait des armes, ni si elles étaient chargées.

Le 2 juillet, M. le juge d'instruction veut reprendre son interrogatoire; l'inculpé lui dit : « Il est inutile de m'interroger « parce que je ne répondrai pas. » Il avait d'abord déclaré demeurer rue Mauconseil, 10; mais on a reconnu qu'il avait trompé la justice à cet égard; jamais il n'y a logé. Au reste, il en fait maintenant l'aveu, mais il refuse d'indiquer son domicile.

Le 10 septembre, il répond qu'il ne connaît que Charles Chaveau; qu'il le voyait quelquefois chez sa mère; qu'il n'a vu celle-ci qu'à cette occasion, et qu'il ne connaît point le frère aîné. Il soutient n'y être pas allé le 25 juin dans la soirée. S'il s'y est trouvé le 26, c'est qu'il allait voir Charles au moment de son dîner. Il est à ses pièces, il a donc pu disposer de son temps comme il l'a voulu. Il ne s'attendait pas à y rencontrer les trois autres qui ont été arrêtés en même temps que lui. Il ne les connaît que depuis qu'il est en prison avec eux.

Le 31 octobre, il est soumis à un dernier interrogatoire. Le magistrat l'interpelle sur les motifs de sa présence, le 26 juin, dans le logement de la veuve Chaveau. Il dit : « Je n'ai rien à répondre à cela : » S'il a travaillé le matin chez son maître? « Je ne veux pas répondre à cette question aujourd'hui. » Où il prenait ses repas? « J'ai dit que je ne voulais pas répondre davantage. »

On est parvenu à découvrir qu'il avait demeuré rue Saint-Denis, 379. Le commissaire de police s'y est présenté pour faire une perquisition dans sa chambre. Le portier de cette maison a d'abord nié que Husson y eût jamais logé, qu'il y eût laissé des effets. Mais, convaincu du mensonge, il a représenté une malle appartenant à celui-ci, qui la lui avait laissée en dépôt. Cette malle a été ouverte et visitée, en présence de Husson. Il y a été trouvé un grand nombre de brochures politiques, entr'autres celles qui ont pour titre : *OEuvres choisies de Maximilien Robespierre* et les *Crimes des Rois de France.*

Husson fut écroué à la Force, le 28 février 1834, sous l'inculpation d'avoir fait partie d'un complot, tendant à renverser le gouvernement; mais rendu à la liberté le 13 mai suivant, à défaut de charges suffisantes.

HUBERT.

Hubert s'est trouvé chez la veuve Chaveau, le 26 juin, au moment du transport du commissaire de police. Traduit le lendemain devant le juge d'instruction, il dit qu'il connaît Charles Chaveau depuis son retour de Portugal, mais qu'il ne connaît que de vue les trois autres individus arrêtés en même temps que lui. Il était présent à la saisie des armes. Il a oui dire que les pistolets étaient chargés. Pour son compte il l'ignorait complétement.

Le 5 juillet, questionné par le magistrat sur les motifs de sa présence au domicile de la veuve Chaveau, le 26 juin, il répond : « J'en rendrai compte à mes juges. Je trouve que c'est inutile de vous donner des explications. Je n'ai pas 'd'autre réponse à vous faire. »

Le 23 du même mois, Hubert insulte M. le juge d'instruction dans son cabinet. Il lui dit, entr'autres choses, qu'il ne reconnaît pas en lui un homme de la justice et qu'il adresse cet outrage à sa personne. Lorsque procès-verbal est dressé d'une pareille conduite, il s'écrie : « Voilà la justice des hom-
« mes, comme cela fait pitié ! Vous ne rougissez pas ! je sais
« bien que je serai condamné, parce que les juges sont payés
« pour cela, comme vous l'êtes pour... Un jour viendra où la
« justice du peuple mettra fin à l'arbitraire. Le dernier des
« faubouriens vous connaît, vous et vos intrigues. Le règne de
« Louis-Philippe, quoiqu'il fasse beaucoup de mal, fait cepen-
« dant beaucoup de bien, en ce qu'il fait connaître les hom-
« mes et que le peuple s'est éclairé. »

Puis il se livre à des violences qui nécessitent l'intervention de la force armée pour le contenir.

Hubert, a été condamné, le 6 août, à raison de ces outrages envers ce magistrat, à une année d'emprisonnement.

Le 8 septembre, M. le juge d'instruction lui demande à quelle époque il a fait connaissance avec les frères Chaveau, il répond. « Je persiste à dire que je ne veux pas répondre. »

Trois autres questions lui sont adressées, et il y répond dans les mêmes termes.

Le portier de la maison rue Mauconseil, 10, atteste qu'il venait tous les jours chez la veuve Chaveau, et même deux ou trois fois par jour. C'est lui qui a montré le plus d'acharnement dans ses injures contre le commissaire de police, au moment de son arrestation, et qui, dans la rue, a crié avec plus de force vive la république ! mort au tyran !

Une perquisition opérée chez lui, le 1er juillet, y a fait découvrir une boîte de capsules et deux proclamations manuscrites, adressées au peuple français. A la fin de l'une de ces proclamations on remarque le passage suivant : « Roi hypocrite et parjure, toi qui es assis à la place des lois et que la force seule y soutient ; toi qui es sans pitié pour le pauvre peuple, tu ne rougis pas de l'affreuse misère dans laquelle tu l'as placé. C'est sur ta tête criminelle que retomberont toutes ces infamies. Entends-tu la voix du peuple qui demande justice de tant de crimes et de tant de trahisons? Qu'as-tu à répondre?.. »

Hubert était membre de la société des Droits de l'Homme ; il appartenait à la section des Barricades. Ses parens lui ont fait donner une éducation qui semble le placer au dessus de son état.

LEROY.

Leroy est aussi un des quatre individus arrêtés le 24 juin chez la veuve Chaveau. Interrogé le lendemain par M. le juge d'instruction, il répond que Chaveau est son ami, et qu'il ignorait la destination des armes saisies en sa présence. Quand ce magistrat lui fait connaître l'inculpation qui pèse sur sa tête, il ajoute *qu'il ne sait pas ce que ça veut dire.*

Les 9 septembre et 31 octobre, M. le juge d'instruction cherche à continuer son interrogatoire et lui demande de s'expliquer sur l'origine et la date de ses relations avec Chaveau, sur les motifs de sa présence chez la mère de ce dernier, le 29 juin ; il dit: « Je ne veux pas répondre, je m'expliquerai quand je le jugerai convenable. Mettez-moi en jugement si vous me croyez coupable. » — Quelles que soient les réflexions du magistrat, il persiste à dire : *Je n'ai rien à répondre.*

Leroy faisait partie de la société des Droits de l'Homme. Comme Hubert son ami, il appartenait à la section des Barricades ; dans un état joint à la procédure instruite à la cour des Pairs, il est signalé comme un homme d'action.

On remarque aussi dans un interrogatoire par lui subi, le 21 juillet 1833, qu'il répond n'être entré dans la société des Droits de l'Homme *que pour s'instruire.*

COMBES.

Combes est amené devant M. le juge d'instruction, le 10 juillet ; il prétend ne connaître Gabriel Chaveau que depuis une dizaine de jours. A l'entendre, un jeune homme nommé Paul, dont il ne peut indiquer la demeure, est venu lui annoncer que la veuve Chaveau était arrêtée et son fils Gabriel poursui-

vi. C'est ainsi qu'il a fait dire à ce dernier de venir chez lui et qu'il lui a donné quelquefois à dîner. Au reste il ne connaît point Husson, Leroy, Huillery, Hubert, ni même Dulac. Il n'a vu celui-ci que dans la matinée et en prison. Il convient que Léglantine est son porteur d'eau. Questionné sur ses rapports politiques avec cet homme, sur les renseignemens qu'il en devait recevoir au sujet de l'heure précise à laquelle le roi partirait du château des Tuileries, pour retourner à Neuilly, il répond qu'il ne sait pas ce dont on veut lui parler. Des brochures politiques ont été saisies en sa possession. Il dit les avoir eues pendant qu'il faisait partie de la société des Droits de l'Homme. A l'égard des pistolets et des munitions trouvés sur le toît de la mansarde voisine de son logement, il répond qu'il n'y comprend rien et que d'ailleurs il n'a pas l'usage de cette mansarde.

Interrogé pour la seconde fois, le 5 novembre, il persiste à soutenir qu'il n'a jamais vu les armes saisies et qu'il ne sait pas qui a pu les mettre dans l'endroit où elles ont été trouvées. Il avoue qu'il a reçu quelquefois Chaveau aîné et Délont, mais en protestant qu'il n'a jamais été question entr'eux d'un complot contre la vie du roi. Quand le magistrat lui fait observer que Dulac, qu'il prétend n'avoir connu qu'en prison, le 10 juillet, a plusieurs fois agité dans son logement et en sa présence divers points relatifs au projet d'assassinat et surtout aux moyens de l'exécuter, il se borne à répondre : « *Ça n'est pas possible, je suis innocent.* »

Ajoutons enfin que la femme Combes est allée porter deux paires de pistolets chez la femme Castaing, dont le mari est aussi tailleur, en la priant de les lui garder. Ces pistolets, enveloppés dans une toile d'emballage et formant un paquet ficelé, sont restés, pendant une journée, entre les mains de la femme Castaing, qui les a remis ensuite à la femme Hugues, et Bray les a pris plus tard chez celle-ci. Suivant Bray, une paire était destinée à Délont, l'autre au nommé Lacombe, relieur, rue St-Merry, et Délont s'est présenté chez lui, en son absence, pour prendre la sienne; mais on n'a pas pu la lui livrer. Aussi tous ces pistolets ont-ils été trouvés et saisis au domicile de Bray.

Duval.

Ainsi qu'on l'a déjà vu, aussitôt après l'arrestation de son mari, la femme Combes recommande à Bray d'avertir Duval, perruquier, rue St-Jean-de-Beauvais , *de se mettre en mesure pour ses armes*. Cette sollicitude éveille l'attention de l'autorité et Duval est arrêté le même jour 10 juillet. On trouve, dans son arrière-boutique, servant de chambre à coucher, sous un globe de verre sur la cheminée, une cocarde tricolore, mais dont les couleurs sont disposées autrement qu'elles ne doivent l'être, et dans un escalier noir, conduisant de cette pièce au premier étage, mais condamné à la partie supérieure, sur les dernières marches, un fort pistolet d'arçon enveloppé dans du papier gris, un petit paquet de papier gris, contenant cinq cartouches et un tire-point, grossièrement emmanché en forme de poignard. Le pistolet est chargé et amorcé.

Duval est interrogé tout de suite ; il ne peut dire d'où lui proviennent les pistolets, les cartouches et le poignard. Il prétend cependant que le pistolet est chargé depuis une année. On l'avait entendu parler des arrestations de Léger, de Dulac, de Combes et de celles qui avaient été opérées le 26 juin, rue Mauconseil. M. le juge d'instruction l'interroge sur ce point et il répond que s'il l'a fait, c'est sans y attacher aucune espèce d'intérêt et parce qu'il croit l'avoir lu dans le journal le Populaire, auquel il est abonné. Il convient avoir des opinions républicaines, mais il n'a jamais participé à aucun complot contre la vie du roi. S'il faut l'en croire, il ne connaît ni les époux Combes, ni la famille Chaveau.

Huit jours après, il est encore interrogé et voici la singulière version qu'il imagine pour sa défense. Il y a trois semaines, un inconnu est venu chez lui, pendant qu'il était absent; à son retour, il vit cet inconnu qui, sortant de l'escalier noir, au fond de l'arrière-boutique, lui dit, d'un air embarrassé, qu'il venait de le chercher. Cet homme avait de la poussière sur ses habits, comme s'il sortait d'un endroit malpropre et semblait pressé. Il aura peut-être déposé dans l'escalier le pistolet, les cartouches et le poignard.

A l'entendre, Duval était seul en ce moment ; mais comment admettre que pendant son absence, il n'eût confié à personne la garde de sa boutique? Au surplus, il reconnaît n'avoir parlé à qui que ce soit de l'introduction de cet individu. La découverte des armes le met dans une fausse position ; il le sent à merveille. Toutefois il affirme qu'il est étranger au complot. Père de deux enfans, et ayant des charges, il ne peut songer à des actes de cette nature. Mais Duval n'a sans doute pas oublié qu'à l'occasion des événemens d'avril 1834, il fut arrêté et placé sous mandat de dépôt ; que dans son interrogatoire subi le 21 juillet suivant il avoua qu'il était membre de la société des Droits de l'Homme et qu'il avait été chef de section dans la section des 5 et 6 juin, où l'on faisait des collectes d'argent et des distributions d'écrits politiques.

Il prétend ne pas connaître les époux Combes ni la famille Chaveau ; mais, d'une part, il est démenti par l'avertissement de la femme Combes, que Bray avait mission de lui donner. De l'autre, le commissaire de police a saisi chez lui, le 25 octobre, un fragment de papier sur lequel on lit ces mots : « Diligo excellentissimam mulierem Chaveau et filiam Mariettam. (La veuve Chaveau a une fille qui s'appelle Mariette.)

Duval dit qu'il est fils d'un huissier de Bernay, qu'il a cherché à lui donner un peu d'éducation, mais qu'il n'a pas appris le latin, et que dès lors ce n'est pas à lui que peut être attribuée cette phrase latine.

Pour expliquer la possession du papier sur lequel cette phrase se trouve, il prétend que durant sa captivité à Sainte-Pélagie, en 1834, le détenu Mulnier fit son portrait et le lui donna roulé dans ce papier. Ce portrait, qui n'est qu'une esquisse à la mine de plomb, a été saisi le 4 novembre. Le sieur Mulnier reconnaît l'avoir fait à l'époque indiquée ; mais il affirme que Duval l'a retiré de son portefeuille, tel qu'il est, c'est-à-dire sans papier lui servant d'enveloppe ; d'ailleurs il est facile de s'apercevoir que l'écriture de la phrase en question n'a aucune espèce de rapport avec celle du sieur Mulnier.

Une autre circonstance grave, et sur laquelle Duval ne peut donner aucune explication satisfaisante, c'est que deux des cinq cartouches saisies chez lui sont comme la cartouche extraite du fusil de Gabriel Chaveau, en papier rosé et roulé avec colle.

Dulac fut arrêté le 10 juillet. On saisit dans sa chambre un moule à balles, une petite quantité de plomb de chasse, quatre-vingt-dix capsules, un petit bonnet rouge, un écrit intitulé Moi, attaché derrière la porte d'entrée, et un petit dessin colorié représentant des faisceaux surmontés d'un bonnet phrygien, de trois drapeaux et appuyés sur un globe.

Interrogé le lendemain par M. le juge d'instruction, il avoua qu'il connaissait Combes depuis cinq ou six ans, et que, dans cet intervalle, ils s'étaient constamment vus. Ils avaient soupé ensemble la veille de leur arrestation. Questionné sur l'emploi de son temps pendant la journée du 9 juillet, il répondit l'avoir passée entièrement chez lui et s'y être occupé d'histoire naturelle. Il nia qu'il se fût trouvé chez Combes en même temps que Gabriel Chaveau, qu'il y eût conduit celui-ci et qu'il fût allé avec eux sur la route de Neuilly. Il soutint n'avoir jamais eu de relations avec la famille Chaveau, qui avait figuré dans le procès des vingt-sept accusés de complot contre le gouvernement, jugé par la cour d'assises en décembre 1833, et auquel il ne parlait que lorsque le hasard le lui faisait rencontrer. Il dit enfin n'être jamais allé dans un fossé, en face du Garde-meuble.

Dans un autre interrogatoire, subi le 17 du même mois, Dulac persiste à déclarer qu'il ne connaît Chaveau qu'indirectement, et ajoute qu'il ne l'avait pas vu depuis six mois lorsqu'il a été arrêté. Il prétend qu'il ne connaît pas Délont, qu'il n'est jamais allé chez ce brocanteur, rue Mauconseil; qu'il ne s'est point trouvé avec lui le 5 ou le 6 juillet sur le quai des Tuileries, qu'il n'est point entré ce jour-là chez le marchand de vin, rue de Rivoli, n° 8, et qu'il n'a jamais proposé à qui que ce soit de porter un baril dans un endroit quelconque.

A l'entendre, il vivait du produit de ses économies; cependant il n'avait que trente sous au moment de son arrestation.

Dulac nie ses discussions animées, soit chez la veuve Chaveau, le 25 juin dans la soirée, soit postérieurement, au domicile de Combes, pour les moyens à mettre en usage pour attenter à la vie du roi; mais confronté avec Bray et Marlin, il est reconnu par eux. Marlin le signale comme l'ayant vu

venir chez Combes, où souvent il passait la moitié de la journée à s'entretenir du complot. Quant à lui, il prétend ne pas
les connaître et ne les avoir jamais vus. Il convient d'ailleurs
avoir fait partie de la société des Droits de l'homme.

LÉGLANTINE.

Léglantine est le porteur d'eau signalé d'abord comme s'é-
tant chargé de jeter dans la voiture du roi un baril rempli de
poudre et de balles, puis comme devant aussi donner à Combes
des renseignemens précis sur l'heure du départ du roi pour
Neuilly. Interpellé le 10 juillet sur ces faits, il les a formellement déniés. Il a soutenu en outre qu'il ne connaissait ni Chaveau ni Dulac, et qu'il n'était jamais allé avec Combes dans
un café, place de la Concorde. Les indices de culpabilité ne
paraissant pas suffire à son égard, M. le juge d'instruction a
cru devoir ordonner sa mise en liberté; mais il a été repris
postérieurement.

Interrogé de nouveau le 7 août, Léglantine affirme n'avoir
jamais eu connaissance du complot et n'en avoir jamais parlé
à personne. « *Il est faux,* dit-il, *que je me sois offert pour faire
le coup.* » Il n'a jamais rencontré plusieurs individus chez
Combes. Il n'y a vu que celui-ci, sa femme et un ouvrier.
Sans doute, depuis sa mise en liberté, il a continué à porter
de l'eau à la femme Combes; mais elle le lui a demandé et il
ne pouvait s'y refuser. Quand elle lui a parlé de l'arrestation
de son mari, il s'est contenté de lui répondre que c'était un
malheur, puisqu'elle assurait qu'il était innocent.

Mais une perquisition a été faite chez Léglantine, et elle a
procuré la saisie de deux cartouches et de trois balles de calibre. Ces cartouches ne sont pas sorties des arsenaux militaires,
et le papier dont elles sont formées provient de la Jérusalem
délivrée, épisode de Renaud. Or, on trouve ce même papier
dans quelques-unes des cartouches déposées par Bray chez le
baron de Briederbach et dans la bourre de l'un des pistolets
saisis dans le logement de la veuve Chaveau.

Léglantine prétend que ces cartouches lui ont été données
à Rouen lorsqu'il était au régiment; mais l'opinion de l'expert
commis pour les examiner et faire connaître leur origine,

semble ne pas permettre de croire qu'il soit de bonne foi dans son allégation sur ce point.

Léglantine a fait partie de l'ex-Garde royale. Six semaines avant la révolution de juillet il l'avait quitté après avoir obtenu son congé. Depuis cette époque il est devenu membre de la société des Droits de l'Homme. Il appartenait à la section Barras. On concevra donc facilement qu'il ait pu connaître Combes, Dulac, Chaveau et plusieurs des autres conjurés.

BOIREAU (1).

Dans un interrogatoire que lui a fait subir M. le président de la cour des Pairs, Fieschi dit être allé voir Boireau dans son atelier, le jour où furent arrêtés Charles Chaveau, Huillery, Husson, Hubert et Leroy. Boireau lui parla ainsi de cet événement : «Tu ne sais pas, ils ont arrêté cinq ou six de mes » amis, ce dont je suis bien fâché ; ils étaient allés sur la place » de la Révolution pour assassiner le roi. Il y en a un avec le-» quel je suis bien ami. » Il lui fit en même temps connaître leur nom ; mais Fieschi n'a pu se les rappeler. Boireau lui en désignait un particulièrement, qu'on appelait le Père... (Il ne se souvient plus du nom), brocanteur, âgé de cinquante ans, qui l'avait chargé plusieurs fois de lui proposer, à lui Fieschi, d'aller hors des barrières, pour se trouver avec les conjurés.

Boireau avait rempli sa mission ; mais Fieschi n'en avait pas tenu compte.

Le 24 septembre, Fieschi s'exprime ainsi devant le juge d'instruction. « Voici exactement ce que Boireau m'a dit au sujet du complot. Il m'a raconté que trois ou quatre jeunes gens étaient venus le trouver, lui avaient démandé s'il avait des armes et montré des pistolets dont ils étaient porteurs ; que, lui, Boireau, leur ayant répondu qu'il n'avait pas d'armes, ces jeunes gens lui avaient confié qu'ils étaient une quinzaine environ qui avaient rendez-vous, pour le soir même, sur la place Louis XV, et qu'ils devaient tirer sur le roi. Entrant dans de plus grands détails, Boireau ajouta que le chef de ces jeunes gens était âgé d'environ 50 ans, marchand de bric-à-brac, et un homme solide. Il m'apprit qu'il avait parlé de moi à cet individu qui, d'après ce que Boireau lui avait dit,

____

(1) Voir notre relation du procès Fieschi.

voulait me voir et me connaître; mais je n'ai voulu, ni me mêler de cette affaire, ni même le connaître. (Fieschi était alors tout entier à l'exécrable projet dont l'exécution a depuis consterné la France.) Boireau m'a dit, continue Fieschi, qu'il connaissait particulièment le marchand de bric-à-brac, ainsi que quatre ou cinq autres des complices de cette affaire, dont il lui cita les noms. C'était surtout dans les cinq arrêtés d'abord que Boireau en connaissait quelques-uns. Il me le dit lui-même, et il vint me faire part de cette arrestation le lendemain même du jour où elle eut lieu. Il m'a dit qu'il avait été dîner avec un individu qu'il appelait le Père.... C'était hors des barrières et même à près d'une lieue hors des barrières. Je me rappelle qu'il me dit qu'ils étaient plusieurs à dîner. »

Ces révélations de Fieschi donnèrent à penser que Boireau, son complice, était aussi un des conjurés qui avaient résolu d'assassiner le roi sur la route de Paris à Neuilly. En consé quence Boireau fut appelé à s'expliquer sur ce nouveau chef d'inculpation. Il prétendit n'avoir eu connaissance du complot que par la voie des journaux qu'il lisait, c'est-à-dire du *National* et du *Réformateur*, et n'en avoir parlé à Fieschi qu'à la suite de cette lecture. M. le juge d'instruction lui ayant fait observer que ces journaux ne désignaient point nominativement les individus arrêtés et ne contenaient aucun des détails par lui donnés à Fieschi, il soutint qu'il n'avait point nommé ces individus, ni tenu les propos que Fieschi lui attribuait. Fieschi lui fut alors confronté, et non seulement il persista dans ses révélations; mais encore il ajouta que Boireau lui avait dit avoir donné trente sous à l'un des individus arrêtés dans la rue Mauconseil. Boireau répondit qu'il connaissait Husson seulement et qu'il n'avait donné trente sous à personne. Fieschi dit encore, que, selon Boireau, un homme de 48 à 50 ans, brocanteur, fin et droit, conduisait la société des jeunes gens. « Je n'accuse que ma mémoire, reprit Boireau, je n'accuse personne d'être menteur, ni imposteur; je ne crois pas avoir tenu ce propos-là à Fieschi. » Comment expliquez-vous, lui demande le magistrat, les détails donnés par Fieschi et surtout de Délont, que vous connaissez évidemment? « *Je n'explique rien du tout.* » Voilà son unique réponse.

Une note fut saisie au domicile de Boireau, lors de son ar restation pour l'attentat déféré à la cour des Pairs. Elle est écrite au crayon, sur un petit fragment de papier, et conçue en ces termes : « Chez Rossignol, traiteur, rue de la Fontaine, au parc Saint-Fargeau, en haut de Belleville. On demandera Délont. » Cette note est évidemment un rendez-vous, ou une invitation à dîner, donné à Boireau de la part de Délont. Boireau ne peut dire comment elle s'est trouvée en sa possession, et déclare ne connaître ni Délont, ni Rossignol ; mais tout ce qui précède autorise à considérer ses réponses comme dénuées de sincérité et de vraisemblance. Nul doute qu'il n'ait fait partie du complot et transmis à Fieschi la proposition d'y entrer.

DÉLONT,

Délont ne fut arrêté que le 16 juillet. Il avait une boutique, rue Meslay, n. 3. Le 2 du même mois il fit vendre son mobilier par le ministère d'un commissaire-priseur, et sans avoir reçu congé, alla demeurer rue Mauconseil, n. 18. Comme on le remarque, c'était peu de jours après les arrestations opérées au domicile de la veuve Chaveau. Il craignait le même sort, et voulait se soustraire aux recherches de la police. Pendant les huit ou dix nuits qui précédèrent son arrestation, il crut prudent de découcher et de les passer chez le sieur Bertrand, comme lui marchand de bric-à-brac, rue des Petites-Écuries, n. 31, en se disant poursuivi pour opinions politiques.

Interrogé le lendemain 17, Délont prétendit ne pas connaître Chaveau, Combes et Dulac. M. le juge d'instruction lui rappela qu'on l'avait vu, avec ces individus, sur la place de la Concorde et sur le quai des Tuileries. Il répondit qu'il ne savait pas ce qu'on voulait lui dire et n'avoir jamais découché. En entendant l'inculpation dirigée contre lui d'avoir formé un complot pour assassinat du roi. « Rien que cela, dit-il ironiquement, c'est peu de chose. »

Bray et Marlin, confrontés avec lui, ont déclaré le reconnaître pour celui dont ils ont parlé dans leurs dépositions. Délont a soutenu au contraire ne les avoir jamais vus. Il prétend aussi ne pas connaître Boireau et ne lui avoir jamais donné ni rendez-vous, ni avis d'un complot contre la vie du roi.

Cependant, le sieur Rossignol, marchand de vins traiteur au parc Saint-Fargeau, a été entendu, et il résulte de sa déposition, qu'au mois de mai dernier, Délont lui avait vendu des tables et des meubles moyennant le prix de 77 f. 50 c., avec la stipulation que le vendeur irait dépenser cette somme dans l'établissement de Rossignol, et qu'en effet Délont y était allé plusieurs fois avec sa femme, des amis, et notamment avec un vieillard, plus qu'octogénaire, qu'on appelait Paulus.

Délont est amené dans le cabinet de M. le juge d'instruction pour y être confronté avec Rossignol. A peine voit-il ce témoin qu'il affirme ne pas le connaître ; mais M. Rossignol atteste le reconnaître parfaitement. Il croit aussi reconnaître Combes et Dulac pour les avoir vus chez lui avec Délont. La femme Combes, depuis l'arrestation de son mari, est venue manger chez ce traiteur avec Délont. Elle en fait l'aveu et elle est reconnue par le sieur Rossignol.

Interpellé sur la destination du baril par lui présenté à quelques personnes, et sur le motif d'une démarche qu'il aurait faite chez un limonadier de la place de la Concorde, Délont dit : « Qu'il ne répondra pas à des questions semblables, et qu'il s'aperçoit qu'on veut lui faire dire des choses qu'il ne connaît pas. »

Des renseignemens transmis à la justice portaient à croire que le baril, dont les conjurés devaient se servir pour l'exécution de leur dernier projet, se trouvait au domicile de Délont, renfermé dans une boîte en carton, couverte de papier, et sur laquelle une ancre était dessinée. En conséquence une perquisition y a été faite ; mais elle n'a produit aucun résultat.

Par suite des relations anciennes et fort intimes de Délont avec Paulus, on pouvait également soupçonner ce vieillard d'être dépositaire du baril recherché. Aussi, un commissaire de police est allé trouver Paulus à Tigery près Corbeil, chez un ami, et l'a ramené à Paris, pour faire, parmi ses effets, toutes les perquisitions convenables. Cette mesure n'a procuré la découverte que de deux pistolets de poche, neufs et chargés ; les variations de Paulus sur l'origine de ces pistolets et sur l'époque à laquelle ils avaient été chargés, ne permettent guères de douter qu'ils ne proviennent de son ami Délont, qui s'en sera promptement débarrassé, lorsqu'il aura vu la police sur la trace des conjurés.

Délont fut conduit et écroué à Sainte-Pélagie, le 24 août 1833, sous l'inculpation de provocation à commettre des crimes ou délits. Mais rendu à la liberté le 27 septembre suivant, il prétend que cette arrestation fut arbitraire et que l'on est encore à lui en faire connaître les motifs.

A l'instruction se trouve annexée une lettre du marquis de Strada, écuyer, commandant les écuries du roi, laquelle apprend que sa majesté a été s'installer à Neuilly, le 15 juin 1835, avec toute sa maison, et qu'elle a fait le voyage de Neuilly à Paris et retour, les 16, 17, 18, 19, 22, 23, 24, 26, 28, 29 et 30 juin, les 2, 4, 6 et 9 juillet.

Il résulte aussi de la déposition de Jacques Veauclin, garçon d'attelage aux écuries du roi, qu'un jour, au commencement du mois de juillet, il vit une femme s'approcher de la voiture du roi, pour présenter une pétition à sa majesté. Effrayée par le cheval que montait le piqueur, cette femme s'éloigna aussitôt, sans avoir remis sa pétition.

Ces faits viennent encore confirmer les révélations de Bray, à l'égard des frères Chaveau, Dulac et Délont.

L'acte d'accusation se termine par un extrait du rapport de M. Lepage, arquebusier du roi, à l'examen duquel on a soumis les armes et munitions qui ont été saisies.

ARRET DE RENVOI.

« La cour, adoptant les conclusions du procureur-général,

« Considérant que de l'instruction résultent charges suffisantes contre : 1° Gabriel Chaveau ; 2° Charles Chaveau ; 3° Charles-Auguste Huillery ; 4° Maximilien Husson ; 5° Louis Hubert : 6° Hippolyte Leroy ; 7° Louis-Antoine Combes ; 8° Jean-Claude Délont ; 9° Charles-Louis Dulac ; 10° Charles-Napoléon Duval ; 11° Victor Boireau ; 12° François Léglantine ; 13 Louise Joleaud, veuve Chaveau.

« D'avoir, en 1835, par une résolution d'agir concertée et arrêtée entre plusieurs, participé à un complot ayant pour but de commettre un attentat contre la vie du roi, lequel complot

a été suivi d'actes commis ou commencés pour en prépa
l'exécution.

» Contre Victor Boireau ;

» D'avoir, en 1835, fait à Fieschi la proposition, non agré
de participer à une résolution d'agir, concertée et arrêtée,
tre deux ou plusieurs personnes, dans le but de commettre
attentat contre la vie du roi ;

» Contre Huillery, Husson, Hubert et Leroy ;

» 1° D'avoir, en 1835, outragé un commissaire de poli
magistrat de l'ordre judiciaire, dans l'exercice de ses fon
tions, par paroles tendant à incu'per son honneur et sa déli
tesse ;

» 2° D'avoir, à la même époque, outragé, par paroles, d
agens dépositaires de la force publique dans l'exercice de leu
fonctions ;

» 3° D'avoir à la même époque, proféré publiquement d
cris séditieux ;

» Crimes et délits connexes, prévus par les articles 86, 8
222, 224 et 8, de la loi du 25 mars 1822 :

» Ordonne la mise en accusation desdits Gabriel Chaveau
Charles Chaveau, Huillery, Husson, Hubert, Leroy, Combe
Délont Dulac, Duval, Boireau, Léglantine et Louise Joleau
veuve Chaveau, et les renvoie devant la cour d'assises du d
partement de la Seine pour y être jugés suivant la loi. »

A M. le Rédacteur du *National*.

« Paris, le 11 mars 1836.

» Monsieur,

» Je vous prie de vouloir bien insérer la note suivante, c
réponse à l'étrange sortie que M. Martin (du Nord) s'est pe
mise contre ma compagnie et contre moi, dans l'acte d'accu
sation du sieur Chaveau.

» Je ne sais jusqu'à point il est permis à un procureur-gén
ral, inattaquable par sa position, de compromettre la réput

tion d'un citoyen, par cela seul qu'il n'approuve pas entièrement le système qui nous gouverne.

» M. Martin (du Nord) me nomme aujourd'hui, dans son réquisitoire contre le sieur Chaveau, à propos de la prostestation contre l'ordre du jour du 17 avril, relatif au service de la garde nationale au Luxembourg pendant le procès des accusés d'avril, signée par la majorité de la compagnie dont j'ai l'honneur d'être toujours le capitaine, quoique suspendu de mes fonctions. En rappelant cette protestation et en parlant de l'esprit politique de ma compagnie, à propos d'une accusation contre la vie du roi, M. le procureur-général semble confondre à dessein deux choses qui n'ont aucune analogie. Que l'accusation contre le sieur Chaveau soit fondée ou non, je défie qui que ce soit de prouver que j'aie jamais eu aucune relation avec lui. Quoiqu'il fît partie de ma compagnie, non seulement je ne lui ai jamais parlé, mais je ne l'ai même jamais vu.

» Négociant et établi depuis dix-sept ans dans le cinquième arrondissement, il était peut-être inutile de relever les insinuations de M. Martin (du Nord); mais l'affectation avec laquelle M. le procureur - général veut me faire passer pour un chef de conspiration, m'oblige de lui rappeler que nous sommes neuf officiers de neuf compagnies (dont huit marchands ou négocians), qui avons signé la protestation qui paraît si étrange à M. le procureur-général, et de lui assurer que, malgré son éloquence, il lui serait difficile de faire passer pour conspirateurs des négocians élus à une très-forte majorité par des marchands comme eux.

» Agréez, etc.

« HULOT, cap. de la 4e comp., 3e bat., 5e lég.,
rue Saint-Sauveur, 12. »

———

Les deux lettres suivantes ne se rattachent point directement à la procédure; néanmoins, la gravité des faits qu'elles signalent en font un document curieux. Nous n'avons pas cru devoir en priver nos lecteurs.

Au rédacteur du Messager.

Vendredi, 10 juillet 1835.

« *Maison de la Force, cour de la Madelaine.*

Monsieur le rédacteur,

» Nous venons vous signaler les faits suivans, qu'il est bon, ce nous semble, de livrer à la publicité.

» Sous le poids d'une grave accusation, nous avons été plusieurs fois appelés devant le juge d'instruction. Là, nous avons refusé chaque fois de nous engager dans les voies tortueuses et perfides des interrogatoires d'aujourd'hui ; car, on a commencé à le reconnaître, il est très-dangereux de céder aux déloyales insinuations d'un magistrat instructeur, toujours ennemi passionné du prévenu ; et, surtout dans les circonstances où nous nous trouvons, nous regardons comme de notre devoir, de notre honneur même, de ne répondre à aucune des questions qui nous seront adressées. La police veut à toute force un grand attentat pour suppléer au procès-monstre, qu'on ne peut mener à bonne fin. C'est nous qu'elle a pris pour les instrumens de son projet ; nous nous montrerons dignes de sa préférence, en supportant toutes les tortures qu'on nous fait endurer, et celles dont on nous menace, plutôt que de devenir des complices, en faisant des réponses, insignifiantes même, que messieurs du parquet sauraient retourner contre nous. Nous verrons qui sera le plus tôt las, de la victime ou du bourreau.

» Mandés ce matin devant M. Zangiacomi, on nous appela au greffe ; un commissaire nous attendait pour nous dépouiller de nos vêtemens. Nous refusâmes d'abord de nous prêter à cet acte arbitraire et stupide, attendu que toujours nous devions nous présenter avec les mêmes habits. Mais force nous fut de nous laisser faire. Nous allâmes donc en chemise au Palais-de-Justice, et quand nous réclamâmes de M. Zangiacomi nos effets enlevés, que nous ne pouvions remplacer par aucun autre, étant privés de toute communication, celui-ci nous répondit : *C'est peut-être un moyen propre à vous faire rompre le silence dans lequel vous persistez. Vos habits ne vous seront pas rendus.*

» Pénétrés d'un profond dégoût pour de tels moyens, nous revînmes dans notre prison, où nous attendîmes en vain l'un de nos camarades ; nous apprîmes peu après qu'il avait été mis au cachot, pour n'avoir consenti à se rendre ainsi deshabillé à l'instruction, qu'après y avoir été contraint par un mandat de comparution, comme le veut la loi.

» Nous nous abstenons, pour le moment, de qualifier une pareille conduite ; nous constatons des faits. Chacun les appréciera.

» Salut et fraternité.

HUILLERY, H. LEROY.

» Nos amis Chaveau et Husson ne peuvent signer, étant au cachot.

» Depuis quinze jours, Hubert est à la Conciergerie. »

A M. le Rédacteur du Bon Sens.

Prison de la Force, 5 décembre 1835.

Nous vous prions d'insérer dans un de vos plus prochains numéros la lettre suivante adressée à M. Zangiacomi. Nous attestons sur l'honneur que les faits qui y sont rapportés sont plutôt affaiblis qu'exagérés.

A M. Zangiacomi, juge d'instruction.

Monsieur,

Depuis cinq mois et plus que nous sommes détenus sous une accusation fausse et ridicule, vous le savez, nous n'avons pas manqué de courage ; à chaque nouvelle vexation, à chaque nouvelle torture, comptant sur des jours meilleurs, nous n'avons opposé que le calme et la résignation. Mais quand enfin la patience vient à faillir, le stoïcisme vaincu se change en colère, et plus on a comprimé ses douleurs, plus sont perçans les cris qu'arrache le désespoir à l'âme écrasée sous le poids des souffrances. C'est ce que comprendront tous ceux qui liront cette lettre destinée à la publicité; car nous ne voulons pas faire de scandale, mais en appeler à l'opinion publique qui va décider entre le bourreau et ses victimes. Si l'on trouvait en France des tribunaux pour venger les citoyens injustement privés de leur liberté, les indemniser de longues souffrances, de la perte de leurs établissemens (on a vendu les meubles de plusieurs d'entre nous pour payer nos loyers, et Duval a été forcé de fermer sa boutique et de laisser ainsi sans appui sa femme et ses deux enfans), nous n'aurions pas recours à ce moyen; mais puisqu'un homme peut, sans contrôle, disposer de la liberté de femmes, de vieillards, de frêles enfans, puisque la loi l'y autorise; pour obtenir justice, nous devons nous adresser, non pas aux mauvaises passions, non pas aux sympathies de nos co-religionnaires, mais à tous les hommes qui n'ont pas le cœur desséché et pour qui le mot *humanité* n'est pas encore vide de sens.

Arrêtés, le 26 juin, sous la double accusation de complot contre la sûreté de l'état et contre la vie du roi, si nous avons rencontré chez vous la politesse, les prévenances que des accusés devant être jusqu'après le jugement réputés innocens doivent trouver chez un magistrat, c'est que vous ne connaissiez pas alors notre immuable résolution de ne pas répondre aux questions qui nous seraient faites; et pour cela nous avions de bonnes raisons ; nous savions, nous avons dit et écrit (voir notre lettre du mois de juillet) que le gouvernement voulait un nouvel *attentat*. Les ministres avaient dans leurs portefeuilles toutes préparées les lois que depuis Fieschi s'est chargé de faire passer; l'on comptait sur notre complot pour les présenter aux chambres; mais fidèles à la résolution instantanée, prise au moment même de notre arrestation, de vous laisser faire les frais de l'invention et du dénouement du complot, nous avons déjoué....... détruit vos espérances : voilà la cause de votre mauvais vouloir à notre égard. Alors ont commencé les mauvais traitemens, Vous avez fait resserrer nos secrets déjà rigoureux; vous y avez laissé trente-deux jours un homme que son âge au moins rendait respectable. Vous nous avez froissé dans toutes nos affections; vous avez fait arrêter la femme de Délont, la femme de Combes, mère de trois enfans, dont le plus âgé n'a pas huit ans; vous avez arrêté, et depuis cinq mois vous tenez en prison, à Saint-Lazare, au milieu des femmes perdues, la mère des deux frères Chaveau; vous espériez les faire parler, leur faisant entendre que s'ils se montraient *dociles*, leur mère serait relâchée. Vous nous avez dit : Envoyez-moi vos amis, dites-leur qu'ils viennent à dix heures, je leur délivrerai des permissions; et quand ils se présentaient vous les receviez avec une brutalité que nous nous abstiendrons de qualifier. Vous avez refusé une permission à la mère d'Huillery, à sa pauvre mère venue exprès de province. Tous les moyens vous furent bons pour nous arracher des réponses; plus de dix fois, sans vouloir les interroger, vous avez fait traîner quelques-uns de nous dans la souricière, infâme clapier où l'eau continuellement coule sur les dalles humides; et puis vous leur disiez : « Répondez, vous n'y reviendrez plus dans cette souricière qui vous déplaît tant. » Si l'un d'eux, épuisé de fatigues, car c'étaient des stations de douze heures que vous nous faisiez subir dans ce cachot infect, vous criait : pour aujourd'hui je ne puis aller à l'instruction, laissez-moi me reposer, demain peut-être je serai mieux, » il recevait un mandat d'amener pour réponse, et des soldats l'arrachaient de son lit de souffrances. C'est ce qui est arrivé à Huillery , le 18 juillet, et quand amené devant vous, il vous disait : « vous le voyez, je suis malade, » d'une voix mielleuse, vous répondiez : « c'est bien, je comprends votre refus de comparaître. » Puis en entrant à la Force, quoique astreint depuis plusieurs jours à une diète absolue, il était jeté au cachot par votre ordre, quoique vous en disiez; car vous tenez beaucoup à rejeter sur d'autres la responsabilité de vos actes. Peut-être n'est-ce pas par votre ordre que Moulin, Leroy, Husson ont été condamnés à un mois de cachot, au pain et à l'eau; que Maximilien Husson, tout jeune homme encore, a été, pendant ce temps, enfermé dans une *cage de fer*, ayant pour commensaux Michel, accusé d'assassinat; David, assassin de sa belle-sœur, et François, le complice de Lacenaire. Nous le voulons bien, ce n'est pas vous qui l'avez ordonné, mais vous le saviez; nous étions à votre disposition; vous deviez empêcher cet horrible supplice que flétrit la morale. Ce n'est pas non plus par votre ordre que Hubert a été mis trois fois dans le cachot des condamnés à mort, à la Conciergerie; mais dites-nous qui l'a fait condamner à une année d'emprisonnement.

Nous ne nous plaindrions pas, à présent du moins, de tou-

tes ces vexations si nous pouvions espérer que bientôt un jugement nous en vengerait en proclamant notre innocence; mais,
il y a plus de deux mois, vous nous assuriez que l'instruction
était terminée; que la chambre du conseil allait décider sur notre sort; et puis le 3 novembre, vous nous fîtes encore appeler
pour dire à chacun de nous : « C'est la dernière fois que je vous
fais venir; soyez-en sûrs : dans quinze jours vous serez mis en
liberté, ou vous aurez votre renvoi. » Nous venons aujourd'hui
vous rappeler cette promesse trop de fois violée, à dessein ou
par négligence nous n'en savons rien. Faites-nous mettre en liberté ou bien envoyez-nous devant nos juges, et là notre innocence sera clairement prouvée; vous le savez bien, car autrement nous serions déjà jugés et condamnés; aurions-nous
donc aujourd'hui à nous repentir de n'être pas coupables? Fieschi arrêté un mois après nous, sera traduit dans un mois,
avant peut-être, en jugement, et nous, nous n'avons pas encore reçu notre renvoi. Nous vous saluons, espérant que vous
voudrez bien enfin soumettre notre affaire à la délibération de
la chambre du conseil.

G. HUILLERY, LEROY, DÉLONT. CHAVEAU ainé, DUVAL,
MOULIN, CHAVEAU jeune, LEGLANTINE, HUSSON.

DÉBATS.

Comme on devait le prévoir, cette affaire où va de nouveau retentir le nom de Fieschi, et où l'ombre sanglante de ce misérable doit en quelque sorte surgir pour accuser une fois encore le complice qu'il n'a pu perdre, excite une vive curiosité et attire un concours immense de spectateurs. Dès le moment de son ouverture, l'étroite enceinte de la salle est, comme d'ordinaire aux jours de solennités judiciaires, complétement envahie.

Le bureau des pièces à conviction présente l'aspect d'un arsenal de guerre ; une vingtaine de pistolets de toute forme et de tout calibre ; quatre fusils de munition garnis de leurs baïonnettes, des sabres, des ceintures à cartouches, de la poudre, des gibernes, un bonnet rouge et une de ces poires à face humaine, qui valurent l'année dernière une condamnation correctionnelle et une si comique célébrité au marchand de cirage Buchoz-Hilton s'y trouvent assemblés et étiquetés dans leur ordre.

A dix heures, les accusés sont introduits ; un vif mouvement de curiosité se manifeste dans l'auditoire, ils sont au nombre de treize, et garnissent dans toute leur étendue les deux bancs placés en face du jury : un gendarme placé entre chacun d'eux les sépare.

Les deux principaux accusés, les jeunes frères Chaveau, d'une figure agréable et presque féminine, malgré la régularité de traits prononcés, sont de petite taille et de tournure distinguée ; tous deux sont vêtus avec élégance et recherche : leur chemise de couleur, leur redingote, leur cravate, leurs gants même sont entièrement semblables ; ils portent une petite moustache et sont d'une parfaite ressemblance.

Mme Chaveau est vêtue de noir ; un chapeau d'une élégance de bon goût couvre sa brune chevelure et cache à demi sa figure, qui, gracieuse et distinguée, est bien loin d'accuser son âge. Sur le banc, comme dans l'ordre de l'accusation, Mme Chaveau prend place après ses deux fils. Les autres accusés sont rangés dans l'ordre qui présidera à la série des interrogatoires. Léglantine et Boireau se placent les derniers, et attirent plus particulièrement l'attention du public. Léglantine, ancien soldat, aujourd'hui porteur d'eau, est un homme d'une haute taille, à traits prononcés et d'une beauté remarquable : il est entièrement vêtu d'un costume noir, dont le drap fin est coupé avec élégance. Quant à Boireau, qui paraît maintenant pâle et souffrant, il a quitté la redingote bleue qu'il portait à la Chambre des Pairs, et porte un habit noir, un gilet, une cravate blanche. Il a conservé sa petite moustache noire. Le bruit se répand dans l'auditoire qu'il veut rétracter tous les aveux qu'il a faits durant le procès Fieschi, et protester à l'audience contre les obsessions dont il aurait été entouré.

Plusieurs bancs ont été disposés dans l'enceinte de la Cour et sont occupés par un grand nombre de dames ; les avocats s'entassent au banc du barreau ; une planchette a été dressée sous la tribune réservée à ceux de messieurs les jurés qui veulent assister au débat, bien qu'ils ne soient pas de l'affaire ; là se pressent cinq ou six journalistes, organes privilégiés de la publicité dont les nombreux confrères peuvent envier le lot, du coin obscur où on les a relégués au fond de la salle. A dix heures et demie la Cour entre en séance.

Le président. — Huissiers, MM. les jurés ont-ils tous leurs places ? Personne ne s'est-il placé au banc de MM. les jurés qui ne sont pas de l'affaire, mais qui ont siégé dans la session ?

M. Garnier, huissier-audiencier. — Une seule personne étrangère au jury se trouve à ce banc, c'est M. L....., journaliste.

Le président. — Je dois faire remarquer qu'il a été impossible de conserver leurs places à MM. les journalistes. Les journalistes, à la rigueur, ne devraient pas avoir de places. (Mouvement d'étonnement dans l'auditoire.) Ils sont d'habitude placés au haut bout du banc des accusés ; cette place est aujourd'hui occupée par les nombreux accusés eux-mêmes, on ne peut assigner aux journaux la place réservée aux jurés, celle du barreau pas davantage ; il a fallu se plier à la nécessité, j'ai fait disposer deux endroits différens où pourront se placer les journalistes. Il y a dix-sept entrées de journaux ; il était impossible de disposer de dix-sept places : je fais cette remarque, pour faire sentir que quelqu'intention que j'aie de ne nuire nullement à l'extension de la publicité, je ne pouvais priver de leurs places messieurs les jurés qui appartiennent jusqu'à sa clôture, à la session, non plus que messieurs les membres du barreau qui peuvent retirer de leur présence aux débats un fruit utile.

Quelques murmures se font entendre dans l'auditoire.

(M. L..... se retire.)

Trois conseillers, au lieu de deux, assistent le président. Les siéges réservés au ministère public sont occupés par M. Martin (du Nord), procureur-général, et M. Monsarrat, substitut. Devant les accusés sont leurs avocats ; M⁰ Plocque, défenseur des frères et de la veuve Chaveau ; M⁰ Joly, de Combes et de Dulac ; M. Coin de Lisle, de Léglantine ; M⁰ Auguste Marie, de Délont ; M⁰ Ritier, de Husson et Leroy ; M⁰ Virmaitre, de Duval ; M⁰ Moulin, de Hubert ; M⁰ Briquet, de Huillery : Boireau seul n'a pas encore d'avocat.

Le procureur-général. — L'affaire qui va commencer doit entraîner de longs débats ; nous requérons que la cour ordonne l'adjonction d'un conseiller et de deux jurés suppléans.

Le président. — Quoiqu'il ne soit pas nécessaire, ainsi qu'il a été décidé par un arrêt de cassation, que les accusés soient présens à l'arrêt qui ordonne l'adjonction de conseillers et de jurés suppléans, nous allons nous assurer de la présence de tous les accusés.

Le président demande leur nom à chacun deux. Puis, après en avoir délibéré avec ses collègues, il rend l'arrêt suivant :

« La cour, considérant que l'affaire est de nature à entraîner de longs débats, et que l'un de messieurs les jurés qui doivent siéger ou un des membres de la cour, peuvent se trouver empêchés par suite d'indisposition ;

« Ordonne que deux jurés suppléans seront adjoints aux douze qui doivent siéger, et qu'un troisième conseiller assistera la cour.

La Cour, les jurés et les accusés se retirent dans la Chambre du conseil, et reviennent à l'audience après un quart-d'heure.

Les accusés, successivement interpellés par M. le président sur leurs noms, prénoms, âge, lieu de naissance, profession et domicile, déclarent se nommer :

Gabriel CHAVEAU, âgé de 22 ans, commis papetier, né à Paray-le-Monial, (Saône-et-Loire), demeurant à Paris, rue Mauconseil, n. 10 ;

Charles CHAVEAU, âgé de 19 ans, courtier.

LE PRESIDENT. — On n'est pas courtier à 19 ans.

R. Eh bien ! courtier-marron.

LE PRESIDENT. — La loi ni la société ne reconnaissent cette profession. On est commissionnaire, marchand, mais cela n'est pas être courtier.

R. Courtier-marron, c'est le mot propre.

LE PRESIDENT. — Ce nom est une injure, et lorsque vous le donnez à vous-même, la Cour ne peut l'admettre.

Charles CHAVEAU. — Comme vous voudrez. Il déclare le même domicile et le même lieu de naissance.

Charles-Augustin HUILLERY, âgé de vingt ans, professeur, né à Chartres (Eure-et-Loir), demeurant à Paris, carrefour de l'Odéon, n. 8 ;

Maximilien HUSSON, âgé de 21 ans, né à Courcemont (Sarthe), passementier, rue du Jour, n. 19.

LE PRESIDENT. — C'est la première fois que vous donnez votre domicile.

R. Je suis ici devant mes juges naturels.

Louis HUBERT, âgé de 22 ans, né à Vasselonne, demeurant à Paris, rue Grenénat, n. 53 ;

Hippolyte LEROY, âgé de 25 ans, né à Tournant (Seine-et-Marne), ouvrier corroyeur, demeurant à Paris, rue de l'Homme-Armé, n. 3 ;

Louise YOLANDE, veuve CHAVEAU, âgée de 40 ans, ouvrière, née à Paray-le-Monial (Saône-et-Loire), demeurant à Paris, rue Mauconseil, n. 10.

Louis COMBES, âgé de 36 ans, né à Pont-St-Esprit (Gard), tailleur, demeurant à Paris, rue St Honoré, n. 24 ;

Jean-Claude DELONT, âgé de 50 ans, né à Echelon-Hamelin, (Haute-Saône), marchand de bric-à-brac, demeurant à Paris, rue Porte-Foin, n. 16 ;

Charles-Louis Dulac, âgé de 24 ans, né à Paris, tourneur en cuivre, demeurant à la prison.

LE PRESIDENT. — Avant votre arrestation, où demeuriez-vous?

R. Rue du Faubourg-St-Martin, n. 35.

Charles-Napoléon Duval, âgé de 24 ans, né à Bernay (Eure), perruquier, demeurant à Paris, rue St-Jean-de-Beauvais, n. 31.

François Léglantine, âgé de 35 ans, né à Jancy (Yonne), porteur d'eau, demeurant à Paris, rue St-Germain-l'Auxerrois, n. 34.

Victor Boireau, d'une voix énergique qu'il élève avec affectation, déclare être âgé de 25 ans, né à La Flèche (Sarthe), ouvrier lampiste, et habitant les cachots de la Conciergerie, depuis six mois.

LE PRESIDENT. — Je vous engage, dans votre position, à répondre avec modération: vous pourriez vous attirer des paroles sévères.

BOIREAU. — Vous pouvez le faire. Je m'y attends.

D. Vous avez un défenseur?

R. Non.

LE PRESIDENT. — Nous vous avons nommé pour avocat Me Paillet. Il paraît que vous avez refusé son ministère; nous vous désignons Me Plocque, qui se substituera un de ses confrères, s'il ne peut se charger de la défense.

Me PLOCQUE. — J'assistais celui de mes confrères qui avait été chargé devant la Cour des pairs, de la défense de Morey et de Boireau; par suite des révélations de celui-ci, il y a eu nécessité pour moi d'abandonner sa défense. Je ne pense pas que dans une pareille position, il me soit possible d'accepter la mission que veut me confier la Cour.

LE PRESIDENT. — Me Auguste Marie est à l'audience, nous le déléguons comme défenseur de Boireau.

BOIREAU. — Je prends pour avocat Me Massot.

LE PRESIDENT. — Me Massot est-il présent?

Me Massot se lève et déclare qu'il accepte la défense de Boireau.

M. Catherinet, greffier, donne lecture de l'arrêt de renvoi et de l'acte d'accusation. Lorsqu'il arrive aux charges particulières à Boireau, résultant des dépositions de Fieschi, l'accusé, pâle, agité, se lève, et d'un accent de colère s'écrie : *Ce n'est pas vrai!*

LE PRÉSIDENT. — Je vous ai déjà conseillé la modération, et je vous préviens que si vous voulez causer du scandale et troubler l'audience, je vous ferai reconduire à la prison, où l'on vous fera connaître les débats.

BOIREAU. — J'ai dit que l'acte d'accusation ne disait pas vrai, parce qu'on a prêté à Fieschi des paroles qu'il n'a pas dites. Je défie qui que ce soit de trouver rien de semblable dans ses interrogatoires.

LE PRÉSIDENT. — Vous pourrez vous expliquer quand il en sera temps, mais quant à présent vous n'avez rien à dire.

Pendant la lecture de l'acte d'accusation, qui n'a pas duré moins de deux heures et demie, la contenance des accusés est constamment grave et décente; un léger sourire anime par fois la figure sévère des frères Chaveau, lorsqu'il est question des *honorables antécédens* de leur accusateur (Bray, le hussard).

LE PRÉSIDENT. — Gabriel et Charles Chaveau, Huillery, Husson, Hubert, Leroy, Combes, Délont, Dulac, Duval, Boireau, Léglantine et veuve Chaveau, vous êtes accusés d'avoir, en 1835, par une résolution d'agir concertée et arrêtée entre plusieurs, participé à un complot ayant pour but de commettre un attentat contre la vie du roi; lequel complot a été suivi d'actes commis, ou commencés, pour en préparer l'exécution;

Vous Boireau, d'avoir à la même époque, fait à Fieschi la proposition, non agréée, de participer à une résolution d'agir, concertée et arrêtée entre deux ou plusieurs personnes, dans le but de commettre un attentat contre la vie du roi.

Et vous, Huillery, Husson, Hubert et Leroy : 1. d'avoir, à la même époque, outragé un commissaire de police, magistrat de l'ordre judiciaire, dans l'exercice de ses fonctions, par paroles tendant à inculper son honneur et sa délicatesse;

2. D'avoir, à la même époque, outragé par paroles, des agens dépositaires de la force publique, dans l'exercice de leurs fonctions.

5. D'avoir, à la même époque, proféré publiquement des cris séditieux.

Vou, allez entendre les charges portées contre vous.

Le greffier fait l'appel des noms de 4o témoins à charge et de 26 témoins à décharge.

Me Plocque demande l'audition d'un nouveau témoin à décharge, qui doit déposer de faits importans.

Me Joly demande également l'audition de trois nouveaux témoins sur la moralité de Combes.

L'huissier de service fait l'appel des témoins, qui se retirent dans leur chambre.

L'audience est suspendue pendant quelques instans.

Charles Chaveau. — M. le président, voudriez-vous bien faire donner de l'air, plusieurs des accusés sont incommodés. Ma mère notamment souffre beaucoup de la chaleur étouffante de cette salle.

Le président — J'ai eu le soin de faire placer votre mère à l'extrémité d'un banc pour qu'elle fût plus commodément. Le temps ne permet guère d'ouvrir les fenêtres de la salle. Madame Chaveau a en effet changé de place pendant la courte suspension de l'audience, et se trouve en tête du second banc, derrière son fils aîné.

Me Joly. — M. le président, les accusés sont plus incommodés que le public, ne pourrait-on ouvrir les ventouses? (Le garçon de la cour ouvre les ventouses de la salle.

Le président. — Messieurs les jurés ont pu remarquer que dans le classement des accusés, nous avons choisi un ordre bien différent de celui indiqué par l'acte d'accusation, c'est l'ordre qui nous a paru le plus convenable. Cette affaire se développera peu à peu.

D. Gabriel Chaveau, il est évident que c'est contre vous que s'élèvent les plus fortes charges. Ces charges résultent surtout des déclarations de Bray. Le débat va donc rouler avec vous sur cette déclaration. Avez-vous connu Bray?

R. Oui, monsieur.

D. Le connaissiez-vous depuis long-temps?

R. Depuis deux ou trois ans environ.

D. Le voyiez-vous souvent?

R. Non monsieur, j'étais obligé de travailler, et la plus grande partie de mon temps était utilement employée.

D. Aviez-vous avec lui des relations suivies?

R. Je le voyais quelquefois; il venait à la maison pour avoir des nouvelles ou des renseignemens sur son fils, qui avait fait partie avec mon frère de l'expédition de Portugal.

D. Bray a déclaré que le 25 juin, vous lui aviez proposé de prendre part à une tentative qui devait être le résultat d'un complot?

R. C'est faux.

D. Avez-vous été chez lui le 25 ?

R. Non, je n'y ai pas été.

D. Bray déclare que vous lui aviez dit qu'une première fois le coup avait manqué, parce qu'il s'était trouvé un poltron ?

R. C'est faux. Je dois faire remarquer pour la morale publique que ce mot de poltron n'a pas ici l'acception qu'on lui donne ordinairement; par le poltron, j'entends *un homme qui se repentait?* (On rit.)

D. Bray déclare être venu chez vous le 25 au soir ?

R. J'étais hors de chez moi, j'ignore s'il s'y est présenté.

D. Il paraîtrait, d'après sa déclaration, que vous lui aviez donné rendez-vous pour le lendemain à mi di, mais qu'il y a été plus tôt, et que vous l'avez vu venir à huit heures ?

R. Je suis sorti a six heures pour mon travail, ma mère allait au marché, elle m'a accompagné, c'était sa route.

D. Bray déclare vous avoir trouvé couché avec votre frère ce jour-là, et avoir reçu des armes de vous ?

R. C'est faux.

D. Bray déclare vous avoir vu le 26 juin; il a aussitôt prévenu un officier d'état-major, et c'est ce jour même qu'une saisie d'armes a eu lieu chez vous ?

R. J'ignore ces circonstances.

D. Dès ce premier moment cependant, l'accusation a un indice de la véracité de Bray. Il dit que vous lui avez montré les armes, qu'il a rendez-vous avec vous ; la saisie a lieu sur cette indication qui s'est trouvée exacte ?

R. Mon frère répondra à cette allégation. J'ignorais qu'il y eût des armes dans le logement de mon frère. Partant de grand matin, rentrant le soir, je ne m'occupais pas à fouiller la maison.

D. Bray ajoute que vous, vous personnellement, à cinq heures du soir, vous êtes arrivé pâle, défait, sur le quai d'Orsay ; que vous étiez effaré, tout saisi ?

R. C'est faux. Je n'ai jamais été sur le quai que par hasard, en passant. Bray a menti.

D. Vous aviez à votre domicile un fusil ?

R. Oui. Mon fusil de garde national.

D. Vous apparteniez à la garde nationale ; vous y étiez entré au mois de septembre 1834 ; vous demeuriez rue Saint-Claude alors. A quel bataillon apparteniez-vous ?

R. Je l'ignore. Nous demeurions alors rue Saint-Claude, nous devions déménager.

D. Votre bataillon devait être, dans l'ordre ordinaire, le deuxième, et vous eussiez dû aussi être incorporé dans la troisième compagnie ; cependant vous êtes entré dans le troisième bataillon, quatrième compagnie ?

R. Je vous répète que je devais changer de quartier. Nous n'avions arrêté aucun domicile, il est vrai, mais nous étions fixés sur le quartier où nous allions demeurer.

D. Expliquez si c'est par des relations d'affection et d'amitié que vous aviez choisi cette compagnie ?

R. J'avais reçu trois ou quatre billets de la mairie.

D. Il nous paraît étonnant que vous n'ayez jamais appartenu à votre compagnie naturelle. (Mme Chaveau se lève à demi pour donner des explications à son fils.)

R. Je n'ai aucune explication à vous donner à ce sujet.

Le président. — J'ai pris soin, pour sa commodité, de faire placer la mère des deux premiers accusés à l'extrémité du premier banc, et derrière ses fils ; mais si elle abuse de cette condescendance pour parler à l'oreille de l'accusé, je serai forcé de la faire placer à l'extrémité opposée.

Madame Chaveau. — Si vous voulez, M. le président, je vais répéter tout haut ce que je disais à mon fils.

Chaveau (d'une voix forte et accentuée).—Je n'ai besoin des conseils de personne ; je réponds et répondrai toujours la vérité. Vous me pressez de questions sur la garde nationale, je ne pense pas être ici devant un conseil de révision. Je suis impliqué dans un prétendu complot, questionnez-moi sur des faits qui s'y rattachent, je m'expliquerai.

D. Je passe alors d'une manière plus explicite au sens réel de ma question. Il y a eu des protestations, fort peu efficaces à la vérité, dans le troisième bataillon ; comment se fait-il que vous ayez, au lieu d'entrer dans le bataillon auquel vous deviez naturellement appartenir, choisi celui où s'était manifesté déjà un esprit de rebellion ; on peut le dire. Assurément, il y a de l'intérêt à savoir comment cette compagnie, qui a signé des protestations, et qui comptait dans ses rangs 48 ou 50 *individus* qui ne devaient pas lui appartenir, a été précisément celle de votre choix ?

R. Je n'ai monté qu'une seule garde durant mon séjour rue St-Claude. C'est le hasard qui m'a fait entrer dans cette compagnie.

LE PROCUREUR-GÉNÉRAL — Chaveau, vous avez dit être entré dans la garde nationale à la suite d'observations des voisins.

R. Je ne répondrai pas à la question de M. le procureur-général ; la garde nationale n'a aucun rapport avec le complot ; je ne répondrai pas à des questions si futiles.

LE PROCUREUR-GÉNÉRAL. — Les questions ont toujours leur but et leur portée ; dans votre intérêt vous devez répondre.

Mᵉ PLOCQUE. — M. le président, je ferai observer que la défense n'intervient jamais dans l'interrogatoire préliminaire des accusés : au reste la loi sur la garde nationale laisse à chacun la faculté de choisir la compagnie qui lui plaît, et l'accusé pourrait parfaitement répondre qu'il y est entré parce qu'il y est entré.

Mᵉ JOLY. — Permettez-moi une observation utile, je pense. Je distingue dans la procédure criminelle deux points bien distincts. Quand un individu est arrêté en flagrant délit, il y a lieu à interrogatoire ; la loi prescrit cette formalité. Quand la procédure plus mûre a motivé le renvoi devant la justice, il y a encore lieu à interrogatoire ; mais une fois tous ces préalables remplis, nous entrons dans une voie toute nouvelle, qualifiée à juste titre par le *Répertoire de jurisprudence* une voie d'humanité. Ainsi, plus le danger pour l'accusé avance, plus les formes en sa faveur deviennent tutélaires. Remarquez avec moi l'économie de la loi : vous n'y trouverez jamais le mot interrogatoire. L'accusé est conduit libre à l'audience, sous la surveillance de la force publique. On lit l'acte d'accusation :

M. le président a soin de l'exhorter à écouter les charges qui s'élèvent contre lui. M. le procureur-général, alors seulement, lit sa liste de témoins. Ceux-ci sont entendus. L'accusé peut discuter, répondre. M. le procureur-général peut intervenir, il est vrai, par des questions; mais ce droit appartient également à l'accusé et à la défense.

Je reconnais à M. le président un pouvoir que je dénie à M. le procureur-général. Je pourrais contester, la loi à la main, à M. le président lui-même le droit d'interroger l'accusé avant l'audition des témoins; mais dans sa haute position exceptionnelle et dans l'espoir que la manifestation de la vérité y peut trouver avantage, je le concède. Nous concluons donc à ce qu'il soit interdit à M. le procureur-général d'intervenir dans l'interrogatoire des accusés, jusqu'au moment où les preuves doivent être fournies.

LE PRÉSIDENT. — Déposez vos conclusions par écrit; la Cour en délibérera.

Mᵉ Joly. — Je ne pouvais écrire et parler à la fois. (Mᵉ Joly rédige ses conclusions.)

LE PROCUREUR-GÉNÉRAL. — L'incident que l'on élève est véritablement inouï. Jamais on n'a dénié la faculté d'interroger les accusés; l'usage et la loi sont en cela d'accord; il est évident que si on ne peut se dispenser de lire l'acte d'accusation, rien ne peut empêcher M. le président d'interroger l'accusé pour éclairer davantage la conscience du jury. Cette faculté de poser des questions on la dénie au ministère public; mais nous demandons quelle disposition de loi prohibe au ministère public le droit d'interroger l'accusé au commencement du débat; ce droit, on le lui reconnaît lorsque les témoins sont entendus; il y a là contradiction en quelque sorte.

N'entravons donc pas d'incidens oiseux la marche de ce procès si grave; tout droit doit appartenir à tous : au magistrat qui préside, au ministère public, à l'accusé, à la défense, car leurs efforts communs doivent tendre au même but, la vérité !

Mᵉ Joly. — On demande des textes de loi; le texte de l'art. 268 est formel, et décide la question.

C'est en vertu de cet article que je plaçais M. le président au-dessus de l'art. 319 et des suivans (l'avocat lit les articles invoqués.)

Voilà, ce me semble, les droits de tous bien tracés. Voyez-vous, dans la loi, intervenir le nom de M. le procureur-général? jamais; pourquoi? il doit être étranger au procès jusqu'au moment du débat même. On se rejette dans les principes généraux; je ne les discuterai pas. Assurément, je m'empresserai de rendre hommage à l'éminence de votre caractère, à votre loyauté; mais quand vous ne trouverez pas un texte formel, je dénierai au ministère public une faculté arbitraire.

Voilà la loi, messieurs, j'en demande l'exécution.

LE PRÉSIDENT. — La Cour se retire pour en délibérer.

Pendant la suspension qui succède à cet incident, des conversations animées s'engagent dans les diverses parties de la salle; les amis, les épouses des accusés s'approchent du banc où ils sont restés, et leur prodiguent de vives témoignages de tendresse ou de sympathie; Les deux frères Chaveau causent affectueusement avec leur mère qui paraît vivement émue.

Après une demi-heure de délibération, la Cour rentre en séance, et M. le président prononce l'arrêt suivant :

« LA COUR. — Considérant que M. le procureur-général, chargé par la loi de soutenir l'accusation, est nécessairement investi du droit d'interroger les accusés sur les faits qui tendent à la manifestation de la vérité, et que le droit de faire des questions ne peut lui être enlevé.

» Considérant surtout que l'exercice de ce droit ne peut porter préjudice à la défense de l'accusé dont la justification peut résulter de ses propres réponses; attendu qu'aucune disposition du Code d'instruction criminelle ne le lui dénie, maintient au procureur-général le droit de poser des questions durant l'interrogatoire. »

Me RITTIER. — L'arrêt passe sous silence un point important : cette faculté accordée à l'accusation est-elle commune à la défense? Nous poserions, au besoin, des conclusions dans ce sens.

LE PRÉSIDENT. — Il est impossible, si un défenseur pose une question qui nous semble utile, que nous y fassions faire une réponse; l'arrêt n'avait rien à décider sur ce point.

Me RITTIER. — Nous poserons des conclusions pour savoir si ce n'est pas notre droit.

M. Martin (du Nord). — M. le président ne rend pas des arrêts de doctrine.

Me Rittier. — Nous voulons faire décider ce point. Moi, pour ma part , j'ai été suspendu dans un cas semblable.

Le président.— Ce qui est antérieur nous doit rester étranger. Si vous m'interrompez encore, vous manquerez à la Cour et à la loi.

Martin (du Nord). — Chaveau , comment se fait-il que, lorsque vous demeuriez rue Saint-Claude , vous ayez déclaré votre domicile rue Montorgueil?

R. Je ne répondrai pas à tout ce qui est étranger au complot

Le procureur-général. — Messieurs les jurés tireront les conséquences que de raison de votre parti pris de garder le silence. Je continuerai toutefois mes questions : vous avez indiqué votre domicile rue Montorgueil?

R. J'ignore ce dont vous parlez.

Le procureur-général. — D'ailleurs , vous ne pouviez pas faire partie de la garde nationale ; *il faut payer deux cents francs de loyer* pour en être , et vous ne payez pas un sou. (Rire général.)

R. J'y suis entré comme Français. Au reste , je ne répondrai, je le répète, qu'à ce qui se rapporte au complot.

Le président.—Vous avez toujours ainsi procédé. Dans l'instruction vous avez presque toujours refusé de répondre. Vous enlevez ainsi à la justice la faculté d'obtenir des contradictions la manifestation de la vérité.

R. M. le président, je n'avais rien à dire à M. le juge d'instruction , je ne savais rien. Ici, devant mes juges naturels, je répondrai à ce qui touche à l'accusation; mais jusqu'à présent je n'avais rien à répondre, car je suis entièrement étranger à toute cette affaire.

Le président.—Je vais donner lecture d'un de vos interrogatoires pour établir que vous avez toujours refusé de répondre. M. le président lit en effet un des interrogatoires qui se termine ainsi : « L'accusé a dit qu'il ne voulait pas répondre, qu'il demandait à être confronté avec son accusateur , et son état d'irritation est tel que nous renonçons à continuer l'interrogatoire.

R. Je n'avais aucun motif d'irritation, puisque je suis innocent. M. le juge d'instruction s'est trompé.

D. Passons au fusil saisi chez vous : vous l'aviez reçu de la légion ?

R. Oui.

D. Comment se fait-il qu'il ait été trouvé chargé de deux balles ?

R. Je vais l'expliquer. Le 22 ou 23 mars, après la garde montée, nous avons été au tir ; là nous avons essayé nos fusils ; la pluie est survenue, et nous sommes partis. Mon fusil est resté comme il était.

D. Il était chargé de deux balles, pourquoi ?

R. Nous avions tiré plusieurs coups ; par un caprice, nous voulûmes juger de l'effet de deux balles, comparativement à l'effet de ceux chargés à une seule.

D. Ce mot caprice semble une dérision plutôt que l'expression de la vérité.

R. C'est la vérité.

D. Vous avez monté la garde du 22 au 23 juin au poste du drapeau ?

R. Oui.

D. On vous a demandé, dans l'instruction, depuis quand votre fusil était chargé, vous avez répondu : cinq ou six jours avant le 26.

R. Cela est faux, M. le président ; je n'ai pas fait cette réponse.

D. Ce fusil était chargé d'une cartouche en papier rosé, et nous ferons remarquer que cette cartouche ressemble à celles trouvées au domicile de Duval.

R. Je ne sais comment cela se fait.

D. Bien que vous vous prétendiez étranger aux armes saisies à votre domicile, je vous fais représenter ces armes. (On présente à Chaveau les pièces à conviction n°s 1 et 2, composées de pistolets ; celle n° 5, composée de poignards.

Chaveau (ironiquement). — Ce sont des alènes de cordonnier, je crois ; je ne reconnais aucune de ces armes, cela ne me regarde pas ; il est inutile de me les montrer.

le président. — C'est ce que messieurs les jurés apprécieront. Le président fait encore présenter à l'accusé la ceinture cartouchière saisie, il ne la reconnaît pas. Il reconnaît son fusil et son sabre de garde national, ainsi que le sabre de son frère, rapporté par celui-ci du Portugal.

D. Vous avez été compromis déjà en juillet 1835; vous étiez accusé de complot, cette accusation fut suivie d'acquittement.

R. Puisqu'il y a eu acquittement, vous devriez vous abstenir d'en parler.

LE PRÉSIDENT.—Nous connaissons la portée de nos devoirs; ils imposent l'obligation d'établir la moralité des accusés. Ainsi, il faudrait vous expliquer sur certaines notes que nous ne présentons que comme des indices, il est vrai, mais qui ont rapport à votre conduite. On vous voit dans les émeutes, les troubles, particulièrement en juin 1832, vous êtes désigné comme ayant fait feu dans les barricades.

R. Je ne connais pas tout cela.

D. Vous faisiez partie de la société des Droits de l'Homme?

R. Je ne ferai pas de réponse.

LE PRÉSIDENT.—Votre silence équivaut à la réponse affirmative. L'accusé qui a une réponse satisfaisante à faire, ne se renferme pas dans ces faux-fuyans.

CHAVEAU.—Je vous ferai observer, monsieur, que la société des Droits de l'Homme n'est pas ici en accusation. J'ai été jugé et acquitté; je n'ai rien à répondre.

D. Pourriez-vous expliquer si, vous ne faisant pas partie de la société des Droits de l'Homme, quelqu'un aurait eu intérêt à supposer que vous en ayez été membre et vous aurait accusé d'avoir pris part aux émeutes sans que vous y fussiez compromis?

R. Si les notes de police eussent été exactes, j'aurais été arrêté. Je ne l'ai été qu'une fois, encore ai-je été acquitté.

LE PRÉSIDENT.—Asseyez-vous, je n'ai pas d'autres questions à vous adresser.

LE PROCUREUR-GÉNÉRAL.—J'en ai, moi, Chaveau; vous venez de déclarer que vous ne vouliez pas répondre à diverses questions. Vous n'êtes pas conséquent avec vous-même; devant M. le juge d'instruction, vous avez dit que vous ne vouliez répondre que devant vos juges naturels, maintenant vous êtes en présence du jury. Parlez!

R. J'ai dit que je répondrais au débat sur ce qui est relatif au complot; mes réponses sur les questions que l'on m'adresse sur ce fait sont catégoriques; j'ignore tout le reste.

D. Vous ne répondez pas sur ce qui se rapporte à votre entrée dans la garde nationale.

R. Ce n'est pas un crime, je crois, qu'entrer dans la garde nationale. (Rumeur d'approbation dans l'auditoire).

Le président passe à l'interrogatoire du second accusé.

LE PRÉSIDENT.—Charles Chaveau, avez-vous vu Bray, quelques jours avant le 26 juin?

R. Un mois environ ou six semaines avant mon arrestation, je l'ai vu un moment.

D. Vous reveniez du Portugal ; depuis quand étiez-vous arrivé?

R. Je suis arrivé à Paris le 19 juin 1834.

D. Bray prétend vous avoir trouvé chez vous le 25, là, vous lui avez parlé d'un complot.

R. C'est faux, il ne parviendra pas à prouver qu'il m'ait vu le 25, car j'étais absent.

D. Bray déclare qu'il est venu le 26 au matin chez vous ; que vous lui avez donné deux pistolets et seize cartouches : qui donc, si le fait était faux, pourrait porter Bray à vous accuser ainsi?

R. Que sais-je ! la police. Cet homme a voulu de l'argent. Certes, il aurait bien pu me dénoncer comme ayant des armes ; je lui avais fait part de mes intentions d'aller en Espagne, et d'y former une compagnie franche.

D. S'il vous dénonçait à tort, sa conduite serait, avouez-le, bien extraordinaire.

CHAVEAU (avec un profond accent d'amertume et de mépris), plus qu'extraordinaire ; infâme ! (Mouvement).

D. En supposant avec vous qu'il eût ainsi voulu vous perdre dans son intérêt, il n'est pas possible de croire qu'il eût attendu six semaines pour vous dénoncer.

R. Il faut du temps pour machiner une telle dénonciation et la colorer d'une apparence de complot.

D. Pendant ces six semaines, les armes auraient disparu.

R. Elles ne pouvaient disparaître qu'avec moi. Ainsi Bray a pu envoyer la police avec certitude ; il a pu dire : Il y a des armes, je les ai vues.

D. Oui, il a pu le dire, mais il l'aurait dit avec bien plus de certitude le jour même que six semaines après.

R. Un détenteur d'armes serait trop peu pour un dénonciateur qui veut se faire verser de l'or : il a fallu machiner un complot, il était sûr d'avoir ce qu'il voudrait en disant que la vie du roi était menacée. Bray n'est pas un homme à moyens ; il a eu besoin de conseils, et ils lui ont été donnés, ces conseils, par des gens intéressés dans l'affaire.

D. Lorsque la police se rendit chez vous le 26, entre midi et une heure, elle a saisi les armes ; vous êtes revenu en ce moment, et votre agitation était telle qu'elle a surpris tout le monde. Vous en êtes convenu vous-même.

R. J'ai vu la police chez moi. N'y avait-il pas de quoi me mettre en fureur ? Je me suis écrié : *Comment ! voilà des armes, et vous vous laissez prendre !*

D. Sept différens témoins vous ont vu dans cette agitation.

R. Des sergens de ville ! ils sont payés pour calomnier les citoyens.

D. Votre irritation était telle qu'elle dut dénoter chez vous une conscience coupable.

R. Depuis nombre d'années, la France le sait, les arrestations sont fréquentes, les préventions cruelles et longues. Je devais m'exaspérer à l'idée d'être arrêté, moi, innocent. On a dénaturé mes paroles. J'ai dit : « Vous vous laissez prendre ! » Ah ! si on s'était défendu nous ne serions pas en prison ! (Sensation forte et prolongée.)

D. Comment ! vous regrettez que l'on n'ait pas fait une résistance meurtrière, que l'on n'ait pas tué les agens de la force publique !

R. Ils s'y étaient exposés en venant arrêter des citoyens inoffensifs.

D. Un homme qui provoque à la résistance armée, qui regrette que le magistrat n'ait pas été tué sur la place est bien coupable.

R. Lorsqu'on se voit arrêté est-on maître de l'irritation qui vous anime ? Si j'avais concerté le projet de tuer des agens de la force publique, je me serais trouvé chez moi.

D. Vous expliquez aujourd'hui la possession des armes ; mais le lendemain de votre arrestation vous n'avez pas dit que ce rassemblement d'armes eût pour motif un projet d'expédition en Espagne. Un homme qui n'aurait rien eu à se reprocher l'aurait dit le jour même, ou tout au moins le lendemain. (M. le président donne lecture des divers interrogatoires de l'accusé où il ne parle pas de cette circonstance).

CHAVEAU.—Ces interrogatoires sont faux! présentez m'en un seul qui soit revêtu de ma signature. J'ai refusé de signer parce que leur fausseté était trop palpable. Les demandes étaient si sottes, qu'à peine ai-je voulu y répondre. L'accusé, après ces paroles prononcées avec véhémence, se plaint de ce qu'une perquisition ait été faite à son domicile hors de sa présence. M. le président explique qu'une méprise provenant de l'arrestation de l'accusé Husson, faite chez Chaveau, a été cause de cette erreur.

CHAVEAU. — M. Zangiacomi a toujours nourri contre les accusés politiques une haine véhémente. Il l'a prouvée contre moi-même, en me menaçant de me faire pourrir six mois dans un cachot.

LE PROCUREUR-GENERAL. — Vous savez qu'Hubert, un de vos co-accusés, a déjà subi une condamnation pour des injures de la nature de celles que vous proférez; j'espère que vos défenseurs auront assez d'empire sur votre esprit pour vous faire comprendre le danger de ces allégations contre un magistrat *honorable*.

R. Je n'ai point dit d'injures aux magistrats. Je connais la portée de mes paroles, et en disant la vérité je n'ai rien à craindre.

Chaveau reconnaît les armes trouvées à son domicile.

LE PRESIDENT.—Il y avait douze pistolets chargés?

R. Oui, je les avais chargés pour les tirer comme essai dans les carrières de Montmartre. J'en essayai un au-tir et il me creva dans la main ; je renonçai alors à les essayer ainsi, et résolus d'employer un autre moyen pour les décharger; par exemple, à l'aide d'une ficelle attachée à la gâchette; et je les laissai dans le même état jusque-là.

D. Il n'y a que vous peut-être ici qui ne compreniez pas la gravité de ce fait, d'avoir en sa possession douze pistolets chargés.

R. Qu'il y en ait douze, cent, ou seulement un chargé, qu'importe? si l'on est résolu à s'en servir, ce n'est pas la quantité des armes qui fait le crime ! (Sensation.)

D. Nous vous demanderons si l'Espagne avait besoin du secours de vos poignards?

R. J'en avais en Portugal ; chacun des individus qui devaient faire partie de la compagnie franche devait en avoir un.

D. Il m'est impossible de ne pas demander si c'est une réponse sérieuse, que celle-ci : de telles armes devaient-elles être portées à deux cents lieues de Paris.

R. Je n'avais pas besoin, que je sache, d'armes de luxe ; il ne s'agissait d'ailleurs que de faire la route et d'entrer en Espagne, là on eût reçu d'autres armes.

D. Les poignards, où les avez-vous eus?

R. Je les ai fabriqués moi-même chez moi.

D. Et les pistolets?

R. Je les ai achetés.

D. Il y en a douze. Si je comptais les deux remis à Bray, cela ferait quatorze ; où les avez-vous achetés?

R. Sur la voie publique, tous les jours on voit des marchands de bric-à-brac avoir des pistolets.

D. Est-ce chez un seul?

R. Chez plusieurs, cela est facile à voir ; les uns forment la paire, d'autres ne sont pas pareils. Je les ai achetés, payés, je ne puis rien dire de plus précis.

D. Il résulte de l'instruction qu'une des bourres était formée de papier réglé et traversé de raies rouges ; semblable papier a été trouvé chez vous. Comment se fait-il que chez Bray on ait trouvé des cartouches faites avec le même papier?

R. Tout le monde a de cette sorte de papier, tous les registres en sont composés ; mon frère était papetier, cela explique pour ma part la possession de ce papier.

D. Dans un pistolet, celui numéroté 8 par l'expert, la bourre était composée d'un morceau du poème de la Jérusalem délivrée, or une partie des cartouches trouvées chez Bray étaient faites avec de pareil papier.

R. Cela est une erreur que constate le procès-verbal de M. Lepage. Je n'ai, au reste, jamais eu ce poème en ma possession.

D. Comment se fait qu'il y ait encore du rapport entre le papier de ces bourres et celui des cartouches trouvées chez Léglantine?

R. Je ne connais pas Léglantine. Ces sortes de papiers sont

toutes pareilles ; c'est à l'aide d'une machine que se pratique la réglure ; je ne vois pas quelle charge on veut faire résulter de ce fait tout simple.

D. On a trouvé le 19 octobre, dans une saisie faite à votre domicile, une cuiller à fondre du plomb, un mandrin, un moule à balles. Ces objets vous appartiennent-ils ?

R. Oui, monsieur, ces objets étaient par moi cachés, pour que ma mère, à qui je faisais un mystère de mon projet de départ, ne pût concevoir aucun soupçon, ni aucune alarme.

D. Vous avez dit dans vos interrogatoires que vous n'aviez pas fait de cartouches depuis votre rentrée en France.

R. Il est évident que puisque j'ai fondu les balles, j'ai fait les cartouches ; c'était pour mes munitions. Si j'ai répondu différemment à M. le juge d'instruction, ce n'était pas sous la foi du serment ; je voulais simplement me soustraire à ses questions à l'aide de réponses banales.

Le procureur-général. — Chaveau, avez-vous dit à votre frère pourquoi vous aviez fait ces achats d'armes ?

R. Jamais, monsieur, je n'ai en aucune occasion manifesté mes intentions d'aller en Espagne.

D. Vous l'avez dit à Bray ?

R. Je le lui ai dit parce qu'il avait lui-même été en Espagne.

D. Vous deviez partir avec d'autres personnes ?

R. Assurément, j'ai cité des témoins qui en déposeront.

D. Vous ne voulez pas faire connaître où et à qui vous avez acheté les armes ?

R. Je vous ai dit déjà que je les avais achetées sur la voie publique.

D. Ainsi, vous avez réussi dans un domicile aussi rétréci à cacher les armes, à fondre des balles, à préparer des cartouches sans que votre mère s'en aperçût ?

R. Cela était aisé ; souvent ma mère était absente.

D. Vous avez d'abord dit ne pas connaître Bray ?

R. Je le voyais avec un gendarme ; je craignis, en le reconnaissant, de le mettre dans le cas d'être arrêté. Je savais par expérience le danger auquel je l'exposerais. Quelques jours avant on me présenta un jeune homme ; je dis : je le connais. C'était un nommé Barbeau. Il fut arrêté aussitôt et jeté une demi-journée à la Souricière.

D. Vous ne deviez pas partir seul?

R. Assurément; je devais réunir des hommes de cœur pour partir avec moi en Espagne.

D. Pourquoi n'avez-vous pas caché les armes chez quelqu'une de ces personnes! vous les eussiez bien mieux soustraites ainsi aux regards de votre mère?

R. Il était plus simple, assurément, que je restasse nanti des armes, pour les remettre ensuite à chacun d'eux au moment du départ.

M. le président passe à l'interrogatoire de l'accusé Huillery.

D. Vous avez dit vous appeler Augustin et non pas Auguste?

R. Huillery. — Je m'appelle Charles-Augustin; ceci est très-important, parce que, lorsque je me rendis chez Chaveau on attendait un nommé Auguste. Le commissaire dit : cet Auguste ne serait-il pas Huillery? Ensuite on mit sur le procès-verbal qu'on attendait Auguste Huillery. Je soutiens que ce n'est pas mon nom.

Le président. — Vous prétendez que le 25 au soir vous n'étiez pas même attendu chez Chaveau, et que vous ne vous y êtes pas même trouvé?

R. Oui, monsieur, M. Zangiacomi, dans l'instruction, est convenu qu'il n'y avait pas de preuve à ce sujet.

le president. — Il résulte de vos confrontations qu'avant le 26 vous avez vu Bray quatre ou cinq fois chez Chaveau?

R. Oui, mais c'était en 1834.

D. On vous a arrêté chez Chaveau le 26 à midi; que faisiez-vous là?

R. J'y étais par pur hasard; voilà la vérité.

D- Nous voyons dans l'instruction que la police s'est transportée là sur la déclaration de Bray. Comment aurait-il deviné qu'il devait y avoir là des hommes et des armes?

R. Pour expliquer ma présence, je vous dirai que j'allais acheter rue St-Denis deux collerettes de deuil pour ma mère. Le marchand ne pouvait me les livrer qu'à une heure et demie. Il était midi; je déjeûnai au café de la rue Mauconseil. Je pensai alors à Chaveau, mon ancien camarade de prison; c'est là une de ces liaisons qu'on n'oublie pas.

Je trouvai Mme Chaveau qui me dit d'attendre Charles Chaveau; le commissaire arriva et je fus arrêté. On trouva dans ma poche une pierre à briquet que l'on a dit d'abord être une pierre à pistolet, pierre à fusil, et qui finira par devenir une arme à feu.

LE PRÉSIDENT. — Il ne faut pas plaisanter comme vous le faites; l'affaire est grave, et votre position d'accusé doit vous rendre plus réservé.

HUILLERY. — Je cherche à me figurer que je suis acteur dans ce procès; mais en vérité je ne le puis, tant je comprends peu l'accusation portée contre moi; certes, je ne devrais pas être sur le banc des accusés, mais avec le public, et assister comme spectateur à ce procès.

LE PRÉSIDENT. — Nous allons vous faire connaître les charges qui pèsent sur vous.

HUILLERY. — Je désire que vous me fassiez comprendre l'accusation, si vous le pouvez.

Quant à cette pierre que l'on a trouvée sur moi, c'est mon briquet. J'ai voulu expliquer cela au commissaire de police, mais il n'a pas voulu constater ce que je lui disais.

LE PRÉSIDENT. — Vous avez dit des injures, des invectives au commissaire de police et aux agens.

R. Je n'aurais pas insulté un commissaire; je sais où cela conduit : on en a pour deux ans. D'ailleurs, les injures et les outrages ne sont pas dans mes habitudes. Je suis calme, et je méprise ceux qui m'attaquent.

LE PRÉSIDENT. — Les témoins déposent des injures et des outrages que vous avez adressés au commissaire de police et à ses agens.

N'avez-vous pas, dans la rue, proféré des cris séditieux?

R. La vérité toute entière est que l'on disait, dans la foule, que nous étions des voleurs; c'est alors que, pour qu'on sût qui nous étions, nous avons chanté la *Marseillaise*, comme Louis-Philippe la chantait jadis.

LE PRÉSIDENT. — Vous entendrez les témoins qui diront que vous avez crié : *A bas les tyrans! vive la république!* Quant à présent, nous ne nommerons pas ces témoins.

Mᵉ BRIQUET. — Dans l'intérêt d'Huillery, nous désirons que les témoins soient nommés immédiatement.

LE PRÉSIDENT. — Je vais vous satisfaire, les témoins sont René, Morel et Remy.

Huillery : Nommez deux médecins, ceux que vous voudrez ; ils vous diront que j'étais attaqué d'une hypertrophie du cœur, et que cette indisposition ne me permettait pas de m'emporter brusquement, ni de crier, en supposant que ce pût être dans mon caractère et dans mes habitudes.

D. Vous avouez vous-même avoir chanté *la Marseillaise* dans la rue.

Le président donne lecture du procès-verbal d'arrestation.

R. J'attends le commissaire de police et les officiers de paix pour m'expliquer sur les faits qui me sont reprochés.

D. Vous vous êtes échappé le 1er juillet, lors d'une perquisition faite à votre domicile, et vous vous êtes représenté le 8 ?

R. Oui, monsieur.

D. N'avez-vous pas écrit à M. le juge d'instruction qu'il était assez inutile de vous mettre au secret, que vous aviez communiqué avec tout le monde ?

R. Oui, monsieur, et je désire même qu'on lise ma lettre.

D. Ainsi, vous vous êtes arrangé pour combiner votre défense : voilà ce que vous écriviez au juge d'instruction.

R. Ce n'est pas cela. Tel n'est pas le sens de ma lettre.

Me Briquet : Lisez-la ; ce sera beaucoup plus simple.

Huillery : Si j'eusse été coupable, pourquoi donc aurais-je été me livrer à la justice, le 8 ? le 7 un de mes amis m'offrait un passeport et de l'argent, je n'en ai pas voulu ; je lui ai dit : je suis innocent, j'irai devant les jurés, sans phrase et sans discours, et je n'ai pas à douter de mon acquittement ; est-ce là la conduite d'un homme qui veut finasser avec la justice ? (mouvement d'approbation.) Pourquoi ne pas lire ma lettre ? on en verrait le sens. (On ne retrouve pas la lettre que M. le président fait chercher.)

Huillery : Comment ! on fait de cette lettre une charge contre moi, dans l'instruction et dans les débats, et lorsqu'il s'agit de la montrer au grand jour, elle disparaît ! ceci est étonnant !

Le président : Ne défigurez pas les faits de la cause, et n'attribuez pas de semblables intentions aux agens de la justice.

M. Martin (du nord) : Pourquoi n'avez-vous pas dit votre nom, lors de votre arrestation ?

R. J'espérais dérober à ma mère la connaissance de cette triste affaire, voilà pourquoi.

D. Pourquoi avez-vous dit que vous ne connaissiez pas Bray?

R. J'ai vu Bray souffrant, je le croyais arrêté, j'ai eu peur de le compromettre, d'autant plus que je voyais Chaveau dire qu'il ne le connaissait pas.

D. Apparteniez-vous à la société des Droits de l'Homme?

R. Non.

D. Cela est-il certain?

R. Il est vrai que j'ai fait partie de cette société, et j'étais de la section Lepelletier-St-Fargeau.

D. Vous avez été poursuivi pour cris séditieux en 1832?

R. Oui, j'avais crié lorsque Sa Majesté passait : « A bas les forts détachés! »

LE PRÉSIDENT. Il y a eu de l'indulgence pour ce cri qui n'était pas à proprement parler un cri séditieux; il y avait eu un malentendu dans les esprits de certaines gens honnêtes qui avaient vu là une mesure nuisible. Au surplus, tout cela est fini, n'en parlons plus. (Hilarité.)

LE PROCUREUR-GÉNÉRAL.—Vous avez profité de votre évasion pour changer d'habit?

R. Oui, mais je pourrai représenter mes anciens habits, si on le désire.

LE PRÉSIDENT.—Husson, vous avez été arrêté chez les frères Chaveau. Nous devons faire observer de nouveau qu'il est bien extraordinaire que vous vous soyez trouvé, sans mauvaises intentions, dans un lieu où il y avait des armes, et que Bray avait indiqué comme réunissant des conspirateurs. Pourquoi étiez-vous là?

R. Pour voir Chaveau.

D. Vous avez dit des injures aux agens de l'autorité, et proféré dans la rue des cris séditieux. Ces actes pourraient s'expliquer par les intentions que vous a prêtées Bray. Il est vrai qu'un des agens a dit que vous étiez un de ceux qui disiez le moins d'injures.

R. Je n'en ai dit aucune.

LE PRESIDENT.—Le portier a déclaré que vous criiez tous?

R. Le portier n'a pu dire cela.

D. Charles Chaveau vous a-t-il parlé de sa collection d'armes ?

R. Non, monsieur, il y avait quelque temps que je n'avais vu Chaveau.

D. Pourquoi avez-vous refusé d'indiquer votre domicile ?

R. Je craignais qu'on n'arrêtât mes amis. Il eût suffi de trouver chez moi des adresses, des lettres, pour que tous eussent été jetés dans les prisons.

Le président.—Lorsque vous avez été interrogé par nous, vous avez encore refusé de dire quel était votre domicile, et cependant l'instruction était terminée depuis trois mois ; vous ne deviez pas craindre l'arrestation de vos amis.

Me Ritier..—Un accusé peut prendre un mauvais système de défense sans qu'il en résulte de charges contre lui.

Le président.—Cette observation appartient à la défense. Nous devons faire observer que lorsque la justice criminelle se trouve dans l'impossibilité de faire immédiatement des recherches dans le domicile des accusés, on peut en faire disparaître des pièces de conviction. C'est sans doute là le motif qui vous a fait dissimuler votre demeure. Passons à un autre point. Nous craignons un éclat, et que Boireau ne se récrie. Nous lui dirons qu'il se priverait d'une présence qui lui serait importante. (A Husson) Boireau a-t-il eu de vous des confidences ?

R. Je n'ai fait aucune confidence à Boireau.

D. N'auriez-vous pas dit à Boireau qu'un complot était formé contre la vie du roi, que vous aviez des armes ?

R. Non.

D. Cependant, comment Fieschi aurait-il déclaré que Boireau lui avait dit que ses amis venaient d'être arrêtés ? Vous étiez alors arrêté. Ne serait-ce pas vous que Boireau aurait désigné ?

Boireau.—Je désire parler.

le président. — Un débat qui s'engagerait entre Boireau et Husson entraverait l'ordre des débats. Nous allons lire les déclarations faites par Boireau le 14 février, puis ensuite ses rétractations.

Boireau. — Comme ça je ne puis rien dire ?

le président. — Non, pour le moment.

Boireau. — Tout ce qu'on a mis dans mes prétendues déclarations est faux.

LE PRÉSIDENT lit la première déclaration de Boireau, de laquelle il résulte que Husson lui aurait demandé s'il avait des armes; que bientôt il y aurait une affaire, qu'ils se réuniraient sur la place Louis XV avec plusieurs de ses amis.

Au milieu de cette lecture, Boireau se lève et dit avec vivacité : Ce sont tous mensonges. Vous ferez tout ce que vous voudrez ; je ne puis souffrir une pareille lecture : d'ailleurs, j'étais faible et malade lorsqu'on m'a interrogé. »

LE PRÉSIDENT continue la lecture qu'il a commencée. Le surplus de la déclaration est relatif à Dulac et à Délont. Lecture est également faite de la rétractation de Boireau.

LE PRÉSIDENT. — Husson, nous vous opposons les déclarations de Fieschi, et celles faites le 14 février, par Boireau ; qu'avez-vous à dire ?

R. Tout cela est faux.

D. Quand avez vous vu Boireau pour la première fois ?

R. Trois mois avant mon arrestation.

LE PRÉSIDENT. — Vous avez été arrêté dans différentes affaires politiques ?

R. Oui, monsieur.

D. Avez-vous fait partie de la société des Droits de l'Homme ?

R. Non.

D. On a trouvé chez vous les œuvres choisies de Robespierre ?

R. Cela est vrai.

LE PROCUREUR-GÉNÉRAL. — Vous avez nié appartenir à la société des Droits de l'Homme, persistez-vous ?

R. Oui.

D. Vous lui apparteniez, car vous avez été porté sur les contrôles comme membre de la section de l'abolition de la propriété mal acquise.

Me RITTIER. — On ne peut nous opposer de prétendus contrôles qui n'ont aucune espèce d'authenticité, et que nous repoussons.

D. Comment expliquez-vous que, lors de votre arrestation, vous avez été trouvé une balle de plomb dans la main ?

R. J'ai pris cette balle dans une corbeille, je l'ai prise par hasard. J'avais tout le temps de la jeter si j'avais attaché la moindre importance à cette circonstance.

Le président. — Hubert, je vous ferai observer, comme je l'ai déjà fait à Huillerye et à Husson, qu'une des charges qui s'élèvent contre vous est votre présence dans la demeure des frères Chaveau, que Bray avait indiquée comme la réunion de ceux qui devaient faire partie du complot. Comment expliquez-vous votre présence en cet endroit?

R. Je me trouvais là par une circonstance fortuite : j'ai rencontré Leroy, nous sommes montés ensemble chez les frères Chaveau ; Mme Chaveau m'a dit de m'asseoir ; c'est ce que j'ai fait, et quelques instans après le commissaire de police est venu.

Le président. — C'est toujours par hasard que tous ceux qui sont venus ce jour-là chez Chaveau s'y sont rencontrés. Les agens ont déclaré que le rouge, et le rouge c'est vous (l'accusé a les cheveux rouges), était un des plus violens.

R. Je n'ai pas dit d'injures, j'ai seulement chanté la *Marseillaise*.

le président. — Les témoins disent que vous avez fait p'us, indépendamment des injures qu'on vous impute, les agens ont déclaré que vous avez crié : *Mort au tyran, vive la république!*

R. Le commissaire, qui est plus croyable que ses agens, n'a rien dit de tout cela.

D. On a trouvé chez vous une proclamation, de laquelle on pourrait conclure.....

Hubert. — Lisez-la.

Une discussion s'engage entre le défenseur d'Hubert et M. le président, au sujet de la lecture de cette pièce. M. le président décide que la pièce sera lue.

Le président commence en ces termes : Vils hypocrites.....

Hubert.—Ce n'est pas ainsi que ça commence.

Le président.—La première phrase me paraît inachevée; la voici : *Je ne fais.....*

Hubert. — Ce n'est pas encore ça ; *Peuple français!* voilà comme çà commence..... Lisez. Peuple français! j'y tiens; lisez tout ou rien.

Le président.—Ce sera long.

« Peuple français :

» Toi qui es en proie à la misère et à tous les besoins, quels sont tes droits? Tu n'es pas né pour souffrir, mais pour jouir des biens de la terre. N'est-ce pas toi qui travaille, qui fais croître les moissons, ne sont-ce pas tes mains qui ont construit ce palais somptueux, fabriqué ces étoffes magnifiques, et n'est-ce pas toi sur qui pèsent tous les impôts? Cependant tu meurs de faim, tu loges dans un grenier ouvert à tous les vents, pourtant tu es couvert de haillons et transi jusqu'aux os.....

» Peuple, lève-toi! frappe ces maîtres impitoyables qui pendant tant d'années ont sucé ton sang! réveille-toi, achève l'ouvrage que tes pères ont commencé depuis 40 années! O nation puissante, que deviendras-tu si ta main puissante ne rompt les trames dont tu es environné?

» Riches égoïstes,

» Stupides vampires engraissés de sueur et de rapines, hommes sans pitié qui vous gorgez de la substance du peuple en entassant tous les jours dans vos coffres avides les trésors de l'état, vous qui regardez comme un jour heureux celui où vous pouvez vous rougir les mains dans le sang du peuple, vous qui faites des assassins avec des soldats français en leur ordonnant de nous mitrailler, vous forcez la loi avec de l'or, à devenir complice de vos horribles assassinats.

» Misérables hypocrites!

» Assez, assez de tant de crimes! Voyez d'un côté notre désintéressement et notre misère, et de l'autre vos vices. Gardez vos richesses, mais laissez au peuple la liberté, l'honneur, du pain et du travail.

» Soldats français!

» Vous qui avez porté des ames pures dans le séjour de l'intrigue et de la corruption, deviendrez-vous les défenseurs des fripons contre le peuple? N'êtes-vous pas comme nous les enfans de cette chère patrie? N'êtes-vous pas les valets de ces ambitieux hypocrites engraissés des sueurs du peuple? Sachez donc qu'en nous frappant vous vous frappez vous-mêmes! Criez avec nous : Non! le soldat français ne se rendra pas parricide! un cœur trop généreux bat sous ces vilaines capotes pour se rendre le bourreau de son frère, pour le caprice d'un avare, d'un hypocrite, d'un traître qui fait à la fois votre malheur et le nôtre, et qui a usurpé les droits du peuple par ses lâchetés! Soldats! souvenez-vous que vous êtes Français!...

» Roi hypocrite et parjure,

» Toi qui es assis à la place des lois et que la force seule y soutient, toi qui es sans pitié pour le pauvre peuple, c'est sur ta tête criminelle que retomberont ces infamies. Entends-tu la voix du peuple qui te demande justice de tant de crimes et de tant de trahisons?

» Qu'as-tu à répondre? »

LE PRÉSIDENT. — Est-ce vous qui avez écrit cette proclamation?

HUBERT. — Ce n'est pas une proclamation. J'ai lu les ouvrages de St-Just et j'ai appris à connaître mes devoirs et mes droits; ce que tous les ouvriers devraient faire. J'ai lu les ouvrages de Laponneraie, ceux d'Armand Marrast, je me suis instruit.

LE PRÉSIDENT. — Il pourrait se faire que vous fussiez fort mal instruit.

D. Avez-vous fait partie de la société des Droits de l'Homme?

R. Je m'en fais honneur, et je n'aurais jamais été digne d'en faire partie, si j'eusse pu tremper dans le complot qui m'est reproché. (Sensation.)

LE PRÉSIDENT. — On a trouvé chez Hubert une correspondance de sa famille, qui lui donne d'excellens conseils. Leroy, Bray dit à M. de Breiderbach, et plus tard au commissaire de police, que l'on trouverait chez Chaveau des armes, et plusieurs individus faisant partie d'un complot contre la vie du roi; vous avez été arrêté le 26 chez Chaveau?

R. Oui, monsieur.

D. Connaissiez-vous Chaveau?

R. Aucunement.

D. Comment vous trouviez-vous chez lui le 26?

R. J'allais chez M. Poirier, rue Mauconseil, n. 17, pour qu'il me procurât de l'ouvrage. En sortant de chez lui, je rencontrai Hubert, je lui offris un verre de bière qu'il accepta. Il me dit qu'il avait un ami dans la rue Mauconseil, et me pria de l'accompagner chez Chaveau. C'est ce que j'ai fait.

D. Comment connaissiez-vous Hubert?

R. J'ai connu Hubert chez M. Clarisse, où il a travaillé avec moi.

D. Avez-vous pris part au désordre fait chez Chaveau?

R. Il n'y a pas eu de désordre.

LE PRESIDENT.—Le contraire est certain, et Morel vous désigne comme ayant fait tumulte.

R. Je dois vous déclarer que j'ai été confronté avec un mouchard.

LE PROCUREUR GENERAL.—Nous ne pouvons tolérer de pareils outrages adressés aux agens de l'autorité.

LEROY.—Hé bien! un agent si vous voulez; ça m'est égal.

D. N'avez-vous pas fait partie de la société des Droits de l'Homme?

R. Oui, je faisais partie de la section des Barricades.

LE PROCUREUR-GENERAL. —Vous avez dit que vous ne connaissiez pas Chaveau.

R. Oui, monsieur. -

D. Cependant, dans un de vos interrogatoires, vous avez déclaré que Chaveau était un de vos amis.

R. Je n'ai pas dit cela : M. Zangiacomi a mis dans son procès-verbal tout ce qu'il a voulu.

LE PROCUREUR-GENERAL.—Les interrogatoires des juges d'instruction sont faits avec impartialité; on doit ajouter une foi entière à ce qu'ils ont constaté.

L'audience est levée à cinq heures un quart, et renvoyée à demain dix heures.

Au moment où la cour se retire, un individu placé dans l'enceinte du public élève son chapeau en criant : « Bravo! Boireau! » Les sergens de ville le saisissent et l'expulsent violemment de la salle.

DEUXIÈME AUDIENCE. — 29 MARS.

A dix heures les accusés sont introduits, et presqu'aussitôt l'audience est ouverte. L'affluence est la même à peu près qu'hier.

Le président. — Huillery, j'ai lu votre lettre. J'ai reconnu qu'en effet votre énonciation était exacte; vous écriviez au juge d'instruction : *j'ai pu communiquer*, et non pas *j'ai communiqué*. Je reconnais l'exactitude de votre dire dans la séance d'hier; mais très certainement je ne donnerai pas lecture de votre lettre. Elle renferme des expressions inconvenantes que, dans votre intérêt même, je ne dois pas faire connaître.

Huillery. — Je parais devant le jury sous une accusation d'injures et d'insultes; en disant que par écrit je me suis servi d'expressions inconvenantes, vous pouvez porter que j'ai l'habitude de me porter à de tels excès; je vous prie, M. le président, de donner lecture de ma lettre.

Le président. — Je ne lirai pas votre lettre; je n'ai pas dit qu'elle contînt des injures, mais bien des choses inconvenantes; il y a, certes, une grande différence.

Huillery. — Je vous prierai alors de faire passer à MM. les jurés cette lettre que vous ne voulez pas lire, ils apprécieront mes intentions.

Le président. — Je ne le ferai pas. La lettre n'appartient pas au procès; elle n'a pas été inventoriée.

Huillery. — MM. les jurés, je m'en rapporte à vous. (Sensation.)

Le président. — Veuve Chaveau, l'accusation vous reproche d'avoir souvent excité chez votre fils des sentimens anarchiques, au lieu de les détourner, jeunes, qu'ils étaient, d'une mauvaise voie, vous les avez encouragés à l'insurrection : ce fait résulte même de votre correspondance, bien que pour la justifier vous prétendiez l'avoir composée d'extraits de journaux. En prenant même votre déclaration pour vraie, il n'en resterait pas moins établi que vous auriez copié parmi ces articles les plus violens.

Mme Chaveau. — Les journaux ne sont pas incriminés. J'ai

copié, en effet, des articles ; s'ils sont coupables, c'est aux journaux qu'il faut s'en prendre.

D. Lorsque votre correspondance n'eût dû être que l'expression de sentimens tendres, elle ne se composait que de déclamations irritantes; je suis forcé de vous parler ainsi, quoiqu'avec réserve d'un autre ordre de faits; il semblerait que vous avez témoigné à des membres de votre famille des sentimens si peu convenables, que lorsque vous vous êtes trouvée dans la nécessité d'avoir recours à eux, vous avec dû essuyer un refus. N'est-ce pas l'état de gêne où vous vous trouviez qui a causé votre irritation, et par suite, vous a portée à exciter des sentimens déjà si exagérés dans vos enfans.

R. Lorsque je me suis trouvée dans la nécessité de demander des secours à mon frère, j'avais soutenu mon fils en prison lors du procès des 27. Ma demande partait d'un sentiment naturel : j'avais moi-même soutenu mon frère ; j'éprouvais des besoins, et aujourd'hui que mon frère jouit d'une fortune de 20 mille livres de rente, j'ai pu lui demander des secours, moi qui étais dans des temps plus heureux venue à son aide. Alors j'étais sa chère sœur, et assurément, je n'ai jamais rien négligé pour assurer son bonheur et son avenir.

D. Je dois faire une observation ici, sans offenser personne : un de vos frères qui habite le département de Saône-et-Loire, ne professe-t-il pas des opinions différentes des vôtres? c'est peut-être à cette divergence d'opinions qu'il faut attribuer les divisions fâcheuses qui ont motivé le refus que vous avez essuyé.

R. Ce refus ne vient pas de la différence d'opinions; j'ai constamment été pleine de bonté pour mon frère ; j'ai un autre frère, j'ai agi avec lui de même, et aujourd'hui, s'il a vingt mille livres de rente, c'est à sa sœur qu'il le doit. Autrefois, en 1825, en 1826, à l'époque de la guerre d'Espagne, j'étais sa sœur chérie; il fallait lui écrire tous les jours; ce n'est plus de même à présent que je ne suis pas riche. Je souffre, assurément, d'être obligée d'entrer ici dans des détails de famille qui ne devraient pas retentir dans cette audience.

D. Nous avions besoin de ces explications; elles sont données; maintenant nous allons passer à d'autres points. La police s'est présentée le 26 chez vous, vous avez refusé d'ouvrir, et votre porte n'a été ouverte qu'à l'arrivée du serrurier. Pourquoi refusiez-vous au magistrat l'entrée de votre domicile?

R. Lorsque j'ai entendu du bruit, j'ai cru que c'était le portier; je regardai à l'extérieur, et je vis des personnes étrangères; je reconnus une de celles qui avaient arrêté mon pauvre fils dans l'affaire du 27; je n'ouvris pas alors, car je savais le désagrement d'une descente de police.

D. C'est justement parce que vous reconnaissiez le magistrat de police que vous deviez ouvrir sans le contraindre à envoyer chercher un serrurier. Ce n'est cependant qu'à l'arrivée du serrurier que votre porte a été ouverte forcément. On put supposer en voyant ce retard, que des armes étaient en évidence, et que vous avez employé ce temps, quelque court qu'il ait été, à les cacher.

R. On peut le supposer; mais pour moi, j'ignorais l'existence d'armes dans mon domicile.

D. Lorsque le commissaire est entré, vous feigniez de renfermer du linge dans une malle; c'est dans cette malle qu'on a trouvé des armes; alors le commissaire vous fit cette observation: « Vous n'avez pas mal travaillé! »

R. Le commissaire a commis une grave erreur, j'ignorais la présence de ces armes qu'il a trouvées.

D. L'accusation vous reproche en outre des propos fort inconvenans. Vous avez dit, entre autres injures, que vous voudriez voir les sergens de ville sur l'échafaud, et que vous tireriez vous-même la ficelle.

Les deux fils Chaveau. — C'est faux! c'est faux!

Mad. Chaveau.— Oh! monsieur, comment me supposer de semblables propos? Suis-je d'une force à jouer le rôle que de semblables discours m'attribuent; et d'ailleurs, ils ne sont pas dans mes habitudes. (Mad. Chaveau paraît émue).

Les fils Chaveau protestent énergiquement contre l'odieux propos qu'on prête à leur mère.

Le président. — Silence accusés!

D. Après cette saisie, vous avez excité l'exaspération de ces jeunes gens, vous avez même proféré des cris séditieux.

R. C'est moi, j'ai chanté la *Marseillaise*.

D. Le témoin Marlin vous a vue chez Combes, et déclare que vous avez dit que l'affaire était manquée.

R. Pour dire que je me suis trouvée chez Combes, il faudrait admettre que je le connusse.

D. C'est vous, qui dites que vous ne le connaissez pas.

R. Pourquoi le délateur serait-il cru plus que moi?

D. Parce que son témoignage est désintéressé. Nous ne parlons pas ici de Bray mais de Marlin. Ce témoin n'a parlé que lorsque l'instruction a appris qu'il avait, chez un des accusés, entendu parler du complot.

R. Je ne comprends rien à la déposition de cet homme que je n'ai jamais vu.

D. Vous avez été arrêté le 26. On a trouvé entre autres papiers chez vous, des livres de loterie; le papier qui les composait a de la ressemblance avec du papier saisi chez d'autres personnes. Expliquez la possession de ces livres, d'où venaient-ils?

R. J'ai eu un parent qui avait le goût de la loterie; j'avais sa sœur avec moi, elle perdit son père et plus tard mourut elle-même chez moi. Ces papiers étaient en sa possession, ils sont restés à la maison et ont été saisis, puis portés au parquet. Je n'ai jamais pensé à la loterie, (ironiquement) mon génie ne s'étend pas si loin.

D. Les ceintures qui sont ici, les connaissez-vous?

R. J'en reconnais une qui a été trouvée dans mon panier à ouvrage. (On représente à Mme Chaveau les ceintures qui sont sur le bureau), je n'en reconnais qu'une, elle n'était pas finie quand je l'ai vue, elle devait servir à remplacer les bretelles.

D. On a trouvé chez vous, encore le 19, un mandrin, une cuiller à fondre le plomb, un moule à balles.

Leroy. — M. le président, je demande la parole.

Le président. — Silence! si vous interrompez je vous ferai sortir.

Leroy — Je demande la parole pour un fait?

Le président. — Taisez-vous, accusé!

Leroy, se levant et désignant une personne debout dans l'auditoire. — Il y a un témoin à charge dans la salle : c'est le portier de la maison de Mme Chaveau. (Mouvement.)

Huillery, Hubert, Leroy, se levant à la fois. — Hier, il est resté plus d'une heure dans l'audience.

L'huissier de service. — Ce témoin entrait, il traverse la

salle ; il n'y a pas d'autre passage pour aller à la salle des témoins.

Le président. — L'observation était juste. (Cet incident, qui
a causé une vive rumeur, n'a pas de suite.)

(A Mme Chayeau.) Comment n'avez-vous pas vu tant d'objets, des balles, des pistolets, des armes, des poignards ?

R. Je n'ai rien vu.

D. Comme mère, on ne peut certes vous blâmer de ne pas
déposer contre vos enfans. Ce qui élève une charge contre
vous, c'est le récit fait à Marlin de l'arrestation opérée chez
vous ; cela indique la connivence. Vous avez pu savoir que
vos fils avaient des armes, et ne pas avoir assez de pouvoir sur
eux pour les obliger à s'en défaire ; s'ils ont refusé, vous avez
pu cacher leur faute : là se borne le privilége sacré du silence
d'une mère. Mais le récit des faits chez Combes, après la découverte du complot, est une charge grave contre vous.

R. Je n'ai jamais été chez M. Combes. Quant à l'influence
que j'ai pu execrer sur mes enfans, elle a été toute maternelle,
et est restée étrangère à toute préoccupation politique.

Le président. — J'ai dit, dans l'intérêt de la justice, non
dans le vôtre que peut-être vous n'aviez pas eu le pouvoir de
faire jeter ces armes hors de chez vous.

Le procureur-général. — Vous travailliez chez vous ?

R. Chez moi souvent, parfois dans des magasins.

D. Dans quels magasins avez-vous travaillé ?

R. C'était le plus ordinairement chez moi. Je n'étais pas occupée au mois ni à l'année. Habituellement, je travaille pour
des magasins ; quand mon ouvrage est fini, je le reporte. Quel
quefois on me demande de faire un petit ouvrage sur place,
alors je reste absente presque toute la journée.

D Nous vous pressons de dire dans quels magasins vous travailliez.

R. Je ne puis vous dire ; tel jour ici, tel jour là ; je travaille
pour des personnes qui ne seraient certes pas contentes d'être
obligées de figurer ici.

D. Vous faisiez le ménage de vos fils. Comment n'avez-vous
pas vu des armes derrière des poteries où elles ont été trouvées ?

R. Si on expliquait où les objets ont été trouvés, je pourrais répondre. On dit vaguement derrière de la poterie, sans désigner le lieu où elle se trouvait.

D. Le linge qui était dans la malle, sur les armes, ne servait donc pas, puisque vous n'avez pas vu ces armes?

R. Non, c'était de vieux linge, des chiffons,

Le président.—Je vais interroger l'accusé Combes.

D. Comment avez-vous connu Gabriel Chaveau?

Combes. — Un de mes amis me le présenta en me disant qu'il était dans le malheur par suite de l'arrestation de son frère.

D. Comment se nommait cet ami?

R. Philippe Allier. Je l'avais désigné sous le nom de Paul, pour ne pas le compromettre.

D. Nous verrons plus tard dans quel intérêt.

R. Je vais vous le dire tout de suite. Arrivé à la préfecture, j'y vis Léglantine, mon porteur d'eau; je ne dus pas dire au juge d'instruction qui m'avait amené Gabriel Chaveau; j'aurais été certain de voir arrêter la personne que j'aurais désignée.

D. Mais le 29 septembre, il était arrêté, Gabriel Chaveau; vous ne pouviez pas craindre de dire qui vous l'a fait connaître.

R. C'était sans utilité. Dans neuf mois de prévention que j'ai subis, j'aurais bien pu trouver une personne à désigner, comme m'ayant mis en rapport avec M. Chaveau : je ne voulais faire arrêter personne.

D. Le 27 juin, vous avez reçu Gabriel Chaveau chez vous; a-t-il parlé devant vous du complot?

R. Jamais, c'est par un bon sentiment que je l'ai reçu, non pas à cause d'un complot; on me le présentait comme un homme dans la peine.

D. Vous avez occupé un ouvrier nommé Marlin. Lui avez-vous parlé du complot; il l'a déclaré en donnant même des détails?

R. Jamais. Cet ouvrier s'est trompé.

D. Il ne se trompe pas; il en avait entendu parler d'abord assez vaguement; mais ce fut le 27, à l'arrivée de Mme Chaveau, qui annonça la saisie d'armes et les arrestations, que l'on parla plus ouvertement devant lui et sans faire aucun mystère.

R. Je ne connaissais pas ce Marlin. Il a travaillé trois ou quatre jours chez moi, mais je ne lui ai jamais fait confidence d'un complot.

D. Marlin dit qu'il en avait entendu parler avec tant de violence, qu'il crut devoir engager ceux qui parlaient à ne pas dire leurs projets si haut, car tout le monde pouvait les entendre.

R. Je ne comprends rien à tout ce tripotage de Marlin. A cette époque, il était question du procès d'avril; on lisait les journaux; vous-mêmes vous en faisiez crier dans les rues; tout le monde s'occupait de politique. Il est très-possible que Marlin ait confondu.

D. Gabriel Chaveau a donné son adresse à Bray chez vous.

R. Oui.

D. Connaissiez-vous Bray?

R. Oh! si je l'avais connu, il ne serait jamais entré chez moi.

D. Votre adresse avait été donnée au quatrième; vous demeurez au cinquième : c'est au quatrième que Bray s'adressa; vous l'appelâtes de chez vous. Vous l'attendiez donc sur le pallier, si la déclaration de Bray est vraie?

R. Oui, si elle est vraie. J'ai vu dans l'acte d'accusation qu'il disait tout cela; mais vous savez vous-même ce que valent les déclarations de Bray.

M. LE PRÉSIDENT. — Je n'abandonne pas les déclarations de Bray aux récriminations des accusés. L'art. 30 du Code d'instruction criminelle sera ma réponse. (M. le président donne lecture de cet article). C'est un devoir de révéler un complot; et, dans une circonstance récente, des citoyens honorables ont déclaré que, si un complot leur avait été communiqué, ils l'auraient révélé.

R. Messieurs les jurés sauront apprécier la valeur des déclarations de ce Bray, et sa conduite chez moi.

M. LE PRÉSIDENT. — Je le répète, Bray a rempli un devoir.

R. (Avec énergie). Bray devrait être ici garotté sur le banc des accusés; le misérable! Sa conduite est celle d'un infâme.

D. Bray a déclaré qu'on devait jeter un baril de poudre dans la voiture du roi, qu'on tuerait les postillons, les chevaux. M.

le président est interrompu par les rires de la plupart des accusés.

M. LE PROCUREUR-GÉNÉRAL. — Les rires des accusés sont indé-
cens dans une affaire aussi grave.

M. LE PRÉSIDENT. — MM. les jurés seront scandalisés de cette
inconvenance : nous prenons cette accusation au sérieux, et
nous marchons avec les pièces de cette procédure, instruite
avec tant de soin; Bray a déclaré avoir vu le baril chez vous ;
vous, de votre côté, vous prétendez que ce baril n'a pas existé.

R. Cet homme déclare qu'il a vu chez moi un baril de je ne
sais quelle grosseur. Il l'a vu sur une bergère : chaque jour
mes enfans jouent sur cette bergère, ils n'auraient pas manqué d'aller dire, car ils ne pouvaient manquer de le voir :
« papa a un baril chez lui. » Remarquez donc que l'autre accusateur, Marlin dit ne l'avoir pas vu, il n'y a que ce misérable
Bray qui en parle.

D. Avez-vous reçu chez vous Délont et Dulac?

R. Oui.

D. Combien de fois du 26 juin au 8 juillet ?

R. Que sais-je, ils venaient assez souvent. Je ne puis préciser les jours ni les époques.

D. Le 10 juillet, on a fait une perquisition chez vous, on a
trouvé sur le toît une boîte, des pierres à feu, dix-huit cartouches; aviez-vous eu connaissance de l'existence de ces objets ?

R. Jamais.

D. Ces objets, il est vrai, se sont trouvés sur le toît à huit pieds
de votre fenêtre ; mais ils n'ont pu être déposés que par vous,
le portier Radermaker ou un nommé Bastien, car seuls vous
avez des lucarnes sur ce toît.

R. Quand le commissaire est venu faire perquisition chez
moi, il n'a rien trouvé, rien absolument ; je n'ai reçu que
M. Chaveau, et jamais il n'est monté en haut ; quant à Robert
Macaire....... (Rires dans l'auditoire.)

LE PRÉSIDENT. — Vous connaissez le nom de votre portier ; ne
faites pas à dessein de mauvais jeux de mots.

R. Je n'ai jamais su le nom de mon portier. On l'appelle
Pierre ; je le nommerai si vous voulez Radermaker.

D. On a aussi trouvé deux pistolets enveloppés dans une

manche de percaline ; croyez-vous que Radermaker ait été capable de les déposer sur le toît.

R. Je n'ai jamais voulu inculper mon portier. Quant à ces
armes, si j'avais voulu les soustraire aux recherches, j'avais
chez moi une cheminée perduc et d'autres cachettes; le commissaire Martinet en déposera.

D. L'instruction a été plus sévère que vous. On avait trouvé
chez Radermaker des écrits annonçant un homme peu ami de
la tranquillité; il a été compromis. Aujourd'hui il comparaît
comme témoin seulement. (M. le président donne lecture
de deux procès-verbaux qui constatent la perquisition du
10 juillet et la découverte d'armes qui en a été le résultat,
et fait représenter à l'accusé quatre pistolets et une boîte remplie de poudre.)

COMBES. — Comment voulez-vous que je reconnaisse des objets que l'on ne m'a montrés qu'un instant à la préfecture de
police. La perquisition a été faite hors de ma présence; c'est
Radermaker qui m'a appris la découverte de ces armes. J'étais
alors en état d'arrestation.

LE PRESIDENT. — Je passe à la déposition de Marlin. Ce témoin ne s'est pas présenté à la justice. Il a fallu le chercher à
Saint-Leu, où il s'était retiré; il avait parlé à son beau-père des
propos qui se tenaient, et d'après l'avis de celui-ci il était sorti
de chez vous. On a donné mission au juge d'instruction de Pon-
toise d'interroger son beau-père. Il a déclaré les mêmes faits
que Marlin et cette circonstance a dû donner beaucoup de
poids à cette déclaration concordante, faite au même instant
à une distance aussi considérable.

R. Je n'ai eu connaissance d'aucun complot ; je ne connaissais pas Marlin, et si j'avais eu une confidence de cette gravité
à faire, ce n'aurait certes pas été à lui.

D. Marlin a expliqué qu'il travaillait près d'une fenêtre; il
n'a pas entendu tout ce qui se disait; il n'est pas supposable
qu'il se soit entendu avec Bray, et il a cependant raconté les
circonstances du complot. Il a ajouté que vous écoutiez ce qui
se disait, mais que vous n'aviez pas l'air d'y prendre part.

R. Je n'ai jamais entendu parler de complot chez moi ; je
n'aurais pas été homme à le souffrir.

D. Il est constaté, par témoins, que le 10 ou le 11 votre

femme a emporté de chez vous deux pistolets de fort calibre ; ces pistolets ont été portés par elle chez la femme Castaing d'abord, de là chez la femme Troude ; ces armes enfin sont arrivées dans les mains de Bray, à qui ils ont été remis par Chaveau.

R. J'ai trois enfans; ma femme allaitait le plus jeune. Il y avait chez moi un commissaire de police, dix-huit agens, une foule de gens que je ne sais comment qualifier. Comment voudriez-vous, qu'entouré de tant de surveillance, ma femme ait pu enlever deux pistolets, les faire sortir, et les colporter de tous côtés. Cela est trop contradictoire; cela est impossible.

Un débat s'engage entre M. le président et l'accusé au sujet de la visite faite chez lui le 10, et qui n'a produit aucun résultat. M. le président persiste à appliquer à Combes la découverte de pistolets trouvés sur le toit à la suite de la fouille faite dans la mansarde Radermaker.

M. l'avocat-général, venant à l'appui des observations de l'accusé, reconnaît que deux visites distinctes ont eu lieu.

Le président.—Voilà notre erreur reconnue. Votre femme a dit qu'il fallait prévenir Duval.

R. Il y a deux personnes que je connaissais intimement : Delont et Dulac. Si ma femme avait eu quelqu'un à prévenir, ç'eût été l'un d'eux, et non Duval, qu'elle n'a jamais connu.

D. Vous avez appartenu à la société des Droits de l'Homme?

R. Oui, monsieur, mais s'il eût été question d'un assassinat, je n'y serais pas resté vingt-quatre heures.

Martin (du Nord).—Quelle était votre qualité ?

R. Ma qualité ! mon dieu ! je n'étais qu'un simple homme ; j'y allais comme tant d'autres ; tout Paris a passé par la société des Droits de l'Homme.

Le président. — Ceci est de la plus grande exagération ; ne dites pas des choses pareilles ?

R. Je voulais parler des hommes de ma classe ; je sais bien que tout Paris n'était pas sectionnaire. (On rit).

Martin (du Nord).—Vous étiez sous-chef, Combes, dans la section appelée : *Abolition de la propriété mal acquise?*

R. Ma foi, je ne me suis pas inquiété du nom; je ne connaissais que le numéro de ma section : c'était le n. 42.

Martin (du Nord).—N'avez-vous pas été déjà condamné?

R. Non, jamais.

Martin (du Nord) excipe d'une condamnation pour vol par la cour d'assises de Nîmes, qui ne s'applique en acune manière à l'accusé.

Le président. — Il est évident que la condamnation ne s'applique pas à Combes. Tout le monde est d'accord sur ce point, et il importe de le proclamer dans l'intérêt de Combes et de la justice.

D. C'est, dites-vous, le nommé Allier qui vous a amené Chaveau.

R. Oui, il demeure rue Mauconseil.

D. Gabriel Chaveau, vous connaissez Allier?

G. Chaveau.—Oui, je suis allé chez lui le 26.

D. Vous avez refusé de le nommer d'abord.

R. Je ne voulais pas le compromettre.

D. Accusé Combes, vous étiez lié avec Délont?

R. Oui, les enfans l'appelaient le père Delont. Je prierai M. le procureur-général de reveuir sur cette allégation d'une condamnation à cinq années. Je ne veux pas qu'une impression fâcheuse plane même à tort sur moi.

Le procureur-général. — Personne ne croit que cette condamnation vous concerne. Il y a d'ailleurs de celui qui en fut l'objet à vous une différence de dix années.

R. Pourquoi en parlez-vous alors?

Le président. — Mon intention est de faire dresser un plan en relief des lieux, pour éclairer davantage le point de la découverte des armes, au domicile l'accusé.

Combes.—Je demanderai, M. le président, à être présent aux opérations de l'expert.

Le président.—La chose est impossible.

M Joly.—Nous demandons que l'expert constate aussi les cachettes que Combes avait chez lui, une cachette où il a urait pu placer les armes saisies au lieu de les aller installer sur son toit, où elles devaient être infailliblement découvertes.

M. Dauteuil, menuisier, jure de remplir avec fidélité la mission qui lui est confiée.

Il importe de préciser les différens endroits où ont été trouvées les armes.

L'expert quitte immédiatement l'audience, accompagné de Mme Combes, qui est d'une figure agréable, et vêtue avec simplicité et élégance.

Le président. — Accusé Délont, alliez-vous souvent chez Combes?

R. Oui, monsieur.

D. Y êtes-vous allé entre le 26 juin et le 10 juillet.

R. J'y allais presque tous les jours.

D. Avez-vous entendu parler d'un complot?

R. Non.

D. Avez-vous vu Bray chez Combes?

R. Jamais.

D. Et Chaveau?

R. Jamais.

D. Y avez-vous vu Dulac?

R. Je ne l'ai jamais vu qu'en prison.

D. Je vous demande cela parce que Bray est en contradiction avec vous. Vous avez antérieurement été arrêté.

R. Oui, le 24 août; j'ai été relâché le 27 septembre.

D. Quel était le motif de cette arrestation?

R. Je l'ignore encore.

D. N'était-ce pas à propos des forts détachés?

R. Je vais vous expliquer cela en deux mots. Le 21 août, je rencontrai une connaissance; nous entrons pour prendre un verre de vin; c'était rue des Rosiers. Nous montons dans une chambre, il y avait sept personnes; nous faisons apporter une bouteille de vin. La police entre aussitôt; nous ne nous dérangeons pas, ce ne sont pas nos affaires. Le commissaire dit : Vous êtes de la société des Droits de l'Homme. Les uns disent oui, d'autres, non. On n'était pas en réunion ; mais le commissaire dit qu'il était porteur d'un mandat signé Gisquet. Enfin, on nous arrête tous. Je suis resté coffré vingt-huit jours. Au bout de ces vingt-huit jours, on me renvoya, même sans m'avoir conduit au cabinet d'un juge d'instruction.

D. Bray déclare que devant vous on a parlé d'un complot, on en parlait ouvertement, il a été question d'un baril.

R. Depuis mon arrestation, on me parle constamment d'un baril. J'ai été questionné par M. Zangiacomi sur ce baril.

Le président. — Cependant, un témoin qui mérite une grande confiance, le nommé Marlin, déclare que devant vous il était question de projets, à la vérité assez vagues; il vous a signalé comme le plus prudent. Vous ne faisiez, a-t-il dit, que de courtes apparitions. Il ne savait pas même votre nom. Il vous a désigné comme marchand de bric-à-brac, et quand vous avez été confronté, il vous a reconnu. Cette qualité de marchand de bric-à-brac a son importance, car dans le procès de la cour des pairs, Fieschi a parlé d'un marchand de bric-à-brac qui se rendait à Ménilmontant, n'était-ce pas vous?

R. Je n'ai jamais connu Fieschi.

LE PRESIDENT. — Cela est vrai, aussi a-t-il dit tenir cela de Boireau.

BOIREAU d'une voix forte et avec un accent de colère.—C'est faux!

LE PRESIDENT.—Taisez-vous!

BOIREAU.—Je ne peux pas laisser passer de sang-froid de tels mensonges.

LE PRESIDENT.—Fieschi l'a dit.

BOIREAU. — Fieschi a dit tout ce que le juge d'instruction a voulu lui faire dire.

LE PRESIDENT. — Vous insultez la justice, votre impudence m'étonne. N'oubliez pas qu'hier vous vous êtes trouvé, au moment du tirage du jury, en présence du fils d'une des victimes du 28 juillet, vous, le complice de Fieschi.

BOIREAU. — Je ne suis pas son complice; cela n'est pas vrai.

LE PRESIDENT. — La position de Boireau est exceptionnelle, sans doute; il est condamné à 20 ans de détention, il est couvert déjà d'humiliation par ce jugement, et il n'y a que lui qui ne sente pas sa position. Sa présence ici est un témoignage de la modération de la justice; mais la justice ne l'a pas laissé vivre pour être un objet de scandale. L'aberration de l'homme qui a poussé l'impudence jusqu'à crier hier *vive Boireau!* ne peut assurément tromper personne; il n'en est pas moins couvert d'infamie, et l'indécence de sa conduite est d'autant plus coupable qu'elle peut avoir cette conséquence fâcheuse de nuire à ses co-accusés.

(Les accusés se lèvent, et plusieurs défenseurs manifestent l'approbation qu'ils donnent aux sévères remarques de M. le président.)

L'AVOCAT-GENERAL.—Il ne faut pas que Boireau croie être entièrement au-dessus des peines qui puissent l'atteindre. S'il ose se permettre encore de calomnier des magistrats respectables, nous requerrons contre lui une punition sévère.

Boireau. — Je connais mes devoirs, et je les remplirai jusqu'au bout.

Mᵉ Joly. — Boireau a été privé jusqu'à présent des conseils d'un défenseur ; peut-être est-ce à cela qu'il faut attribuer son égarement. Le jury, en tout cas, sait faire une distinction bien juste entre lui et ses co-accusés.

Mᵉ Massot.—Choisi seulement hier pour défenseur, j'ai engagé Boireau à la modération ; il m'avait promis d'en montrer. Peut-être son expression a-t-elle mal rendu sa pensée. Il veut dire que la déclaration de Fieschi est fausse, et l'expression ne s'applique pas au magistrat qui a recueilli cette déclaration.

Le président. — Je fais, avant de reprendre l'interrogatoire, cette déclaration, que si une seule fois Boireau nous interrompt, pour mettre fin à ce scandale, nous demanderons à M. le procureur-général, s'il a des réquisitions à faire pour faire, ordonner la disjonction de sa cause, et le séparer du débat.

(A Delont.) Nous n'admettons, il est vrai, la déclaration de Fieschi qu'avec une extrême défiance. Le nom seul d'un tel homme doit inspirer plus que du doute. Cependant, nous sommes obligé d'admettre ses renseignemens, et nous y sommes porté par la réserve même de ses déclarations.

Delont.—Boireau n'a pas parlé de moi à Fieschi, car il ne me connaissait pas, et ne me connaît pas encore.

D. Boireau, cependant, qui s'est rétracté, ainsi que nous l'avons dit hier, avait d'abord déclaré qu'il s'était trouvé avec vous à Belleville.

R. Je n'ai jamais connu Boireau.

D. Une note au crayon, saisie chez Boireau, parait vous désigner. (Ici le président lit cette note ainsi conçue) : « Chez Rossignol, au parc Saint-Fargeau, en haut de la fontaine, tu demanderas Délont. »

R. Je déclare que je n'ai jamais donné d'adresse à Boireau, il m'est tout-à-fait inconnu. Cette note dont vous arguez, n'est pas de ma main.

D. Ce sont des rapprochemens de noms, mais, appuyé de la première déclaration de Boireau, ils deviennent plus qu'un indice.

M. Martin (du Nord). — Vous dîniez parfois chez Rossignol?

R. Oui.

D. Boireau n'y vint-il pas un jour au dessert.

R. Non.

D. Dans sa déclaration écrite cependant, Boireau dit que Dulac le mena chez Rossignol, où l'on devait faire une collecte pour Husson et d'autres prisonniers récemment arrêtés?

M. Martin (du Nord) donne lecture de cet interrogatoire.

Delont. — Je n'ai jamais vu Boireau qu'à la Conciergerie depuis qu'il y a été amené.

Le president. — L'instruction a dû constater que le 2 juillet, après l'arrestation des frères Chaveau, vous avez vendu votre mobilier.

R. Ne confondez pas; j'avais vendu le matériel de ma boutique, et je déménageais pour aller demeurer rue Montorgueil, 18; je vendais rue Meslay avant de quitter les lieux; vous savez le proverbe : deux déménagemens équivalent à un incendie.

D. Rue Meslay vous aviez une boutique; vous n'en deviez pas avoir rue Mauconseil; vous deviez donc changer de commerce, d'industrie?

R. Du tout; j'avais donné congé depuis quinze ou dix-huit mois; ie quittais ma boutique parce que je n'y faisais rien.

D. Bray a déclaré que dans les premiers jours de juillet, vous a rencontré avec Dulac sur le quai d'Orsay. On a parlé du complot, et Dulac dit : « Aujourd'hui, ça n'aurait pas été commode; un piqueur a repoussé une femme qui s'approchait de la voiture du roi. »

R. C'est de l'hébreu pour moi; je n'ai pas été sur le quai d'Orsay. Je ne connais pas Bray, je ne l'ai jamais vu.

M. Martin (du Nord). — Pourquoi avez-vous dit que vous ne connaissiez pas Rossignol, le marchand de vin indiqué par Boireau dans sa note manuscrite?

R. Je ne voulais pas le compromettre.

D. Mais vous vous êtes caché chez Bertrand?

R. Sans doute, je me suis caché; je n'avais pas envie de faire une prévention de neuf mois; éviter une pareille prévention n'est pas à dédaigner.

D. Cependant, lorsque vous vous cachiez, il n'y avait pas encore de mandat; ainsi vous vous cachiez par peur?

R. Je savais que je devais être arrêté. Le fait est que je l'ai été dans la rue, sans mandat, et qu'on a couru sur moi en criant : au voleur ! ce qui était une infamie.

D. Pourquoi n'avez-vous pas nommé Bertrand ?

R. L'honneur me le défendait ; je ne voulais pas reconnaître par une dénonciation l'hospitalité de Bertrand ; on a arrêté tant d'innocens ! jusqu'aux femmes et aux enfans des accusés ! jusqu'à un vieillard de quatre-vingt-quatre ans. (Sensation.)

D. Etiez-vous membre de la société des Droits de l'Homme ?

R. Oui, je ne le nie pas.

D. En quelle qualité ?

R. Comme simple membre.

Le procureur-général. — Vous étiez chef de la section de l'*abolition de la propriété.*

R. Jamais, j'étais simple sectionnaire.

Le procureur-général. — Delont a été arrêté dans le courant du mois d'août 1823. Il vient de dire qu'il n'avait pas été interrogé. Voici le dossier. Delont a été interrogé ; voici son interrogatoire signé de lui.

Delont. — J'ai en effet été interrogé le jour de mon arrestation, mais je suis ensuite resté trente-huit jours en prison, et l'on m'a renvoyé sans autre forme de procès.

Le président. — Accusé Dulac, vous alliez dans la maison de Combes ?

R. Combes est un de mes amis.

D. Niez-vous la déposition de Bray, qui dit qu'en votre présence on parlait du complot ?

R. La déposition de Bray ! Quand j'ai été chez Combes, j'étais dans un état de convalescence.

D. Vous avez connu le projet d'attaquer la voiture du roi, d'abattre les chevaux, de tuer les postillons ?

Dulac. — On a dit que je voulais attaquer la voiture du roi à bras retroussés. Regardez-moi, messieurs les jurés, suis-je un colosse ? (Dulac élève les bras et montre sa frêle apparence.)

D. Dans les premiers jours de juillet, ne vous seriez-vous pas trouvé sur le quai d'Orsay ? Vous étiez avec Delont : vous avez rencontré Bray ; on a parlé du complot : vous avez rémarqué qu'un piqueur avait éloigné une femme qui s'approchait de la voiture ?

R. Bray a dit m'avoir vu le 5 ou 6 juillet avec Delont. J'ai passé la journée du 5 avec ma sœur ; nous avons dîné chez ma mère, où nous avons passé la soirée. Le 6 était dimanche : j'ai été à la barrière avec ma sœur et une autre personne. J'ai recueilli mes souvenirs ; j'ai eu le temps, neuf mois. Ici l'accusé établit qu'il était dans un état assez grave de maladie à l'époque indiquée par Bray. M. le président conteste l'exactitude de cette allégation, et rapporte le dire des témoins qui ont déclaré que Dulac travaillait et sortait comme d'ordinaire dans les premiers jours de juillet.

Dulac. — Bray prétend qu'après cette rencontre du quai, nous avons été chez un marchand de vin, rue Rivoli, n. 8, avec un nommé Castaing ; eh bien ! le marchand de vin ni sa femme ne m'ont reconnu. et Castaing, qui est témoin, vous déclarera qu'il ne me connaît pas, qu'il ne m'a jamais vu. Qnelle créance peut-on avoir dans une déclaration qui est évidemment fausse sur deux points ?

Le président. — Marlin déclare que vous avez pris part aux conversations dont le complot était l'objet ; il dit même que lorsqu'on parlait de l'exécution, vous étiez le plus animé.

R. Je ne connais nullement Marlin. Je ne l'ai pas reconnu chez le juge d'instruction ; je ne le reconnaîtrai pas davantage ici. Quand m'a-t-il vu ce Marlin ? donnez des dates, M. le président.

D. Marlin n'est resté que six jours, huit au plus, chez Combes ; c'était entre le 27 et le 1er ou 2 juillet que les conversations les plus graves ont eu lieu.

R. Eh bien, j'ai travaillé sans quitter mon atelier jusqu'au 22 juin, chez M. Droz, fabricant de bronzes, je suis tombé malade alors ; dans ma convalescence, il est vrai, je suis sorti quelquefois, mais je n'ai jamais été sur le quai d'Orsay.

D. Apparteniez-vous à la société des Droits de l'Homme ?

R. Oui ; je l'ai dit devant M. Zangiacomi. Je pouvais le nier, rien ne le prouve ; mais je m'en fais gloire, parce que j'y ai puisé des principes de vertu. Ne croyez pas qu'on y lût des ouvrages anarchiques ; on y lisait les écrits qui font la gloire de notre langue : Montesquieu, Fénélon, Jean-Jacques ; les plilosophes enfin. C'était moi qui fournissais les ouvrages dans ma section.

D. D'où provenaient le moule à balles et les capsules trouvées chez vous?

R. De la révolution de juillet. Au reste, M. Lepage a constaté que le moule à balles était encore vierge et n'avait jamais été employé.

LE PROCUREUR-GENERAL.—Connaissez-vous Boireau?

R. Oui, ma connaissance avec lui est, non pas intime, mais indirecte. Je suis tourneur en cuivre, il est ferblantier-lampiste: nos professions sympathisent. (Légère hilarité.) Je ne veux pas faire ici l'éloge de Boireau ; mais quand on parlait d'un bon ouvrier, son nom venait naturellement sur le tapis. Il était employé chez M. Verner, dont il dirigeait en quelque sorte la maison.

D. L'avez-vous rencontré sur le boulevard ?

R. Je ne l'ai jamais rencontré.

D: L'avez-vous vu chez Rossignol?

R. Je ne connais pas Rossignol, il ne me connaît pas non plus, et vous le dira.

LE PRÉSIDENT. — Nous allons suspendre l'audience pendant vingt minutes, avant de recommencer l'interrogatoire des trois derniers accusés.

L'accusé HUILLERY.—Voudriez-vous bien donner des ordres, monsieur le président, pour qu'on nous fît reconduire dans nos corridors de la Conciergerie; car depuis dimanche nous sommes au secret, et le manque d'air nous tue.

LE PRESIDENT.—Sans doute, il y a ici erreur ; j'ai donné des ordres pour qu'on vous laissât communiquer avec vos amis, il y a loin de là au secret.

HUILERY. — Depuis dimanche, cependant, monsieur, nous sommes renfermés dans nos chambres.

MARTIN (du Nord). — Peut-être est-ce par quelque mesure de sûreté intérieure, mais nous l'ignorions entièrement.

M. le prési lent et M. le procureur-général se consultent un moment, et M. le président, en annonçant la suspension d'audience, assure aux accusés qu'il donnera des ordres pour que l'on fasse droit à leur réclamation.

A deux heures un quart, les accusés sont ramenés à l'audience. La Cour entre en séance.

Le Président s'adressant à Léglantine. — Vous étiez le porteur d'eau de Combes ?

R. Oui, monsieur.

D. Le connaissiez-vous intimement ?

R. Non.

D. Avez-vous rencontré chez Combes quelques-uns des accusés qui sont ici ?

R. Aucun.

D. N'y avez-vous pas vu Bray ?

R. Je ne connais pas Bray ; je ne l'ai jamais vu.

Le Président. — Vous avez été désigné par Bray comme devant jeter un baril de poudre dans la voiture du roi ?

R. C'est faux.

D. On a trouvé chez vous des cartouches faites avec du papier de la *Jérusalem délivrée*, du papier semblable a été saisi chez les frères Chaveau. Ce papier ne viendrait-il pas de chez eux ?

R. Ce papier ne peut venir de chez les frères Chaveau , car je n'ai eu aucune relation avec eux ; mes cartouches venaient du 3° de la garde. Il y avait aussi des balles qui ne servaient à rien : les enfans jouaient avec. Tout ce que je sais, c'est que les cartouches étaient en papier gris fort sale.

Le Président. — Ce papier était imprimé.

Léglantine. — Non pas, non pas ! ne faisons pas erreur, s'il vous plaît.

Le Président. — Dans votre premier interrogatoire , vous avez déclaré que l'on vous couperait en morceaux plutôt que de vous en faire dire davantage ?

R. Je n'ai pas dit cela.

Me Coin de Lisle. — Léglantine a dit , non pas qu'on le couperait en morceaux plutôt que de lui en faire dire davantage, mais qu'on le couperait par morceaux , qu'il ne pourrait en dire davantage, ce qui est très différent.

Le Président. — Léglantine, vous avez vu la femme Combes après l'arrestation de son mari ?

R. Oui, monsieur, j'ai continué à lui porter de l'eau.

D. Lui avez-vous parlé de l'arrestation de son mari ?

R. Il n'a été nullement question de cela.

D. Étiez-vous membre de la société des Droits de l'Homme ?

R. Oui, monsieur ; j'ai été deux ou trois fois aux réunions , et j'ai laissé tout cela là. (On rit.)

D. A quelle section apparteniez-vous ?

R. A la section Barras.

D. Dulac n'était-il pas dans cette section?

R. Je n'en sais rien ; je n'ai jamais connu Dulac.

Le procureur-général se dispose à adresser une question à Léglantine.

Mᵉ Coin de Lisle se lève et déclare qu'il prend des conclusions tendantes, comme celles déjà posées par Mᵉ Joly, à ce qu'aucune question ne soit adressée par le ministère public à son client avant l'audition des témoins. Il annonce qu'il se borne à déposer ses conclusions, s'en référant aux développemens qui ont été donnés hier par son confrère Mᵉ Joly.

Puis il ajoute : J'ai d'abord pensé que l'arrêt rendu hier par la cour était commun à tous les accusés; des doutes se sont élevés dans mon esprit à cet égard, je demande que la Cour rende un nouvel arrêt relativement à Léglantine. Je n'ai pas la prétention de faire revenir la Cour sur sa jurisprudence, je veux seulement qu'il soit constaté, par un arrêt rendu avec Léglantine, que c'est nonobstant son opposition que des questions lui ont été adressées par le ministère public.

M. Martin (du Nord). — Dès que le défenseur de Léglantine pense qu'il est de l'intérêt de son client que le droit que nous a reconnu la cour soit contesté , nous déclarons ne pas nous opposer à ce qu'un nouvel arrêt soit rendu par la Cour.

Mᵉ Joly. — Nous avons plaidé hier l'incident dans l'intérêt de tous les accusés, et encore bien que les conclusions aient été signées par Chaveau seul , elles concerneraient évidemment tous ceux qui sont aujourd'hui sur les bancs de la Cour d'assises.

L'arrêt de la cour a eu aussi pour but de statuer relativement à tous les accusés; nous demandons, en conséquence , que si la Cour juge convenable de statuer de nouveau , elle déclare que l'arrêt qu'elle a rendu hier est commun à tous.

La Cour, après en avoir délibéré, par les motifs donnés dans son premier arrêt

Maintient au procureur-général le droit de poser des questions à Léglantine.

M. MARTIN (du Nord). — Vos cartouches sont-elles des cartouches militaires?

R. Oui, je les avais étant au service; il n'y avait dans chacune qu'un dé de poudre tout au plus.

D. N'étiez-vous pas chef de section dans la société des Droits de l'homme?

R. Il n'y avait pas de chef, chacun l'était à son tour: le mien n'est jamais venu. (Hilarité)

Le président passe à l'interrogatoire de Duval.

D. On a trouvé chez vous un pistolet d'arçon et des cartouches.

R. J'ignorais que ce pistolet et ces cartouches fussent chez moi.

Le président donne lecture des interrogatoires de l'accusé desquels il résulte qu'un individu qu'il ne connaît pas s'est introduit chez lui et y a déposé, sans qu'il s'en aperçût, le pistolet et les cartouches à balles qui ont été saisis à son domicile. Cet individu qui l'entretenait de la politique et du procès de la Cour des pairs lui a paru suspect.

LE PRÉSIDENT.—Si cet individu eût voulu se débarrasser du pistolet et des cartouches, il les aurait jetés dans la Seine ou dans un lieu retiré, cela eût été plus naturel et moins dangereux que de venir les déposer chez vous.

R. Il avait sans doute un autre but que de se débarrasser de ces objets; il voulait me compromettre.

D. Cet individu qui voulait vous compromettre est-il Bray ou Marlin?

R. Je n'en sais rien, je ne l'ai vu que quelques instants; je ne pourrais le reconnaître.

LE PRÉSIDENT.—On a trouvé le pistolet et les cartouches que vous prétendez avoir été apportés chez vous par un inconnu, dans un lieu retiré, sur un petit escalier noir. Comment l'inconnu aurait-il pu les placer là?

R. La porte qui conduit à cet escalier est souvent ouverte: tout le monde peut y aller.

D. Vous avez dit dans l'instruction, et vous soutenez encore que vous ne connaissiez pas Chaveau; comment expliquez-vous la possession d'un papier sur lequel on lit ces mots latins : *Diligo excellentissimam mulierem Chaveau?*

R. Ce papier m'a été donné à la Force par Meunier.

D. Meunier a déclaré qu'il ne vous avait pas remis ce papier.

R. C'est Meunier ou Chaveau, je ne me rappelle pas précisément lequel.

D. Vous étiez membre de la société des Droits de l'Homme?

R. Oui, j'appartenais à la section des 5 et 6 juin.

D. Étiez-vous président?

R. Non.

M. MARTIN (du Nord).— Quand avez-vous découvert le pistolet et les cartouches?

R. Lorsque le commissaire de police s'est présenté à mon domicile et les a trouvés.

D. Vous avez eu une conversation avec l'individu qui, selon vous, aurait déposé le pistolet et les cartouches; vous auriez pu, par conséquent, le reconnaître.

R. Il ne m'a dit que quelques mots, et a disparu immédiatement.

D. Vous avez été confronté avec un grand nombre de personnes, notamment avec Bray et Marlin; vous n'en avez reconnu aucune. Avez-vous des soupçons sur l'homme dont vous parlez? pensez-vous qu'il ait voulu vous compromettre?

R. Oui, je ne puis expliquer autrement la présence chez moi d'un pistolet et de cartouches qui ne m'appartiennent pas.

D. Vous avez dit que le papier sur lequel se trouve le nom de Chaveau, vous avait été donné par Meunier; vous venez de donner tout à l'heure, pour la première fois, que vous l'avez reçu de Chaveau. Est-ce bien Chaveau qui vous l'a donné, et dans quelles circonstances?

R. Un de mes camarades avait esquissé mon portrait; pour l'envoyer à ma mère, j'avais besoin d'un papier d'enveloppe, Chaveau m'en a sans doute donné un. Je répète que je ne me rappelle pas précisément qui m'a remis ce papier, je sais seulement qu'il m'a été donné à la Force.

M. MARTIN (du Nord).—Nous profitons de cette circonstance pour rectifier une erreur de l'acte d'accusation. La fille Mariette est la nièce et non la fille de la femme Chaveau. Ce sont des lettres qui nous avaient induit en erreur.

G. CHAVEAU.—Ces lettres étaient saisies avant l'acte d'accu-

sation : il serait bien possible que cette erreur fût volon-
taire.

Me JOLY.—Puisque M. le procureur-général tient à rectifier
les erreurs de l'acte d'accusation, je vais lui en signaler un autre, sur laquelle j'appelle une rectification. L'acte d'accusation
énonce que des pistolets ont été remis par la dame Combes à
la dame Castaing. Or, il résulte de la deuxième déposition de
de cette dame, que c'est Bray et non la dame Combes qui a fait
cette remise. Il y a là inexactitude, erreur évidente.

LE PROCUREUR-GENERAL.—Nous maintenons l'énonciation de
l'acte d'accusation. Lorsque deux dépositions contradictoires
ont été faites, nous avons le droit de choisir celle qui nous paraît contenir la vérité. Or, nous déclarons ici que nous nous
en tenons à la première déclaration de la dame Castaing, de laquelle il résulte qu'elle a reçu les pistolets de la dame Combes.
Au surplus, la défense pourra argumenter comme elle l'entendra de la seconde déposition, où la dame Casting déclare que
c'est Bray qui lui a remis ces pistolets.

Me JOLY insiste pour que la remise des pistolets soit reconnue comme ayant été faite par Bray.

LE PRESIDENT.—Je ne pense pas que dans la circonstance il y
ait lieu à prendre des conclusions et à soulever un incident. Je
ferai d'ailleurs observer à Me Joly que nous n'avons pas une
force surhumaine, et qu'il nous serait impossible de suffire à
ces débats déjà si pénibles s'il fallait engager à chaque instant
des discussions avec les avocats.

LE PRESIDENT, à Boireau. — Vous avez entendu hier la lecture de vos premières déclarations ; vous vous êtes rétracté depuis, et j'ai donné également lecture de l'interrogatoire portant votre rétractation. Dites à MM. les jurés quelles ont été
vos relations avec Husson, Dulac et Delont.

BOIREAU. — MM. les jurés, M. le président, je suis ici pour
jouer un rôle très important ; je serais bien coupable, quand je
suis ici pour éclairer la justice, si j'hésitais à le faire. C'est d'a-
près *le Messager,* d'après *le National* et *le Réformateur* que
j'ai parlé. Je n'ai pas dit que les conjurés dussent se réunir à la
barrière ; je n'ai jamais parlé à Fieschi du père Dulont, de Dulac, de Husson. MM. les jurés, je dois déclarer mon caractère :
je suis républicain ! Je proteste.....

LE PRESIDENT.—Cette protestation, faite en public, est un délit. Vous n'êtes pas ici pour jouer un rôle, et vous avez pu remarquer que vous avez soulevé contre vous l'opinion publique.

(Boireau, qui jusqu'à ce moment a conservé son attitude fière et presque arrogante, paraît interdit et reste sans réponse, après avoir jeté les yeux sur le banc de ses co-accusés, qui se retournent et évitent son regard interrogateur avec un sentiment de dégoût.)

D. Vous aviez parlé à Fieschi du complot. Assurément vous ne pouviez savoir par les journaux les noms des personnes arrêtées, aucun journal ne les donnait.

Boireau, d'un ton emphatique. —Si vous me laissez dire ce qui est la vérité, on connaîtra comment tout cela s'est passé, et alors la solennelle enceinte pourra me comprendre. Moi, Messieurs, comme tous les hommes politiques, je suis très vaniteux; j'ai pu pour me donner plus d'importance dans mon parti que je n'en avais réellement, dire, comme étant à moi personnels, des faits dont je n'avais connaissance que par les journaux. Il y avait peut-être un complot, je l'ai entendu dire du moins ; par qui ? je ne puis le dire positivement. Ah! Messieurs, je serais bien coupable si je venais dire à la justice des mensonges.

D. Avez-vous parlé à Fieschi d'un marchand de bric à brac?

R. Fieschi est un lâche, un misérable assassin. (Sensation prolongée.) Il a dit tout ce qu'a voulu le juge d'instruction Il voulait sauver sa tête. On lui demandait : Boireau vous a-t-il parlé d'un brocanteur? Il a répondu oui ; mais voyez donc, messieurs, Fieschi s'est rappelé tous les noms, toutes les circonstances, même les plus futiles, dans notre autre affaire. Ici, aucun nom ne se représente à sa mémoire ; il n'en sait aucun; il répond oui à toutes les questions, mais ne dit rien de son chef.

D. Il n'a pas pu deviner que Delont fût marchand de bric à brac; c'est une qualité qu'il n'a pu inventer.

R. On demande à Fieschi : connaissez-vous Huillery?—Non, répond-il.--Duval?—Non. — Connaissez-vous un homme de cinquante ans, un brocanteur? Celui-là lui convenait mieux par son âge ; il devait être le chef. Alors il dit : Oui, Boireau m'a parlé d'un brocanteur. Eh bien ! je le jure sur la tête de mon père, jamais je n'ai parlé de brocanteur à Fieschi.

D. Nous lisons dans sa déclaration du 17 août : «Boireau était informé que cinq personnes avaient été arrêtées rue Montorgueil ; leur projet était d'assassiner le roi sur la route de Neuilly. Il m'a dit leurs noms, mais je ne me les rappelle pas.» Ainsi il déclare que c'est le 25, jour de l'arrestation, que vous lui avez parlé de l'arrestation même ; les journaux n'avaient pu encore l'annoncer.

R. J'ai répondu, moi, en présence de Fieschi, que le fait n'était pas exact, et M. le procureur-général, qui est ici, et qui siégeait à la chambre des pairs, sait bien que Fieschi n'a jamais pu prouver ce qu'il a dit. Je défie en outre que dans les interrogatoires de Fieschi on trouve le nom de Père.

Le président.—Voici l'interrogatoire du 17 août, et le nom de Père (le brocanteur) s'y trouve tout au long.

Boireau. — M. Lavocat était son intime ami, à Fieschi! Celui-ci ne pouvait pas parler, mais M. Lavocat l'instruisait de tout ce qui se passait au dehors. Je ne veux rien dire de M. Lavocat, ça ne me regarde pas ; mais il a bien pu lui dire : Dites telle et telle chose, et à l'aide de révélations vous parviendrez à sauver votre tête. Boireau vous a-t-il parlé de telle et telle chose, voilà ce qui se passe au dehors. Que sais-je, moi !

Martin (du Nord).— Vous offensez le caractère d'*un homme honorable* ; sa conduite n'a pas besoin d'être justifiée ; elle a reçu de la Cour des pairs et de tous ceux qui savent apprécier une bonne action des éloges mérités.

Il est certain que tous les magistrats pour parvenir à la découverte de la vérité ont été inutiles, non parce que Fieschi refusait de parler, mais parce que Fieschi était retenu par son défaut de mémoire. Il disait : « Je voudrais bien qu'il me fût possible de saisir les noms ; mais cela n'est pas possible. Je voudrais en dire un seulement, celui de l'homme de cinquante ans ; mais cela ne m'est pas possible ; je ne me rappelle pas. »

A l'exception de vous seul, tout le monde comprend la position d'un individu qui, interrogé ainsi, reste sur la défensive. Ce n'est pas là la personne que vous prétendez influencée par un citoyen honorable, à qui vous voulez faire jouer un mauvais rôle. Fieschi voulait parler ; mais il ne le pouvait pas, la mémoire lui manquait.

Boireau. — Comment se fait-il donc que Fieschi se soit rappelé les centimes dépensés pour l'achat du bois-de la machine, et n'ait pas pu se rappeler, sur un point aussi important, des noms que je lui aurais dits?

Le Président. — On a pu connaître l'atroce fierté de Fieschi; elle était telle qu'il a dédaigné un complot qui n'avait pas germé dans sa tête.

Boireau. — Ah ! de la fierté.

Le Président. — Il regardait comme peu de chose le complot de Neuilly, il en avait un autre. Ici la mémoire lui a manqué, et cette fois, du moins, il a été consciencieux.

R. Consciencieux! çà vous plaît à dire. Mais, moi, je sais que non. Je persiste à dire que moi, moi qui pourrais peut-être améliorer ma position, si malheureuse par cette condamnation à 20 ans de prison, je ne puis consentir à aggraver celle d'hommes que je sais dans ma conscience innocens. (Avec une extrême agitation.) Moi à la Chambre des pairs, et c'est un grand reproche que j'ai à me faire, je n'ai dit que ce que j'avais entendu dire.

Le président donne lecture des interrogatoires subis dans l'instruction par Boireau. Ce sont ceux qu'il a rétractés depuis et que l'acte d'accusation a reproduits presqu'en entier. Après cette lecture, Boireau s'écrie : M. le président, tout cela est de ma pure invention ! Jamais Husson n'est venu chez moi me demander si j'avais des armes. Je ne connais pas Delont, je ne connais que Dulac, et encore est-ce indirectement. Je l'ai vu chez M. Lapierre une fois que j'allais y commander des couverts. Tout ce que j'ai dit est une pure invention. Cela se conçoit, quand un homme a la hache du bourreau suspendue sur sa tête, il doit tout faire pour se sauver.

Le président, avec sévérité. — Vous poussez bien loin votre morale. Quoi ! vous avez pu dénoncer des innocens?

R. Il faudrait avoir vu mon abattement, j'avais le spectacle du désespoir de ma mère, j'avais encore d'autres remords, tout homme a les siens ; j'étais toujours à temps pour me rétracter.

D. Vous avez pu livrer des innocens à la justice ! Taisez-vous, nous croirions faire injure à la morale en discutant avec vous !

Le procureur-general. — Il y a autant d'invraisemblance dans son dire d'aujourd'hui, que de probabilité et de preuves dans sa première déclaration.

R. J'étais aveuglé par l'orgueil ; je voulais pénétrer le secret de Fieschi, que je n'ai jamais su. J'avais vu l'arrestation dans le *Messager*, c'est ce qui m'a fourni le sujet de mon dire.

D. Je vais lire le *Messager* du 27 dont vous parlez. « Hier, une forte brigade s'est transportée rue Mauconseil, et a arrêté les nommés Huillerye , Chaveau, Maximilien et Hubert. On ignore les motifs de cette nouvelle rigueur. » Comment avez-vous pu parler d'une tentative de complot sur la route de Neuilly ? Dans le journal il n'en est pas question. Vous voyez bien qué l'on ne peut expliquer votre révélation à Fieschi que par une confidence à vous faite par Husson ?

R. M. le procureur-général, vous connaissez bien peu le caractère des jeunes gens et cependant vous êtes ici pour juger les hommes politiques , et vous devriez apprécier les erreurs de leur caractère. Je suis très vaniteux , moi ; j'ai voulu me donner une importance que je n'avais pas. Aujourd'hui, je déclare que tout ce que j'ai dit à la cour des pairs est faux ! Boireau poursuit en s'animant par degrés :

Quand je suis arrivé à Paris, en 1833, Husson travaillait chez un de mes compatriotes, je l'ai connu là, mais je ne le voyais jamais, Dulac n'a été qu'une fois en rapport avec moi, chez Lapierre.

D. Et Delont ?

Je me suis trouvé avec lui il y a deux ans, au carnaval, à la Porte Saint-Martin, Suireau pourrait le dire, mais c'est une canaille ?

Le procureur-general. — Comment pouvez-vous parler ainsi d'un témoin qui a reçu à la Chambre des pairs les plus honorables témoignages, et qui a rendu un grand service à son pays.

Le president. — N'insultez pas les témoins, vous qui ne devriez montrer que du repentir.

Boireau.— Quand on n'a pas fait de faute on n'a pas de repentir. Je reviens à Délont. Au bal du mardi gras, je fis connaissance d'un jeune homme qui se nommait Délont, nous avons passé la nuit ensemble, c'est de lui que me vient cette note. J'ai fait tous mes efforts pour rappeler ma mémoire, je viens aujourd'hui vous dire la vérité.

Martin (du Nord) donne tour-à-tour lecture de l'interrogatoire où Fieschi parle de la proposition à lui faite par Boireau, et des interrogatoires subis par celui-ci par suite des révélations de Fieschi. ainsi que le compte-rendu de leur confrontation et des audiences de la cour des pairs où Boireau a été interrogé relativement au complot de Neuilly.

Durant cette lecture, qui dure une demi-heure environ, Boireau resté debout, promène des regards assurés sur l'auditoire et la cour, et fait à diverses reprises d'énergiques signes de dénégation.

Martin (du Nord). — Comment après des détails aussi circonstanciés, peut-on supposer que vous les ayez inventés ?

Boireau. — Cela s'explique naturellement; je n'ai pas eu à citer des noms, il me disait lui-même, l'interrogateur, connaissez-vous Huillery? connaissez-vous Husson? Je n'avais qu'à répondre, oui! oui!

D. Ce serait une horreur, une infamie, que de désigner ainsi des innocens à la vindicte publique.

R. Oui! oui! je ne dis pas le contraire; et cependant, permettez; Fieschi dit que quatre ou cinq individus sont venus me demander si j'avais des armes; moi, j'ai toujours dit que c'était Husson seul. Pour le brocanteur, Fieschi a dit : « C'est un homme habile, un tacticien, un génie : » depuis huit jours que je suis avec lui, je n'ai rien remarqué de semblable.

Le président fait représenter aux accusés les pièces à conviction.

L'audience est suspendue pendant quelques instans.

La représentation des pièces à conviction continue. Chaque paquet est présenté aux accusés pour qu'ils examinent l'intégrité du cachet.

Des bourres trouvées dans les pistolets des frères Chaveau sont successivement examinées par les défenseurs des frères Chaveau. le procureur-général, et les jurés. La plupart ne présentent que quelques fragmens de papier, sur lesquels on cherche vainement le texte de la *Jérusalsm délivrée*.

A cinq heures, le président déclare l'audience levée, et renvoyée à demain dix heures.

Delont.—M. le président voudrait-il donner des ordres pour que nous puissions communiquer.

Le président, — Cela ne nous regarde pas, adressez votre demande à ceux qui sont chargés de la police de l'intérieur de la prison.

TROISIÈME AUDIENCE. — 30 MARS.

A dix heures les accusés sont introduits ; ils échangent des signes d'amitié avec quelques unes des personnes placées dans l'enceinte réservée : l'épouse de Combes cause affectueusement avec son mari, dont elle s'est approché e, et à qui elle paraît rendre compte de l'expertise ordonnée à la précédente audience. Boireau n'est pas au nombre des accusés, et son absence, après avoir causé une sorte de murmure d'étonnement, devient le sujet de toutes les conversations dans la salle. Le bruit se répand que les menaces de M. le procureur-général et de M. le président ne sont pas demeurées inefficaces, et que sa cause a été distraite de celle de ses co-accusés ; bientôt des renseignemens donnés par les accusés eux-mêmes expliquent le motif de cette singulière absence. Boireau, qui donne des soins tout particuliers à sa toilette, et était hier entièrement vêtu de noir, avait mis ce matin à son cou, au moment de se présenter à l'audience, une cravate de soie rouge ; on a sans doute vu là une démonstration républicaine, et Boireau a été sommé de quitter la cravate séditieuse. Quelques instans avant l'entrée de la cour, il arrive en effet avec un col élégant et d'une blancheur éclatante. Il tient à la main un de ces chapeaux gris qui excitèrent si vivement, il y a deux ans environ, la brutale colère des assommeurs de la place de la Bastille.

A dix heures et demie la Cour entre en séance, et l'audience est reprise.

LE PRESIDENT. — Je préviens que les défenseurs que j'ai procédé ce matin, avec M. le procureur-général, et son substitut, à l'examen des pièces à conviction dont on a fait l'ouverture hier. Je propose aux défenseurs des frères Chaveau, de Huillery et de Delont, de procéder de concert, demain matin, à un examen contradictoire. M. de Monsarrat nous accompagnera, si les défenseurs n'y voient pas d'inconvéniens ; nous nous réunirons demain à neuf heures du matin, dans la chambre du conseil de la cour d'assises. (Les défenseurs manifestent leur assentiment.)

M. BARLET, âgé de 45 ans, commissaire de police du quartier Montorgueil, prête serment.—Je reconnais, dit-il, l'accusé Charles Chaveau (il désigne Huillery), il n'avait pas de barbe lors de l'arrestation ; je reconnais aussi Duval.

Le 26 juin dernier, j'ai reçu un mandat de M. le préfet de police; il s'agissait de saisir des papiers, des armes. Je fus assisté de M. Yon, officier de paix, et de plusieurs agens. On se rendit rue Mauconseil, 10. Je plaçai deux agens à la porte, et je demandai au portier si madame Chaveau était chez elle; sur sa réponse affirmative, je frappai. Comme on ne répondait pas, je descendis et parlai de nouveau au portier. Il répéta que madame Chaveau y était, et monta avec nous. Il parla, je dis ma mission, j'usai même de menaces, on n'ouvrait pas; j'envoyai chercher un serrurier. Dix à douze minutes s'écoulèrent, le serrurier arriva, en ce moment je sommai de nouveau madame Chaveau d'ouvrir. Le serrurier mit son crochet dans la serrure; alors seulement on ouvrit. Une femme et quatre individus se trouvaient dans la chambre. Etes-vous madame Chaveau? dis-je.—Oui reprit elle. Les quatre individus refusèrent de décliner leurs noms. Un d'eux avait dans sa poche une pierre à feu; un second, vêtu d'une blouse, la tête couverte d'une casquette, tenait une main fermée et semblait cacher quelque chose : c'était une balle de fusil. Les deux autres n'avaient rien sur eux. Je procédai à la perquisition; nous trouvâmes des armes, des munitions, des poignards grossièrement enmanchés. Il y en avait derrière des malles, sous du linge. Madame Chaveau m'aida à visiter le tout, en demandant si une seule malle pourrait contenir tous les objets saisis. Son empressement me rendit sa démarche suspecte; elle remplissait une malle avec du linge; j'ordonnai de la fouiller; on y trouva des pistolets. En ce moment j'entendis une rumeur sur l'escalier. C'était un nouvel individu qui était monté jusqu'au deuxième, et qui, voyant la police, avait fui précipitamment. Je rédigeai mon procès-verbal, sommant les quatre individus de décliner leurs noms. A peine avais-je écrit trois lignes, qu'un jeune homme arriva et entra résolument, bien qu'on lui fît signe de fuir. Je lui demandai son nom; il n'hésita pas à dire qu'il était Charles Chaveau. Je continuai mon procès-verbal, lorsqu'en donnant lecture, presqu'au commencement, je dis : j'ai trouvé une femme : « Une femme! s'écria le jeune Chaveau : vous êtes un grossier, un malhonnête; alors des criailleries, des injures, parmi lesquelles je distinguai l'épithète d'insolent. Je n'en continuai pas moins. J'interpellai chacun de dire son nom. Huillery demanda à faire consigner un dire. Je refusai, disant que du moment qu'il ne se nommait pas je ne pouvais tenir compte de son dire. J'edtendis alors qu'on disait que je faisais un faux procès-verbal. Ce propos était tenu surtout par Huillery. De ce moment ils firent entendre des chants inconvenans : *la Marseillaise...* (Rumeur dans l'auditoire.) Je dis inconvenans, parce que quand quelqu'un écrit on ne doit pas chanter. Je ne veux pas inculper le chant de *la Marseillaise*; mais ils en chantaient d'autres : le *Chant du Départ*, par exemple. Ils refusèrent de marcher. Je leur fis observer que s'il arrivait des malheurs ce serait leur faute. Charles Chaveau leur dit : Marchons! Le *Chant du Départ* fut de nouveau entonné. Je fermais la marche; des cris séditieux furent proférés, je ne pus savoir par qui, placé comme j'étais derrière les accusés et les agens.

Le président.—Il est nécessaire de préciser la part qui appartient à chaque accusé. Des injures ont été proférées : pouvez-vous dire par qui?

Le témoin. — Charles Chaveau m'a adressé l'épithète d'insolent. Il m'est impossible de dire si c'est Hubert plutôt qu'un autre qui a dit canaille et d'autres injures. Les voisins étaient ameutés.

D. Et les cris séditieux?

R. Je les ai entendus, mais dans la rue seulement.

D. La pierre à fusil, sur qui a-t-elle été trouvée?

R. Sur celui qui était vêtu d'une redingote brune, et que j'ai su depuis être Huillery. Elle avait l'apparence d'une pierre de gros pistolet. (Le président fait représenter à Huillery et Husson le paquet qui contient la pierre et la balle, pour leur faire reconnaître si le cachet est intact; il procède ensuite à son ouverture.)

D. Avez-vous entendu de la bouche de madame Chaveau quelques injures?

R. Elle a été insolente, arrogante même; elle a poussé l'ironie jusqu'à dire que si la république venait, on me conserverait ma place, par ce que j'avais l'air d'un bon enfant. (Rires dans l'auditoire.)

D. Vous avez fait aussi la perquisition chez Duval?

R. J'y ai saisi un pistolet d'arçon, caché dans un escalier placé derrière sa boutique. Quelques cartouches se trouvaient à côté du pistolet. Duval manifesta son étonnement, disant qu'il ne comprenait rien. (Le témoin, au moment de retourner à sa place, revient sur ses pas.) Mais j'oubliais, dit-il. Dès son entrée, Charles Chaveau s'écria: Vous êtes des lâches! si j'avais été là, j'en aurais tué deux ou trois. Je lui dis alors vous êtes un misérable, si vous aviez tué quelqu'un de nous, l'échafaud est là pour faire justice des criminels.

MARTIN (du Nord.) —Vous êtes sûr d'avoir entendu ces paroles?

R. Oui, j'ai entendu distinctement ces paroles, ainsi que les épithètes *canaille*, *gueux*, *brigand*. Mais je ne puis préciser, quant à celles-ci, par qui elles ont été proférées.

D. Et les cris séditieux?

R. On a crié : *Vive la République*, mais qui, je ne sais.

Me PLOCQUE. — N'est-il pas à la connaissance de M. le commissaire que les agens aient déclaré qu'ils reconnaîtraient le sixième individu qui est monté jusqu'au second, et s'est enfui sans pouvoir être arrêté?

R. On l'a signalé comme vêtu d'un habit bleu.

Me PLOCQUE. — Les armes étaient-elles sur la table quand Charles Chaveau est entré?

R. Je les faisais placer au fur et mesure dans une malle; mais les sabres étaient en évidence, ainsi que le fusil; des pistolets étaient encore placés sur la malle.

Me Moulin. — Quel était le lieu où les cris ont été proférés? Est-ce dans l'allée? est-ce dans les fiacres?

R. Les cris ont été poussés dans la rue, et les accusés étaient déjà placés dans les fiacres.

Huillery. — Voulez-vous bien M. le président, demander à M. le commissaire si je ne l'ai pas prié de constater que dans la poche de mon gilet il y avait un briquet et de l'amadou, outre la pierre. Voilà le dire que je voulais faire constater.

Le témoin ne se rappelle pas cette circonstance.

Huillery. — Quel est donc mon dire?

Le témoin. — Je ne l'ai pas enendu : j'ai présumé que vous vouliez expliquer le motif de votre présence chez Chaveau.

Huillery. — Ce que je voulais faire constater, c'est que mon briquet se trouvait dans une poche avec la pierre.

Le témoin. — Moi, j'ai pensé que c'était le motif de sa présence qu'il voulait expliquer.

Hiullery. — Vous confondez; c'est à la préfecture, que je vous dis : oui, je veux bien avouer le motif de ma présence, il est plausible, satisfaisant; mais je ne le dirai que si vous pouvez m'assurer que vous avez le pouvoir de me faire relâcher.

le témoin. — Cela est vrai, et je vous répondis que je n'en avais pas le pouvoir.

huillery. — C'est moi qui suis Huillery ; je vous le dis parce que vous me preniez tout à l'heure pour Charles Chaveau. Dites, M. le commissaire, vous ai-je adressé une injure, un mot offensant?

le témoin. — Vous avez fait chorus avec les autres.

huillery. — Vous en êtes sûr, monsieur?

R. Oui, je vous reconnais à votre voix.

le présideent. — Tous les jours on se trompe sur la personne d'un accusé, surtout lorsqu'il a laissé croître sa barbe, et que neuf mois se sont écoulés.

Martin (du Nord). — Ne vous a-t-il pas proposé le briquet?

R. Non.

Huillery, avec chaleur. — M. le commissaire, je vous en supplie, dites la vérité! je vous adjure de la dire!

le présidtnt. — Un commissaire, quand on ne se nomme pas, n'a pas à consigner un dire.

MARTIN (du Nord), à Gabriel Chaveau.—Vous vous êtes présenté le 26 juin chez vous au moment de la descente de police?

R. Non.

D. Que s'est-il donc passé ?

R. Je l'ignore. Permettez ; j'étais occupé chez M. Lacombe, relieur : je sortis pour aller prendre mon repas : un individu me rencontra rue Saint-Denis ; il me connaissait et me dit : La police fait une descente chez vous ; n'y rentrez pas.

MARTIN (du Nord).—Vous êtes en contradiction avec vos interrogatoires : vous avez dit : « En rentrant chez moi, je vis la police, etc. »

R. Il y a encore erreur du juge d'instruction ; je n'ai jamais déclaré autre chose que ce que je déclare ici.

L'ACCUSÉ LEROY.—Le témoin peut-il dire que j'aie pris part au tumulte, aux injures ?

M. BARLET. — Je dois déclarer que monsieur a été le plus paisible, le moins agressif.

On introduit le témoin Dayet, sergent de ville. Il reconnaît Hubert et m^me Chaveau ; il a assisté le commissaire de police Barlet dans sa descente rue Montorgueil. Mme Chaveau, dit-il, s'est écriée : « Nons vous verrons un jour au pied de l'échafaud, et je m'estimerai heureuse de tirer la ficelle !

HUBERT, avec force. — Vous êtes un imposteur ! un malheureux !

LE PRÉSIDENT, élevant la voix. — N'interrompez donc pas les témoins ! Vous voulez les intimider. Ces interruptions, ces incidens d'audience ont pour but d'enlever un acquittement ; mais nous y tiendrons la main. Nous prémunirons le jury contre cette tactique. Dans notre résumé, nous lui donnerons avec soin la physionomie de tout ceci. (Marques d'étonnement.)

MARTIN (du Nord.) — Si Hubert continue à injurier les témoins, des conclusions seront prises contre lui.

Me MOULIN.—Je ferai remarquer que Hubert est animé ici par un sentiment généreux, car c'est contre un autre accusé que s'élève la déposition.

Me RITIER.—M. le président doit sentir que ces interruptions trouvent leur source, et en quelque sorte leur excuse, dans la jeunesse des accusés. Il ne s'agit pas ici d'enlever un acquittement : nos cliens seront acquittés ; mais ce sera simplement par la force de la justice et de la raison, et la défense applique tous ses efforts à leur inspirer la modération, convaincue qu'elle est que leur emportement est le seul danger qui les menace.

Le president (à Dayet).—On a insulté le commissaire?

R. Oui, Hubert particulièrement.

Hubert.—En êtes-vous bien sûr?

R. Oui, il l'a traité de mouchard, comme les sergens de ville; et de plus on nous appelait galériens, forçats libérés.

Me Moulin.—Comment se fait-il que devant le juge d'instruction, le témoin ait attribué les injures à madame Chaveau et à Chaveau, et n'ait pas même prononcé le nom d'Hubert. Ses souvenirs devaient être plus précis alors; il n'y avait que trois semaines que les faits s'étaient passés, et par cela même, qu'il désigne d'autres accusés, son silence disculpe Hubert.

Morel, sergent de ville, a assisté comme le précédent témoin M. Barlet; il a entendu madame Chaveau dire, en prenant dans sa main la poire à face humaine : « Elle est mûre, la poire! elle tombera bientôt. » Plus tard, le témoin a arrêté, rue de la Vannerie, l'accusé Gabriel Chaveau, qui n'a fait aucune résistance. Il dépose des mêmes faits, et dans les mêmes termes à peu près que son camarade Dayet.

Prevet, sergent de ville, dépose de même; il a entendu dire à Huillery : « Tenez, monsieur le commissaire, je tiens si peu à la vie, que si vous voulez me donner un pistolet, je vais me détruire en votre présence. » Huillery est, selon le témoin, celui qui, avec Hubert, a proféré le plus d'injures.

Huillery.—J'ai un assez bel avenir devant moi pour ne pas demander à un commissaire de police un pistolet pour me détruire.

Hubert.—Moi, je n'insulte pas les ennemis du peuple, je les méprise en gardant le silence.

Me Moulin. — Je ferai remarquer que la mémoire revient à ces messieurs bien à propos et bien tardivement : dans l'instruction le témoin n'a pas prononcé le nom d'Hubert.

Le president interrompant avec vivacité. — C'est tout le contraire, j'ai la minute de l'interrogataire du témoin.

Me Moulin.—Permettez, monsieur....

Le président.—Non, je suis fâché d'être obligé de vous donner un démenti. (Rumeur.) Voici la déposition.

Le président lit la minute de la déposition du témoin , où se trouve le nom d'Hubert.

Mᵉ Moulin.—Me sera-t-il permis de répondre? Je n'accepte nullement le démenti de M. le président. Je n'admets comme pièces au procès que celles signifiées aux accusés. Eh bien ! voici la déposition de Prevet (Il présente le dossier à M. le président), et le nom d'Hubert ne s'y trouve nulle part.

Le président.—C'est apparemment une erreur du copiste; je croyais que votre copie était semblable à l'original qui est entre mes mains. (Rumeur dans l'auditoire.)

Mᵉ Coin (de Lisle). — M. le président, le barreau tout entier exprime sa profonde affliction de voir aussi légèrement donner un démenti à un de ses plus honorables membres.

Le président. — Vous voyez bien qu'il n'y a ici qu'une erreur.

Prevet (Jules-Denis), sergent de ville, frère du précédent témoin, fait une déposition identique. Huillery et Husson n'ont pas pris part aux injures: c'est Hubert et madame Chaveau qui, selon lui, se sont montrés le plus exaspérés; madame Chaveau tenait la poire à face humaine dans sa main , et disait : si elle était sur l'échafaud, je voudrais tirer la ficelle.

Mad. Chaveau. — Peut-être une simple observation mettra-t-elle monsieur sur la voie. Cette poire était accrochée contre le mur; monsieur le commissaire l'a détachée lui-même; elle ne m'a pas passé par les mains.

Mᵉ Plocque. — Le témoin a stationné sur le quai d'Orsay, que s'y est-il passé?

Prevet. — On nous plaça sur le quai vers cinq heures, c'était-là, disait-on, que les républicains devaient se réunir; personne ne vint, et l'on nous renvoya.

Legent (Charles) et Remy, sergens de ville, déposent des mêmes faits et leurs dépositions ne révèlent aucune circonstance nouvelle.

Vasselart, âgé de 52 ans, invalide, portier de la maison occupée par les frères et la dame Chaveau. — Le 26 juin, vers une heure de l'après-midi, le commissaire de police et ses agens m'ont demandé la demeure de madame Chaveau, je la leur ai indiquée. Sur l'invitation du commissaire qui m'a envoyé chercher, je suis monté, j'ai demandé qu'on ouvrît la porte, et elle a été ouverte. J'ai assisté à la perquisition ; M. Charles Chaveau est arrivé, il a dit : *Comment vous avez de quoi vous défendre et vous ne l'avez pas fait!* Le commissaire l'a prié de se calmer. Il a écrit pendant quelque temps, et lorsqu'il a voulu lire son *verbal*, on a crié. Alors le commissaire, voyant qu'on ne l'écoutait pas, a pris ses papiers, et on s'est en allé.

D. Avant l'arrivée de Chaveau, les armes étaient-elles dans la chambre, en évidence ?

R. Oui, monsieur.

D. Hubert était-il exalté.

R. Chaveau était le plus courroucé, Hubert se promenait, chantait et ne disait pas grand'chose.

D. Les autres, et notamment la femme Chaveau, ont-ils dit des injures au commissaire de police, et proféré des cris séditieux ?

Non.

D. Un individu s'est présenté pendant la perquisition et a pris la fuite, n'était-ce pas Gabriel Chaveau ?

R. Je suis certain que ce n'était pas lui, je l'ai parfaitement vu : il avait une redingote bleue et était nu-tête.

D. Husson et Hubert sont-ils venus plusieurs fois dans la huitaine qui a précédé l'arrestation faite chez Chaveau ?

R. Je les ai vus venir plusieurs fois. Hubert notamment n'en bougeait pas dans les derniers jours. Le 25 juin il y est encore venu.

Martin (du Nord). — Hubert, cela est-il vrai?

R. J'ai été chez Chaveau l'avant-veille de mon arrestation, et non la veille.

Le président. — Témoin, êtes-vous bien sûr d'avoir vu venir Hubert chez Chaveau le 25.

R. Oui, monsieur; il y est venu deux fois et est resté longtemps.

Martin (du Nord). — Quels étaient ceux qui venaient chez Chaveau?

R. Des jeunes gens principalement.

D. Y faisait-on des réunions ?

R. Je ne crois pas qu'il y ait eu aucune réunion, du moins je n'en ai pas eu connaissance.

Martin (du Nord) donne lecture de la déposition de Vasselart, qui reproduit les faits dont il vient de déposer, et qui de plus constate qu'il a déclaré que des réunions avaient eu lieu chez les frères Chaveau.

Vasselart.—Il est vrai qu'il y a eu quelques réunions, je ne sais dans quel but; on se séparait de bonne heure, vers les dix ou onze heures.

Me Ploque.—Qu'est-ce que le témoin entend par réunion?

R. Trois ou quatre personnes.

D. Le 25 juin au soir, y a-t-il eu réunion au domicile de madame Chaveau?

R. Non; madame Chaveau est rentrée ce jour-là à neuf ou dix heures.

Le président.—Etes-vous sûr que ce jour-là la femme Chaveau est rentrée à l'heure que vous avez indiquée?

R. Oui.

Un juré.—Le témoin appelle une réunion la présence de deux personnes chez Chaveau; cette réunion lui a-t-elle paru extraordinaire?

R. Nullement.

Martin (du Nord).—Leroy, vous avez dit que vous ne connaissiez pas Chaveau, que vous vous étiez trouvé par hasard chez lui le 25; et cependant vous avez déclaré dans l'instruction que c'était un de vos amis?

R. J'affirme de nouveau que je n'ai été qu'une seule fois chez Chaveau.

D. Le témoin dit qu'il vous a vu y venir plusieurs fois.

R. Vasselart a déclaré dans l'instruction qu'il ne me connaissait pas.

Le témoin.—Pardon, je vous ai reconnu.

Leroy.—Me reconnaissez-vous, aujourd'hui?

Le témoin.—Ma foi je ne sais pas si c'est vous, *je n'en ai pas un fond bien personnel.* (Hilarité dans l'audience et aux bancs des accusés).

Le procureur-général.— Dans la huitaine qui a précédé le 26 juin, les frères Chaveau restaient-ils long-temps chez eux, sortaient-ils et rentraient-ils souvent, vous ont-ils paru agités?

R. Ils rentraient et sortaient comme à l'ordinaire; je ne les ai pas vus troublés, et puis je vous dirai que quand je suis à ma lecture, je ne vois pas grand chose.

M₀ Auguste MARIE. — Le témoin reconnaît-il Delont pour avoir été chez Chaveau?

R. Non, j'ai vu un jeune homme qui avait des cheveux longs; il était grand, — non il était petit, — ma foi je ne m'en rappelle pas. Quant j'ai le nez dans ma lecture, je ne remarque personne. (On rit.)

Mᵉ VIRMAITRE. — Le témoin a-t-il vu Dulac?

R. Non, jamais.

Mme CHAVEAU. — Il y avait au-dessus de moi une femme... — (Vasselart interrompant.) — Bien, madame. — Qui avait un enfant. — Oui, madame. — Qui criait pendant la nuit. — Oui, madame. — Je vous ai prié de dire à cette femme de donner un calmant à son enfant. — Vous me l'avez vraiment dit, même qu'elle m'a répondu : « S'ils n'avaient pas fait tant de bruit, mon enfant n'aurait pas crié. »

UN JURÉ. — Lorsque l'on a conduit les accusés, ont-ils dit des injures et proféré des cris séditieux ?

R. Oui, c'est vrai, car ils disaient : « Dans six mois, vous irez voir couper nos têtes. »

D. Avez-vous entendu les cris de : *A bas les tyrans! vive la république?*

R. Quant à ceux-là, non.

D. Chantaient-ils ?

R. Oui, la *Marseilloise.* (Rires.)

Femme VASSELART, femme du précédent témoin. — je connais les frères et lr dame Chaveau, je ne sais rien. J'allais travailler en journée depuis six heures du matin jusqu'à huit heures du soir ; je ne suis jamais à ma loge, *c'est mon mari qui a tout vu.*

LE PRÉSIDENT. — Après huit heures du soir est-il venu des jeunes gens demander les frères Chaveau?

R. Je n'en ai vu aucun.

D. Etiez-vous chez vous à l'époque de l'arrestation?

R. Oui. Je suis restée dans ma loge, et je ne suis pas sortie, je n'ai rien vu, ni entendu.

D. Est-ce que vous n'avez pas demandé ce qui se passait dans la maison?

R. Non, c'était mon mari qui parlait, moi, je ne disais rien ; je n'ai rien vu, ni entendu.

LE PRESIDENT. — Comment, lors d'une arrestation comme celle-là , et une aussi longue perquisition, vous qui étiez dans la maison, vous n'avez rien vu ni entendu? C'est par trop fort pour une portière.

MARTIN (du Nord).—La déclaration du témoin est en opposition avec celle qu'elle a faite dans l'instruction. Alors, elle déclarait avoir entendu des cris et des injures adressées au commissaire de police et à ses agens.

LE PRÉSIDENT. — Persistez-vous à dire que vous n'avez entendu aucun mouvement, aucun cri?

R. Oui, monsieur; j'étais si troublée que je ne puis rien me rappeler.

LE PRÉSIDENT. — Reconnaissez-vous, comme ayant été arrêté le 26, quelques-uns des accusés?

R. Je ne puis en reconnaître aucun.

LE PRÉSIDENT. — Vous ne les reconnaissez pas parce que vous ne voulez pas les reconnaître. C'est vraiment un prodige qu'une femme qui n'a rien vu, rien entendu dans une pareille circonstance, et qui ne connaît personne.. Allez vous asseoir.

La femme VIRQUIN, femme de ménage, rue Mauconseil, n. 10. — Je ne reconnais aucun des accusés. —

D. Est-ce que vous n'avez jamais vu la femme Chaveau?

R. J'ai pu la rencontrer dans les escaliers, mais je ne la reconnais pas. Le portier m'a dit que les cris de mon enfant avaient importuné Mme Chaveau; j'ai répondu que le bruit qu'on avait fait chez elle avait réveillé mon enfant, et que c'était pour cela qu'il avait crié.

D. Etait-ce un bruit comme celui d'un meuble, ou celui qui serait produit par des piétinemens?

R. J'ai pensé que ce bruit était fait par des personnes qui marchaient dans la chambre.

D. A quelle époque a eu lieu ce bruit?

R. Dans les premiers jours de juin 1833.

D. Jusqu'à quelle heure s'est-il prolongé?

R. Minuit ou une heure du matin.

D. Depuis, avez-vous entendu le même bruit?

R. Non.

D. Le jour de l'arrestation, avez-vous distingué les cris que l'on proférait?

R. J'ai entendu des cris, mais je n'ai rien distingué.

Martin (du Nord). —Femme Chaveau, comment expliquez-vous le bruit qui a eu lieu chez vous dans les premiers jours de juin, et qui s'est prolongé jusqu'à une heure du matin?

R. Mes deux fils sont somnambules, leurs camarades de prison peuvent le dire; ils se levaient quelquefois et marchaient dans la chambre : il m'est arrivé plusieurs fois de trouver, le matin, des meubles déplacés.

Délont. — Ce que Mme Chaveau dit est vrai. Depuis que nous sommes en prison, les frères Chaveau se sont levés plusieurs fois pendant la nuit ; ils poussaient les tables et les chaises, et faisaient tant de bruit que j'en ai été réveillé.

L'audience est suspendue à deux heures moins un quart et reprise une demi-heure après.

Dutrieux, âgé de 62 ans, ne reconnaît parmi les accusés que la dame Chaveau et ses fils qui ont habité jusqu'en avril 1835 la maison dont il est portier. Sa déposition est insignifiante.

L'huissier appelle le témoin Bray, et ce nom suffit pour causer dans l'auditoire un vif mouvement de curiosité. Bray est un homme de haute taille; sa figure mâle et sévère est ombragée de larges favoris noirs; son front est élevé et dégarni de cheveux, d'épais sourcils couvrent ses yeux, qui bien profondément enfoncés dans leur orbite, sont pleins de feu et de vivacité. Il est vêtu d'une ample redingote bleue croisée jusqu'au haut sur la poitrine; sa prestance est toute militaire. Il se pose devant MM. les jurés, et déclare être âgé de 48 ans, ouvrier en socques, demeurant rue de la Sourdière. Il reconnaît les frères Chaveau, Combes, Huillery; il a vu trois fois Délont et Dulac; et commence en ces termes sa déposition : Ces messieurs étaient dans le temps mes amis.....

Le président l'interrompant. — J'avertis MM. les jurés que c'est le témoin Bray qui a dénoncé le complot; il a rempli en cela un devoir, comme je le disais hier, en donnant lecture de la loi.

Bray. — Je connais MM. Chaveau depuis trois ans environ.

Mon fils aîné servait en Portugal avec le plus jeune : de là la connaissance. Ils sont venus souvent chez moi ; je les recevais comme des amis, et il n'était jamais question de la moindre chose. Le 25, M. Gabriel vint me voir ; il m'engagea à venir chez lui le soir. On devait y arrêter le dénoûment d'un complot. Je reçus sa confidence comme celle d'un jeune homme d'une tête exaltée, et je lui dis que j'avais besoin de me consulter. Tout cela me troublait ; je résolus de consulter quelqu'un, et je me rendis chez M. le baron de Brederbach, officier d'état major, qui m'a rendu de grands services et toujours donné de bons conseils. On me dit qu'il était absent : il dînait chez M. Cerclet, à la chambre des députés. Je m'y rendis, et je demandai à lui parler. Un domestique alla le prévenir ; il vint, et je lui fis part de tout ce que m'avait dit M. Chaveau.

M. Cerclet vint alors et tous deux s'accordèrent à me dire : « vous y êtes ; vous êtes lancé ; il faut aller jusqu'au bout. » J'ai donc été le soir au rendez-vous. Là, j'ai vu Gabriel, son frère, Dulac, et un autre. Ils étaient en train de causer du projet d'attenter à la vie du roi. (Ici, le témoin s'arrête, hésite, puis reprend.) C'est pénible pour moi ; je ne leur veux pas de mal ; mais enfin j'ai dit la vérité. On arrêta que le lendemain, on se réunirait à midi pour distribuer les armes. Moi, comme je suis obligé de travailler, je m'y rendis dès le matin. Mme Chaveau était absente ; j'ai pris une paire de pistolets que d'autres avaient trouvés trop longs, et un paquet de cartouches.

En sortant de là, j'allai de nouveau trouver M. le baron de Brederbach. Il me dit de continuer, d'aller tout du long, c'est ce qu'il me disait toujours. J'ai donc été tout du long. (Sensation dans l'auditoire, les accusés gardent une contenance impassible.) A cinq heures, je me rendis sur le quai d'Orsay, nous y avions rendez-vous. Chaveau arriva pâle, défait, il nous apprend la saisie, les arrestations ; nous nous retirions, il me dit de donner le bras à quelqu'un des messieurs qui étaient là : je refusai. Quand je fus seul avec M. Gabriel, quand nous verrons-nous ? lui dis-je. — Je vous le ferai savoir, telle fut sa réponse. Je retournai chez moi, et depuis plusieurs jours j'étais assez tranquille, quand ma sœur me dit un soir : Tiens, voilà une adresse qu'on a apportée. C'était celle de Chaveau, indiquée rue Saint-Honoré, n. 24, au quatrième, chez le tailleur. J'y allai. Personne au quatrième. Je trouvai au cinquième, M. Combes ; je demandai M. Gabriel. M. Combes me reçut plus que froidement ; alors je lui dis : c'est moi qui suis le *Hussard*. Il me reçut bien alors et me fit entrer. J'ai vu alors Combes, son épouse, Gabriel et l'ouvrier. Je causai : Chaveau me dit dans la deuxième pièce : nous avons trouvé un moyen infaillible de tuer le roi. Bah ! lui dis-je, vous ne vous écœurez pas. C'est, reprit-il, un baril qu'on lancera tout enflammé dans sa voiture. Il me le fit voir ; il se trouvait dans la deuxième chambre sur une bergère, avec un coussin dessus. M. Gabriel me l'apporta ; j'ai *soufflé* dessus, il était de ce volume (le témoin marque la grosseur et l'élévation à peu près d'un chapeau). Vous vous exposez, lui dis-je avant de le quitter. J'suis retourné chez Combes trois ou quatre fois ; la dernière, il était question de se trouver sur le quai qui longe les Tuileries, entre le Pont-Royal et celui de la Concorde, le roi devant aller à Neuilly. Enfin, j'allais toujours, je me suis toujours exposé, j'ai été partout, et heureusement il n'y a rien eu.

Le président. — Vous avez rencontré une partie des accusés sur le quai ?

R. J'ai rencontré, mais une autre fois, Délont et Dulac avec Chaveau ; j'avais une blouse et une casquette rouge. Je les abordai en disant : «Vous êtes de jolis garçons ! vous me donnez rendez-vous dans le fossé de la place Louis XV, je vous attends trois heures, et vous ne venez pas !» Ils répondirent qu'ils n'avaient pas d'ordre. Nous avons suivi le quai, et nous avons été prendre un verre de vin ensemble au bout de la rue de Rivoli. Eh bien ! dis-je, qu'est-ce que vous décidez ? Dulac dit : Il n'y a pas pas place ; on a repoussé une femme qui voulait remettre une pétition. Vous vous exposez, Dulac, lui dis-je. Qu'est-ce que ça me fait, reprit-il, d'y rester pourvu qu'il y saute ! Nous avons bu une bouteille et nous nous sommes quittés.

Le président. — Vous avez connaissance d'autres faits, racontez-les. Par exemple, n'avez-vous pas fait des démarches tendantes à savoir ce qu'était devenu le baril ?

R. En effet, du moment où il fut question du baril je n'ai pas quitté Gabriel Chaveau et Délont. Je dis au marchand de vin qui demeure au bas de chez Combes : allez dire à M. Combes de descendre. Son épouse descendit et me dit toute troublée : il est arrêté, ne le savez-vous donc pas ? Quelques jours après, j'allai chez madame Combes pour voir Chaveau; j'y trouvai madame Castaing, je lui demandai Chaveau, elle me conduisit alors chez M. Castaing où je trouvai Chaveau Gabriel.

Une autre fois, il me fit donner son adresse chez M. Lacombe, relieur, cloître Saint-Merry. J'y allai. Chaveau était absent, et Lacombe me reçut assez mal. Je suis le Hussard, lui dis-je; alors il s'adoucit. C'est là que j'ai vu Délont avec Chaveau; nous ne nous sommes pas quittés pendant deux jours. On parlait de faire disparaître le baril; et je dis que je connaissais une personne qui le cacherait. Je ne savais comment me défaire d'eux ni qui nommer; c'est alors que je supposai l'existence d'un M. Henri, quoique je ne connusse personne de ce nom. Nous nous sommes réunis, à quelques jours de là, chez un marchand de vins de la rue de la Ferronnerie; nous avons tranquillement dîné tous les trois. Nous nous sommes, en nous quittant, donné rendez-vous au Puits d'Amour, en haut de la barrière Blanche. Je m'y rendis : Chaveau arriva le premier, puis ensuite Délont. Et ce baril? lui dis-je. Il me répondit qu'il l'avait jeté dans l'eau. Où ça donc, farceur? puisque je connais quelqu'un qui se charge de le cacher. Il ne m'en dit pas plus. Si j'avais voulu les perdre, il ne tenait qu'à moi d'avoir le baril; j'aurais pu le recevoir ; mais je ne suis pas un délateur, un mouchard, comme on l'a dit hier (sourde rumeur); je suis un père de famille; j'ai pensé à ma femme, à mes enfans; j'avais un exemple à donner, un service à rendre au pays. J'ai vu M. le baron de Brederbach ; quant aux accusés, je ne les ai pas revus depuis.

Le président. — Vous avez reçu des pistolets à diverses reprises?

R. Les petits m'ont été donnés par Combes; il y en avait déjà une paire, les grands, chez M. le baron Brederbach. Je fus envoyé par M. ou madame Castaing chez M. Prugeac, tailleur, pour demander deux autres paires de pistolets. Je m'y rendis et les reçus chargés. Ils étaient destinés, je crois à Combes et Délont.

D. Avez-vous reçu des cartouches?

R. Un paquet de 16 ou 18.

D. Avant le 25, aviez-vous reçu récemment la visite de Gabriel Chaveau ?

R. Je le recevais avec amitié, parce qu'il était le frère de M. Charles. Le 26 au matin, j'ai trouvé les deux frères et leur maman. M. Charles me dit, au moment de me donner les armes : « Nous avons été trois ou quatre fois sur le chemin du roi : nous y avons été hier armés, tous en blouse, etc.; je me suis approché de sa voiture, et, sans un poltron, le coup était fait. » Jusque là, jamais Charles ne m'avait parlé du complot. J'avais manifesté mon étonnement à M. Gabriel de ce silence, en lui demandant si son frère était au courant.

D. Le 25 au soir, Charles était-il là ?

R. Oui, on a parlé de choses et d'autres, mais non pas d'assassinat. M. Huillery n'y était pas, mais on l'attendait. M. Dulac était présent.

D. Comment êtes vous sûr que l'on attendît Huillery ?

R. On devait se voir à neuf heures pour se connaître de physique. Dulac dit, quand on fut réuni, qu'il était sûr de l'ensemble. Il y avait là un jeune homme que je ne vois pas ici sur le banc des accusés, et qui dit : Moi je n'en suis pas si sûr; je serais bien plus assuré de mon bras (le témoin étend le bras après avoir retoussé ses manches avec le geste d'un homme qui tient un poignard). On présente à ce témoin les ceintures et les armes qu'il a vues le 26 au matin; il croit les reconnaître.

D. Où se donnait-on rendez-vous ?

R. Sur le quai d'Orsay, s'il y avait des ordres.

D. Qui devait donner ces ordres ?

R. C'est Combes. Il devait s'informer si le roi allait à Neuilly. On s'est trouvé sur le quai au nombre de cinq ou six. Le témoin ne reconnaît aucun des accusés, Chaveau excepté, pour s'y être trouvé.

Le témoin Bray rend compte de sa visite chez Combes; il ne s'y est rendu qu'après avoir hésité quelque temps, croyant ses jours en danger d'après ses premières révélations. Je dois le déclarer cependant, dit-il, je ne craignais rien de la part de M. Gabriel ni de M. Charles. (Il les désigne).

Le président. — Ne parlez pas en face des accusés; cela peut causer de l'irritation.

Charles Chaveau, avec un sourire froid et ironique. — Ah! ne craignez rien, M. le président.

Le président, au témoin. — Dans l'instruction, vous n'avez pas précisé le jour du rendez-vous donné dans le fossé de la place Louis XV. Est-ce le jour même où vous avez vu Combes?

R. Je l'ai vu deux ou trois fois.

D. Vous y avez attendu trois heures; avec qui aviez-vous donc parole?

R. Avec Combes, Délont, Dulac et les deux Chaveau. Personne autre ne s'y est trouvé. Nous avons rencontré plus tard Castaing, avec qui nous avons marché sous la direction du marchand de vins de la rue de Rivoli.

D. A-t-on parlé devant lui du complot; croyez-vous qu'il le connût, qu'il y prît part?

R. Jamais Castaing ne m'a rien dit. Il devait savoir quelque chose cependant, puisqu'il se trouvait au bout du Pont-Royal le jour du rendez-vous. Je lui ai dit : « Vous êtes un père de famille, vous êtes enjôlé, vous vous perdez.

Le président. — C'est d'après votre dire qu'il a été mis hors de cause. Combien de temps est-on resté chez le marchand de vins?

R. Une demi-heure, puis on s'est quitté.

D. Sur le quai, Délont et Dulac se sont-ils parlé?

R. Je ne le crois pas.

D. Je reviens au baril. Vous l'avez vu sur une bergère, quel jour?

R. Huit jours environ avant l'arrestation.

D. Croyez-vous qu'il ait été fait exprès pour la circonstance, aurait-il pu être acheté?

R. Il avait été fait exprès sans doute; il était propre au dedans comme au dehors.

D. Qui de Délont ou Dulac, vous a parlé de l'emploi, et vous a désigné la personne qui devait le jeter dans la voiture du roi?

R. Pour prouver à ces messieurs que je ne voulais rien recevoir d'eux, et que j'appartenais à un autre complot dont faisait partie ce M. Henry; je leur dis que je les ferais trouver avec lui au Puits-d'Amour, à la barrière Blanche. C'est ce jour-là que Délont me dit que le baril avait été jeté à la rivière.

D. Savez-vous quelque chose de la conduite de Duval dans le complot.

R. Cela me coûte à dire, monsieur; il le faut cependant. Mme Combes me dit : Pourvu que ce pauvre Duval ne soit pas arrêté! Il y a des armes chez lui. Prevenez-le, il demeure rue St.-Jean-de-Beauvais. Je demandai s'il était père de famille, on me dit que oui : alors j'hésitai, je voulus prendre conseil, et je consultai en effet M. Yon. (Rires au barreau et dans l'auditoire.

Bray, avec impatience. — Je vais me retirer alors.

Le président. — Ces rires sont pleins d'inconvenance.

Me plocque. — Nous voudrions que le témoin s'expliquât sur la supposition faite par lui d'un personnage imaginaire, un sieur Henri dont il a vaguement parlé.

Le témoin. — J'avais parlé de M. Henri dans la supposition que l'on pourrait me faire des offres. Comme je voulais tout refuser, je supposais que je recevais du bien de ce Henri.

Me Plocque. — Cette réponse n'en est pas une assurément. Le témoin a proposé aux accusés de les aboucher avec M. Henri, qui formait lui-même un complot. Qu'il explique sa conduite en cette circonstance.

Le temoin. — C'était pour me débarrasser de ces messieurs. (Murmures d'étonnement et d'incrédulité).

Me Plocque. — C'est lui qui dans l'instruction dit qu'il a donné des rendez-vous dans les fossés de la place Louis XV et chez le marchand de vin de la rue de la Féronnerie. Il vient de révéler encore ici un rendez-vous au Puits d'Amour; dans quel but?

Le temoin, avec emportement. — Moi, je ne suis pas un homme d'esprit, un avocat; je ne suis qu'un vieux soldat, un bêta, je ne peux pas me défendre. (Rumeur.)

Me Plocque. — Lorsque le témoin a dit : Vous avez eu tort de jeter à l'eau le baril, puisque j'avais quelqu'un pour le recevoir, quel était son but, son motif?

Le temoin. — Ah ! c'est que j'avais *fièrement* la consigne de ne rien laisser faire. (Rumeur.)

Me Plocque. — Qui avait donné cette consigne qu'il avait fièrement?

R. Au ministère, on me disait d'aller : j'allais moi.

Me Plocque. —Il suit des dépositions mêmes du témoin qu'il a constamment cherché à renouer le complot; c'est un fait acquis à la défense désormais.

Me Joly.—Le véritable but du témoin n'était-il pas, comme il l'a dit dans l'instruction, en donnant ces rendez-vous, d'arriver enfin à se nantir du baril, qu'on ne voulait plus représenter?

R. Oui; il fallait que j'obéisse.

Le président. — La consigne était d'empêcher l'affaire et de saisir le baril.

Le témoin.—J'aurais pu trouver M. Henri, ça n'est pas difficile à Paris; Combes m'avait dit : Amenez Henri, je lui remettrai le baril.

Me Joly. — Il y a une réponse. Le véritable Henri était connu; Bray l'avait adressé à Combes pour avoir du travail.

R. Ce que monsieur dit est faux. (Rumeur au banc du barreau.)

Me Plocque. — Le but de Bray était de se procurer le baril. C'était sa consigne, dit-il, au ministère. Délont lui avait dit, selon lui : Amenez ce Henri, je lui remettrai le baril.

R. Oui; mais je n'ai pas pu fabriquer si vite un individu.

Me Plocque. — A quelle heure a eu lieu la réunion du 25? combien a-t-elle duré?

R. Je ne saurais préciser. Je ne suis resté qu'un quart d'heure; j'ai dit que je reviendrais à neuf heures, mais je ne suis pas revenu, j'avais peur d'être arrêté avec eux; je n'étais pas en mesure. (Sensation.)

Me Plocque.—Dans l'instruction, vous avez dit une fois que vous étiez venu à six heures, une autre fois à huit.

Bray, avec emportement. — Allons! tenez, je vais vous dire la vérité! tant pis : écoutez! Le soir, je dis à madame Chaveau je m'en vais, je ne suis pas habitué à rentrer tard, ça inquiéterait ma femme. Ecoutez, me dit-elle, faites mieux, prenez mes vieux socques, vous direz à votre femme que c'est pour quelqu'un qui part à la campagne, et elle ne dira rien en vous voyant partir de grand matin. Je suis revenu le lendemain. C'était la veille à neuf heures qu'on s'était réuni six ou huit.

Me Plocque. — Ces paroles ne nous expliquent rien.

Un membre du jury, à Bray. — Vous devez donner des éclaircissemens à la justice.

Le président. — La police de l'audience appartient au président. Il n'est pas étonnant que le témoin soit ému; les témoins doivent être sequestrés, aux termes de la loi, jusqu'à la fin des débats; cette mesure était praticable sans doute avant l'invention de l'imprimerie, mais un homme qui lit les journaux, qui sait ce qui s'est passé aux deux audiences précédentes, peut paraître devant vous avec émotion.

Me Plocque. — M. le président, le droit sacré de la défense, et la position des accusés, que nous croyons innocens, nous, dans notre conviction, nous imposent le devoir de presser le témoin de questions pour faire ressortir la vérité. Je demanderai au témoin, qui dit avoir tenté de détourner Castaing du complot, qui a hésité à livrer Duval à la justice, pourquoi il n'a donné aucun conseil à Gabriel Chaveau, et ne lui a fait part d'aucune réflexion propre à l'amener à résipiscence?

R. J'ai craint de jeter du louche sur ma conduite, et j'ai voulu avant tout consulter M. le baron de Brederbach.

Me Plocque. — Je demanderai à Bray s'il a servi en Espagne.

R. Oui.

D. Charles Chaveau lui a-t-il fait part de son dessein d'aller en Espagne?

R. Non, monsieur.

D. Charles Chaveau lui a-t-il montré des armes avant le 26 juin?

R. Non.

Me Plocque. — Bray n'a-t-il pas parlé d'une hache appartenant à Mme Chaveau?

R. Je ne voulais pas en parler. J'ai vu cette hache, elle ressemblait à celles des sabotiers. Cela m'a fait mal; elle la tenait à la main et indiquait à ses enfans la manière d'ouvrir la portière du roi.

D. Quand on a saisi chez le témoin les armes, n'a-t-il pas dit que comme ancien militaire il aimait avoir des armes, et qu'il en achetait chez les brocanteurs quand il en trouvait?

R. Oui, je l'ai dit.

D. Quand il a, le 26 au matin, porté les pistolets à M. de Brederbach, les a-t-il déchargés, a-t-il ôté les couvre-feu?

R. Oui, je me le rappelle positivement.

M⁰ PLOCQUE. — Eh bien! dans le cabinet du juge d'instruction, il a déclaré ne pas se rappeler les avoir déchargés; devant M. de Brederbach il ne se l'est pas rappelé davantage : la mémoire lui est tout à coup revenue à l'audience.

Mᵉ BRIQUET. — Le témoin Bray a dit que lorsqu'il a voulu, avant de signaler Duval, prendre des conseils, il s'est adressé à M. Yon. Quel est ce M. Yon; que lui a demandé le témoin?

BRAY. — M. Yon était à la préfecture!...

LE PRESIDENT, l'interrompant. — M. Yon est un officier de paix.

Mᵉ BRIQUET. — Très bien alors!

LE TÉMOIN. — Je dis à M. Yon : voilà mon embarras : il me conduisit dans un bureau, là on a écrit, et voilà tout.

Mᵉ BRIQUET. — Le témoin connaît-il Huillery?

R. Je l'ai vu trois fois. La première fois, il ne m'a pas vu; la seconde, nous avons pris un petit *canon*, rue de l'Abbaye; il ne m'a rien dit; la troisième, il est venu chez moi avec G. Chaveau, on a fumé la pipe comme des amis, et l'on n'a parlé de rien.

Mᵉ BRIQUET. — Lorsque le témoin vit Huillery chez ce marchand de vin, rue de l'Abbaye, le procès d'avril n'était-il pas commencé?

R. Oui.

D. Ne fut-il pas question d'un projet d'enlèvement des accusés d'avril, d'une société secrète?

R. Non.

HUILLERY. — Je vais rapporter ses propres paroles; peut-être cela rendra-t-il la mémoire à Bray. Il me dit : « Ne pourriez-vous pas me faire affilier à une société secrète, moi, ainsi qu'un capitaine de mes amis: nous désirerions tous deux n'être pas connus, ajouta-t-il. »

BRAY, avec emportement. — C'est une fausseté! Huillery, vous êtes un imposteur! (Mouvement aux bancs du jury.)

HUILLERY, avec calme. — M. Bray est ancien militaire; on a énuméré ici ses honorables services; on a parlé de ses antécédens. Je ne lui ferai qu'une question : A-t-il déserté avec armes et bagages, oui ou non?

R. Jamais !

Huillery. — N'est-ce pas à Thivars, près de Chartres, qu'il a ainsi déserté ?

Le procureur-général — J'ai ici l'état de service de Bray ; il en résulte qu'il est parti le 14 juillet 1807, il a été, il est vrai, poursuivi pour cas de désertion, le 16 novembre 1807 ; mais il a été acquitté le 14 mars 1808 et renvoyé à son corps. En 1813, il a été nommé brigadier, et bientôt après maréchal-des-logis. Enfin, il a été congédié le 27 juillet 1814.

(Le procureur-général donne lecture du détail des services, campagnes et blessures de Bray.)

Huillery. — Ce que je dis, je le tiens de sa bouche même. Le cheval a été par lui vendu dans un village à côté d'Arpajou. Il a été acheté par un paysan qui lui dit : Vos chevaux vont être pris, autant les vendre.

Bray. — Tout cela n'est que menteries, suppositions et bassesses.

Un juré. — Le témoin peut-il dire quelles étaient ses relations avec M. Yon, à qui il a demandé des conseils ; à quand remontait leur connaissance ?

Je ne le connais que depuis cette affaire-là. J'avais fait une paire de socques pour madame Yon, et c'est ainsi que j'ai su qu'il était employé à la police. (Après quelque hésitation) je suis très-troublé, je n'ai jamais paru en public.

Le président. — Messieurs les jurés sont ici pour prononcer sur le sort des accusés ; vous devez les éclairer, et leurs questions ne doivent ce me semble, vous troubler nullement.

Un jure. — Le témoin connaissait-il M. Yon avant le 25 juin ?

R. Depuis que j'ai vendu des socques à son épouse.

Le jure. — Etait-ce avant le 25 juin ? Le temps n'est pas considérable de ce jour au 10 juillet, où vous avez été lui demander conseil.

R. Je le connaissais avant.

Le jure. — Pourquoi vous êtes-vous adressé à M. Brederbach de préférence ?

R. Je le connaissais mieux ; j'avais entière confiance en ses avis.

Un autre juré. Après avoir reçu vos confidences, MM. de Brederbach et Cerclet vous ont-ils conduit à la préfecture de police ou au ministère.

Bray. — Au ministère de l'intérieur. C'est au sous-secrétaire d'état, M. Gasparin, je crois, que j'ai parlé.

Le président. — Le témoin peut aller s'asseoir.

Tous les accusés se levant par un mouvement spontané. — Oh ! non pas ! non pas encore !

Le président. — Si les questions que l'on veut adresser au témoin doivent être de peu d'étendue, je continuerai l'interrogatoire, s'il en est autrement, je serai contraint de le suspendre. Je ne me sens pas la force de poursuivre long-temps sur ce ton un débat aussi animé.

Me Joly. — Pour ma part, et dans l'intérêt de Combes, j'ai de nombreuses questions à adresser au témoin.

Le président. — Alors, suspendons l'audience pour la reprendre demain.

Il est quatre heures et demie, l'audience est renvoyée à demain dix heures.

⸺━◈━⸺

QUATRIÈME AUDIENCE. — 31 MARS.

A dix heures, les accusés sont introduits; les frères Chaveau s'entretiennent avec leurs défenseurs, et une conversation animée s'engage entre Hubert, Leroy, Duval et Boireau.

A dix heures et demie, la cour entre en séance et l'audience est reprise.

Me Massot. — M. le président, l'accusé Boireau aurait une explication à donner.

Le président. — Il semble assez extraordinaire que l'accusé ne prenne pas la parole lui-même, et charge son défenseur de présenter pour lui son observation.

Me Massot. — Il désire la présenter lui-même, au contraire, et me charge de vous demander pour lui la parole.

Boireau. — C'est pour une explication que j'éprouve le besoin de donner. Avant-hier, sur une observation qui m'a été faite, j'ai répondu que cela ne me faisait rien. Il s'agissait d'un de messieurs les jurés qui a eu le malheur de perdre son père dans le funeste attentat qui a donné la mort à tant de victimes. Cette parole m'est échappée, et cependant je regrette plus que personne les malheureuses victimes qui ont succombé dans l'horrible attentat du 28 juillet; mais c'est sur Fieschi seul qu'en doit retomber l'horreur. Je ne suis pas, je n'ai jamais été le complice de Fieschi; et c'est pour exprimer mon regret d'avoir prononcé les paroles que je rappelle, que j'ai demandé à donner cette explication.

Le président. — C'est avec plaisir que nous entendons la première partie de ce que vous venez de dire, mais vous n'avez pas le droit de protester contre le jugement rendu. Il constate à la fois le fait et l'intention. Vous êtes reconnu coupable, et si nous approuvons le sentiment qui vous porte à rétracter ce qu'ont eu d'inconvenant vos paroles, nous ne pouvons souffrir que vous protestiez contre un jugement rendu.

L'audiencier appelle le témoin Bray, qui s'avance plus pâle qu'hier, et se place en face de MM. les jurés, les bras croisés sur la poitrine et le dos tourné au banc des accusés.

Le président. — Bray, vous avez dû réfléchir cette nuit. Quoique votre position soit fâcheuse, puisque vous avez à répondre aux questions qu'aux termes de la loi les défenseurs ont le droit de vous adresser, vous ne devez éprouver aucun trouble. De votre côté, vous avez un droit, c'est celui de n'être pas offensé : aucun avocat assurément ne vous a adressé une parole blessante; et les accusés, guidés par les sages conseils de la défense, se sont abstenus de toute interpellation. Quant à MM. les jurés, leur position et leurs droits sont ici les mêmes que les nôtres; vous devez donc être pleinement rassuré, et répondre clairement et avec tranquillité.

Me Virmaitre. — Je demanderai au témoin Bray quel jour, et à quelle heure il a rencontré la femme Combes?

Bray. — Le jour même de l'arrestation de son mari.

Le président. — Dites à quelle heure.

Bray. — Le matin.

Me Virmaitre. — Hier, le témoin a déclaré que la femme Combes lui avait dit : «Hier, mon mari a été arrêté.» Je demanderai maintenant à quelle heure il a été prévenir la police, ou du moins parler à M. Yon.

Bray. —Deux heures après, environ.

Me Virmaitre. —Que lui a dit madame Combes, relativement à Duval ?

Bray.—Elle a dit : « Ah! mon dieu, ce pauvre Duval, il a des armes chez lui, vous devriez bien aller le prévenir. » Moi, j'étais bien embarrassé, j'aurais été presque tenté de l'avertir; mais c'était mon devoir de ne pas le faire.

Me Virmaitre.—Cette réponse n'est pas satisfaisante. Si madame Combes n'a dit que cela, Bray ne savait pas l'adresse de Duval ; il ne la connaissait pas , et ne pouvait l'aller prévenir.

Bray.—Elle me dit : « C'est le second perruquier, rue Saint-Jean-de-Beauvais, n. 31 ou 35, je crois.

Me Virmaitre.—Existe-t-il quelque acte qui constate la visite faite par Bray à M. Yon?

Bray.—On a écrit sur un papier, puis on a dit : « Voilà l'affaire.»

Le président.—Savez-vous qui écrivit ?

Bray.—Un nommé M. Joly, je crois.

Me Virmaitre. —Le papier en question était-il rédigé d'avance, ou a-t-il fallu l'écrire ?

Bray.—Ma foi ! je ne sais pas.

Me Virmaitre. — Bray avait-il entendu signaler Duval, comme faisant partie du complot ?

Bray. — Non, jamais, j'entendais Mme Combes en parler pour la première fois.

Me Virmaitre. — Il a dit hier qu'il avait hésité, il a témoigné de l'intérêt pour Duval; qu'il dise quel sentiment le portait, s'il en était ainsi, à aller prévenir la police ?

Le président. — Il vous l'a dit, il avait à remplir un devoir.

Me Rittier. — J'adresserai une seule question au témoin. Lorsque Chaveau lui a parlé du projet d'assassinat, lui a-t-il dit le nom de la société qui le machinait; lui a-t-il donné quelques renseignemens sur sa formation , son personnel?

Bray. — Il m'a parlé de quinze ou vingt individus, mais n'a pas donné de nom particulier à cette espèce d'association,

Mᵉ Rittier. — Quand devait-on se réunir chez Chaveau ?

Bray. — C'était le soir à neuf heures qu'on devait se réunir pour se reconnaître de figure ; mais je ne m'y suis pas trouvé, comme je l'ai dit déjà.

Mᵉ Rittier. — A-t-il entendu jamais nommer Husson ou Leroy comme faisant partie du complot ?

Bray. — Ni l'un ni l'autre.

Mᵉ Moulin. — Le 23 septembre dernier, trois mois après l'époque de ses révélations , trois mois après l'arrestation des paincipaux accusés, lorsque le commissaire de police se transporta chez Bray, il y trouva deux paires de pistolets cachés avec soin. Je demanderai pourquoi Bray avait caché ces armes ?

Bray. — C'était dans la crainte de quelque malheur.

Mᵒ Moulin, — Vous nous avez déclaré hier que vous les aviez déchargés. (Sensation.) Après avoir trouvé ces armes le commissaire de police demande pourquoi ces armes sont là ; Bray répond si vaguement, d'une manière si peu satisfaisante, que le commissaire consigne au procès-verbal qu'il lui est tout-à-fait impossible de lui faire subir un interrogatoire.

Bray. — Je ne me rappelle pas avoir été embarrassé. Je ne pouvais pas dire allez là, cherchez là. Je les ai laissé chercher et quand on les a trouvées, et qu'on m'a dit ce sont des armes, qu'en faites-vous ? j'ai répondu que, comme ancien militaire, j'achetais des armes en mauvais état, et que je les réparais ensuite pour les vendre.

Le président. — Pourquoi n'avez-vous pas dit la vérité qu'on vous les avait remises pour un complot , et que vous aviez prévenu l'autorité ? Cela était bien moins vague.

Mᵉ Moulin. — Sa réponse non-seulement était vague, mais mensongère. Messieurs les jurés l'apprécieront. Je passe dès ce moment à une autre question. Bray a déclaré hier qu'on lu avait formellement recommandé d'empêcher que l'affaire ne se renouât. Pourquoi donc alors, dans les premiers jours de juillet, a-t-il lui-même indiqué un rendez-vous dans les fossés de la place Louis XV ?

Bray. — En effet, c'est moi qui ai donné le rendez-vous là, parce que c'était plus près de chez moi, et que j'étais obligé de travailler.

Le président. — Je vais préciser le but de la question, moi qui ne cherche pas d'énigmes...

Mᵉ Moulin. — Personne n'en cherche, M. le président.

Le président. — N'était-ce pas dans l'espérance de parvenir à mettre la main sur le baril que vous donniez ce rendez-vous?

Bray. — Eh bien ! oui..

Mᵉ Moulin. — En 1818, Bray n'at-til pas été attaché à la police? En d'autres termes, n'a-t-il pas, durant le ministère de M. Decazes, fait un voyage par suite d'une mission en compagnie d'un agent dont je dirai le nom si Bray le désire.

Bray. — Je suis marié depuis 1817, et n'ai jamais quitté mon ménage depuis cette époque.

Mᵉ Moulin.—L'agent se nomme Frenot.

Bray.—Jamais je n'ai connu personne de ce nom.

Mᵉ Moulin. — Je demande formellement que cet agent soit entendu. Il est, je crois, encore attaché à la police.

Le président.— Nous ferons notre possible.

Me Moulin. —Je réussirai à me procurer son adresse, et on l'entendra.

Mᵉ Marie.—J'aurai quelques questions à faire : mais je désirerais qu'avant, l'accusé Delont adressât une observation lui-même.

Delont.—Hier en parlant à Bray, M. le président lui a dit de se tourner du côté de MM. les jurés et non pas du côté des accusés, de peur de causer de l'irritation. Il n'y a à craindre aucune irritation de notre part. Je proteste contre le témoignage de Bray, mais sans colère, quoiqu'il soit faux.

Mᵉ Marie. — Delont veut dire qu'il n'a jamais vu Bray.

Delont. — Oui. Demandez-lui donc d'où et comment il me connaît? Je ne l'ai jamais vu.

Bray (toujours le dos tourné au banc des accusés, répond sans regarder Delont). — Je vous ai vu la première fois chez Combes; une autre fois chez le marchand de vin, rue de Rivoli, et à la barrière Blanche, où vous aviez donné rendez-vous.

Mᵉ Marie.—Bray a dit hier que c'était lui qui avait donné le rendez-vous.

Le président. — Il n'a pas dit cela.

Mᵉ Plocque. — J'ai même constaté ce fait par quatre questions.

Me MARIE.—Hier seulement il a désigné Delont sous le nom du père Gérard ; dans l'instruction , si longue et si minutieuse, il n'a pas prononcé ce nom.

BRAY. — Je n'y ai pensé qu'hier. Il y avait bien d'autres so-briquets, ma foi! On appelait Gabriel Chaveau, Christophe l'Effilé, et je ne l'ai pas dit non plus dans l'instruction.

Me MARIE.—Comment se fait-il que jamais Bray n'ait parlé à M. Brederbach ni du baril , ni du projet de le jeter dans la voiture du roi.

BRAY (avec hésitation).—Je ne lui parlais pas du tout.

DELONT. —Bray dit qu'il m'a vu chez un marchand de vins. Jamais je ne vais chez les marchands de vins , et , bien plus , jamais je ne bois de vin. On peut s'en assurer à la Force.

Me PLOCQUE. — Quand, pour la première fois , Bray a-t-il entendu parler du rendez-vous du 26 à midi?

BRAY. — Le 25 au soir.

Me PLOCQUE. — Combien , dans son idée, de personnes étaient engagées dans le complot?

LE PRESIDENT. — Il a dit 15 ou 20.

Me PLOCQUE. — M le Président voudrait-il bien faire rappeler le portier pour lui demander s'il a vu venir Bray , le 26 à huit heures du matin , chez madame Chaveau?

VASSELART , rappelé , déclare que Bray n'est pas venu le 26, il ne l'a même jamais vu venir; ma femme, au reste, était ce jour-là à la maison , dit-il en terminant, car , moi, je suis sorti de bon matin.

LA femme VASSELART , rappelée , assure être sortie le 26 à six heures du matin , et n'est rentrée que le soir.

MARTIN (du Nord.) — C'était une porte bien mal gardée : le mari sort de son côté, et la femme est absente tout le jour.

LE PRESIDENT. — Cela rentre dans la catégorie générale (Hilarité.)

Me JOLY. — Bray nous a déclaré hier que le 26 juin, après avoir été le matin chercher les armes, après les avoir portées chez M. Brederbach, et avoir fait au ministère de l'intérieur ses ré-vélations, il s'est rendu à cinq heures sur le quai d'Orsay, où les conjurés attendaient des ordres. C'était toujours, selon lui,

Combes qui devait les donner. Comment se fait-il que pour la première fois, hier, il ait dévoilé cette circonstance ?

R. Quand j'ai été sur le quai d'Orsay il était de quatre à cinq heures ; on devait là, se trouver tous armés. Personne ne s'y trouvait rendu. C'est alors que j'ai vu Gabriel Chaveau arriver. Quant à Combes, je ne le connaissais pas le 26, je ne l'ai connu que lorsqu'il a été question du baril.

D. Bray a dit positivement hier que l'on attendait des ordres, et que c'était Combes qui devait les donner.

R. Si je l'ai dit, j'aurai fait erreur. (Sensation.)

D. Bien. Alors je lui demanderai qui lui a ouvert la porte lorsqu'il s'est présenté chez Combes ?

R. Combes était sur le carré ; il était en chemise.

D. Combien de fois a-t-il vu Prugues, le tailleur ?

R. Deux fois au plus : la première fois, Castaing et sa femme me dirent qu'ils lui avaient remis des armes, alors j'allai les chercher.

LE PRESIDENT. — Précisez la date : déjà Combes était-il arrêté ?

R. Oui, je crois.

Me JOLY. — La deuxième fois, n'est-ce pas en allant l'avertir de se mettre en garde contre la police ?

R. Oui, je ne l'ai pas vu depuis.

D. Je constate ce point qu'il ne connaissait Prugues que pour l'avoir vu une fois lorsqu'il a été chez lui le prévenir de se mettre en garde contre la police. Eh bien ! comment à l'égard de Prugues, cette délicatesse lui prit-elle, tandis qu'il perdait Duval en le signalant à la police ?

R. S'il m'avait été aussi facile de retirer les armes de chez Duval que de chez Prugues, il ne serait pas assurément ici.

LE PRESIDENT. — Quelle difficulté y avait-il donc ? Cette confidence faite au sujet de Duval par la femme Combes vous mettait à portée de l'aller prévenir.

R. J'avais un devoir à remplir ; cela me coûtait, mais enfin il le fallait.

UN JURE. — Qui lui inspirait tant de sécurité à lui témoin ? Il savait que Duval était compromis par le seul fait d'avoir des armes chez lui, et lui, il en emportait, il en gardait à son domicile.

R. Comme j'étais chargé de surveiller l'affaire, j'étais bien persuadé que pour moi il n'y avait pas de danger.

Me Joly. — Pourquoi les cacher alors derrière de la poterie, pourquoi surtout leur assigner une origine mensongère?

R. Je ne les cachais pas, elles étaient dans mon armoire.

Me Joly. — Je lis dans le procès-verbal du commissaire de police, que les armes se sont trouvées cachées derrière de la poterie. Passons à un autre point. Au dire de Bray, Castaing s'est trouvé chez le marchand de vin, rue de Rivoli, et on a parlé devant lui ouvertement, sans contrainte. Postérieurement, il a été chercher chez Castaing des pisto'ets qui y étaient déposés; c'est alors que la femme Castaing l'a envoyé les chercher chez Prugues. Comment, dans son esprit, après qu'il avait entendu tout dire devant lui, après surtout s'être assuré que des armes devant servir au complot étaient en sa possession, a-t-il pu le trouver tellement intéressant, qu'il ait pris des précautions pour le sauver du danger et l'empêcher d'être compromis dans le complot dont il le savait complice.

Bray. — Jamais je n'ai rien entendu sortir de la bouche de Castaing. Il m'a dit une fois : « Jamais je ne me mettrai à la tête de rien; mais si une fois la chose était commencée, je ferais comme les autres. » Chez le marchand de vin, il n'a été question de rien.

Le président. — Bray, quelle était votre opinion sur la situation de Castaing dans cette affaire; le regardez-vous comme un complice ou comme un homme qui n'avait pas l'audace, la méchanceté d'y prendre part?

Bray. — Oui, voilà ce que j'ai pensé.

Me Joly. — Bien, pour la conversation chez le marchand de vin; mais quand il a su que Castaing avait des armes, il a dû voir en lui autre chose qu'un homme inoffensif.

Bray. — Je ne savais pas qu'ils eussent des armes; j'ai connu madame Castaing parce qu'elle se trouvait avec madame Combes lorsque je demandai à voir Gabriel Chaveau, et qu'elle me dit : il est chez nous.

Me Joly. — N'avez-vous pas porté un vieux pantalon chez Castaing, sous prétexte de le faire raccommoder.

Bray. — Oui, je l'avais porté chez Combes; il était arrêté, et n'a pas pu le faire.

Me JOLY. — Pourquoi donc n'a-t-il pas été le chercher, ce pantalon?

BRAY. — Je n'y suis plus retourné, j'étais bien tranquille.

LE PRÉSIDENT. — N'était-ce pas un moyen de vous présenter chez Combes d'abord, plus tard chez Castaing, pour suivre les traces de Chaveau?

BRAY. — Oui, M. le président, c'est cela.

Me JOLY. — Toutes les armes ne se bornaient pas à des pistolets. Bray n'a-t-il pas apporté lui-même un fusil-canne, à piston? Ne l'a-t-il pas montré devant l'ouvrier Marlin?

BRAY. — Oui, le fait est vrai.

Me JOLY. — N'a-t-il pas placé lui-même une capsule, et engagé madame Combes à lâcher la détente?

R. Oui.

Me JOLY. — N'a-t-il pas proposé à Combes de lui apporter douze cannes-fusils semblables?

BRAY. — Non; je n'ai jamais eu que celle-là, et n'en ai pas pu proposer d'autres.

Me JOLY. — Bray n'a-t-il pas demandé à Combes de lui donner l'adresse de tous ceux de ses amis qui pouvaient avoir des armes en mauvais état, s'offrant pour les raccommoder.

BRAY. — Non, jamais; je ne suis pas armurier.

Me JOLY. — Lorsque Bray a fait demander Combes par le garçon marchand de vins, et que sa femme est descendue, n'a-t-il pas manifesté de l'effroi; disant : ne restez pas avec moi, je vais être compromis.

BRAY. — Non, jamais.

Me JOLY. — N'a-t-il pas demandé à voir le mandat d'arrestation de Combes, et n'a-t-il pas manifesté beaucoup de joie de ne pas y voir son nom?

BRAY. — Ma foi oui, j'étais content de ne pas y être.

LE PRÉSIDENT. — Mais vous aviez révélé le complot au ministère de l'intérieur, vous ne deviez donc avoir aucune crainte. Vous deviez compter sur l'autorité, et être bien certain d'être relâché dans les vingt-quatre heures, si vous étiez arrêté par erreur.

BRAY. — Je n'étais pas sûr de n'y rester que vingt-quatre heures.

Me JOLY. — Pourquoi, s'il n'a pas proposé de céder des cannes-fusils à Combes, et en a-t-il apporté une chez lui?

BRAY. — Elle appartient à M. de Brederbach, il me l'avait donnée pour la faire raccommoder. Je revenais de chez l'ouvrier, qui demeure rue Guérin-Boisseau.

MARTIN (du Nord.) — Savez-vous le nom de cet ouvrier?

BRAY. — Il s'appelle Félix Géfrier.

Me JOLY. — Le lendemain de l'arrestation de Combes, Bray n'est-il pas venu trouver sa femme pour lui demander l'adresse de tous les amis de son mari, afin, disait-il, de prévenir ceux qui auraient quelque chose à craindre.

R. Non.

Me PLOCQUE. — M. le sous-secrétaire d'état, Gasparin, M. de Brederbach, M. Cerclet lui avaient recommandé le plus profond silence. Pourquoi donc s'est-il, voulant des conseils, adressé à M. Yon, au lieu d'aller trouver ces messieurs?

BRAY. — C'est peut-être une faute que j'ai faite; mais je n'en avais pas l'intention.

MARTIN (du Nord). — Accusé Combes, quels ont été vos rapports avec Bray?

COMBES. — Bray a dit n'être venu que deux ou trois jours après que Charles Chaveau avait été arrêté; j'ai rappelé mes souvenirs à ce sujet. Il est en effet venu le 29. Il s'est adressé au quatrième, dit-il; je l'ignore. Enfin il est entré chez moi. J'étais à travailler. Il a demandé M. Chaveau; ils se sont vus tout de suite, car il était là. Ils ont causé ensemble. Après son départ, Chaveau me dit même qu'il lui avait donné une pièce de 5 fr. pour donner à son frère et à sa mère. Il ne pouvait mieux faire pour le moment. Trois jours après, Bray est revenu; il apportait une redingote pour la faire arranger pour son fils. Je ne m'en souciais pas, mais je ne dis rien par politesse. Il la laissa et s'assit. Il se mit alors à me parler du procès d'avril. Le procès d'avril, il est sur mon établi, lui dis-je. Il me questionna sur mes opinions; je lui dis que je n'avais pas à me plaindre, et que je ne m'occupais pas de politique. Moi, je suis un ancien hussard, me dit-il: il n'y a pas d'homme qui ait souffert autant que moi. Je suis en butte à toute sorte de persécutions; chaque jour on prodigue l'insulte à moi et à ma femme qui est une marchande de fruits. On lui renverse ses paniers, on la chasse de sa place; enfin, il n'y a pas d'homme qui haïsse autant que moi le gouvernement; mais il changera bientôt j'espère.—Ma foi, c'est toujours la même chose, lui répondis-je; l'un ou l'autre, on n'y gagne rien. Il me demanda ensuite si je lisais les journaux, je lui répondis : pas souvent, comme tout le monde. Il revint le lendemain, et c'est ce jour-là qu'il avait la canne-fusil , et qu'il en fit l'expérience. Il m'engagea à en acheter une douzaine. Ces cannes se vendent 60 fr., disait-il : je puis les donner à 5o fr., et en en plaçant chez vos pratiques, vous ferez une bonne affaire. Je refusai. Le surlendemain il revint et me demanda M. Chaveau. M. Chaveau n'y était pas; il resta peu de temps et revint le lendemain; M. Chaveau n'y était pas cette fois encore. A quelques jours de là on me fit demander de chez le marchand de vins. Cela m'étonna; je descendis cependant et fus tout étonné de trouver Bray. Je n'ai jamais été avec d'autres personnes que lui chez aucun marchand de vins. Il me dit qu'il avait fait partie des sociétés, et qu'ils étaient toujours une quarantaine affiliés ensemble. Il revint chez moi pour sa redingote, et me dit que je devrais bien prendre les boutons chez lui en passant, que ça lui procurerait le plaisir de me voir; enfin il cherchait de plus en plus à se lier. Je lui promis d'aller peut-être chez lui, pour me débarrasser de son insistance.

Bray qui s'est assis, répond, mais toujours sans se retourner. —Il y a de la vérité, il y a des mensonges. Vous en avez dit si long que je ne sais que répondre. Tout ce qui a rapport aux cannes-fusils et aux sociétés est entièrement faux. Je vous voyais comme un brave homme, un bon garçon, un père de famille, et j'ai été bien étonné quand vous m'avez donné deux pistolets et de la poudre.

Combes. — Ne m'a-t-il pas dit, M. Bray, au sujet de cette société, qu'il y avait à la tête un nommé Henri, ancien militaire, qui en avait été le chef, et que je ne serais pas fâché de faire sa connaissance. Je n'ai jamais voulu me mêler dans aucun temps aux sociétés; j'ai une femme et trois enfans, et je pense à eux bien autrement qu'à la politique. Je refusai donc; il insista, et me dit : Venez à la barrière, vous trouverez M. Henri, il vous donnera de l'ouvrage.

Le procureur-general. —A-t-il été question chez vous d'un complot?

Combes. —Jamais, si M. Chaveau m'avait parlé d'un complot, il ne serait pas resté vingt-quatre heures chez moi.

Le procureur-general. — Devant le juge d'instruction, il n'a pas été question de cette nouvelle circonstance que vous révélez, de la proposition de Bray de vous affilier à une société?

Combes. —Ma femme venait d'être arrêtée, j'ai trois pauvres petits enfans, elle nourrissait encore le dernier alors. J'étais si troublé que j'ai répondu machinalement aux questions du juge.

Le procureur-general. — Gabriel Chaveau, avez-vous vu Bray chez Combes?

G. Chaveau. —Oui, monsieur, une seule fois. Il n'est venu chez Combes que lorsque je lui eus fais remettre l'adresse; je l'ai vu chez Lacombe ensuite. Il m'apportait une blouse bleue et un bonnet de coton noir pour mieux me déguiser, disait-il. Demandez-lui si cela est vrai.

Bray (sans se retourner). —Oui, monsieur; j'attends le reste.

Chaveau. — Je le revis une autre fois, et nous parlâmes de l'arrestation de mon frère. Une autre fois, ce fut la dernière, j'allais prendre mon repas, il était environ deux heures; je le rencontrai, je lui dis que j'allais prendre quelque chose. Ah ! ça se trouve bien, répondit-il en m'accompagnant, nous mangerons un morceau ensemble. Il me conduisit aux Armes de France. Après un très simple repas, nous nous séparâmes. A peine l'avais-je quitté, deux personnes m'accostèrent en me disant : Nous avons ordre de vous arrêter. Je leur demandai l'exhibition de leur mandat; ils n'en avaient pas, et répondirent qu'on me le montrerait à la préfecture. Je consentis à marcher avec eux alors. J'ai marché volontairement de moi-même et sans résistance.

Le procureur-general. — Lui aviez-vous donné vous-même l'adresse de Combes ?

R. Je l'avais donnée à sa femme.

D. Vous étiez donc bien lié avec lui, que vous lui révéliez votre asile ?

Chaveau. — Oui, monsieur, très lié; je le regardais comme l'ami de la maison. J'allais lui apprendre l'arrestation de mon frère, de ma mère; je croyais qu'il prendrait part à ma douleur; j'ignorais qu'il en était l'unique cause. Nous étions intimement liés.

LE PROCUREUR-GÉNÉRAL. — Et, vous, Charles Chaveau, depuis quant aviez-vous vu Bray, au moment de votre arrestation?

C. CHAVEAU. — Il y avait six semaines, je lui avais parlé de mon projet d'aller en Espagne, en lui recommandant de n'en rien dire à ma mère.

GABRIEL CHAVEAU. — J'ai à adresser quelques interpellations à M Bray. Je voudrais qu'il dît s'il n'est pas vrai qu'il me fit la proposition de m'indiquer un endroit où étaient déposées des armes qu'il avait été chargé de réparer à l'époque où il était aux vetérans : c'était des fusils prussiens, russes.

BRAY.—Je n'ai nulle connaissance de ce dont parle M. Chaveau.

CHAVEAU.—Je vais expliquer l'endroit où ces armes étaient déposées, car il me l'a fait voir. Nous avions été chez un marchand de vieux cuivre, rue de l'Abbaye; il me conduisit au Luxembourg. En entrant dans le jardin, à gauche, il y a une sorte d'impasse dans lequel se trouve, ou se trouvait du moins alors, une petite maison qui n'est pas habitée. Il me montra les fenêtres et me fit remarquer que l'on peut y monter facilement à l'aide d'une échelle.

BRAY. — Le jour où nous avons été chez le marchand de vieux cuivre, nous avons été en effet au Luxembourg, à telles enseignes que le matin le roi passait la revue : il avait son chapeau gris; je ne le voyais pas. Le voilà, me dit Chaveau en l'indiquant. Ah! si j'étais près de lui!

CHAVEAU. — Vous rappelez-vous la circonstance, puisque vous vous rappelez si bien l'époque?

BRAY. — Cela n'est pas; j'aurais voulu que vous ne vinssiez jamais chez moi.

LE PROCUREUR-GÉNÉRAL.—Chaveau vous a-t-il dit pourquoi il vous proposait de vous emparer de ces armes? Vous a-t-il proposé un complot, une tentative?

CHAVEAU —Il me dit que cela ferait bien l'affaire d'une société ; car il faut un changement, ajouta-t-il : et s'il arrivait quelque chose, j'y conduirais moi-même le peuple.

Bray.—Cela est faux.

Chaveau. — Bray se rappelle-t-il m'avoir montré une canne-fusil ?

Bray.—C'est la même que j'ai plus tard montrée à M. Combes. Je l'avais moi-même vendue à M. de Breiderbach.

Me Joly.—Comment, vendue! vous disiez tout à l'heure raccommodée.

Bray.—Je l'ai vendue avant ; puis elle a eu besoin de réparations, et M. Breiderbach me l'a remise pour la faire raccommoder.

Me Joly. — D'où la tenait-il lui-même, cette canne qu'il a vendue?

Bray. —Je l'avais achetée à Géfrier, cet ouvrier en socques dont j'ai parlé tout à l'heure.

Chaveau. — Bray m'a dit qu'il faisait partie d'une société dont le nommé Henri était chef; il a ajouté que chacun des membres, et ils étaient quarante, tous anciens militaires, était armé d'une canne semblable à la sienne, et qu'avec ces armes, si faciles à soustraire aux regards, on pouvait s'emparer des Tuileries.

Bray. — Ah! voilà où on en voulait venir. Monsieur m'a parlé en effet d'un projet de s'emparer des Tuileries au moment du conseil des ministres, et de les assassiner tous. Je regardai cela comme des propos de jeune homme, comme des contes, je n'aurais jamais cru que çà en viendrait là.

Chaveau. — Hier, Bray a déclaré ici que jamais je ne lui avais parlé d'aucun complot.

Bray. — Je ne regardais pas comme un complot les propos d'un cerveau brûlé.

Me Plocque. — Dans l'instruction il a dit : Lorsque Chaveau m'avait proposé de prendre part à un projet de révolte; je lui avais répondu qu'il pouvait compter sur moi *comme ancien militaire* et non *comme homme politique.*

Bray. — J'ai répondu vaguement. Je ne voulais pas dire que je prendrais part à un crime; je me disais ancien militaire.

Le président. — Qu'entendiez-vous dire enfin ?

Bray. — J'ai dit çà........ ça m'est échappé dans le moment.

Le président. — Le 25 juin vous auriez pu comprendre par ce mot homme politique, un homme qui trempe dans un assassinat contre la personne du roi; mais c'est antérieurement que vous l'avez dit. Vouliez-vous dire qu'en cas de troubles on pouvait compter sur votre bras?

Bray. — Je ne l'ai pas dit avec l'intention d'exciter M. Chaveau, j'ai dit cela en l'air.

Martin (du Nord). —Chaveau, quel intérêt avez-vous à établir une discussion sur une réponse qui aurait été faite par Bray, puisque vous assurez n'avoir pas fait la proposition qui aurait amené cette réponse.

Me Plocque. — La réponse est consignée dans l'instruction, c'est à Bray à en expliquer le sens.

Le témoin Bray garde le silence et un débat assez vif s'engage entre le président et les défenseurs, qui s'efforcent vainement de le faire expliquer d'une manière catégorique.

Combes. — M. Bray prétend que j'ai fait partie d'un complot. Il vint chez moi quelques jours avant mon arrestation; il s'assit, et recommença ses plaintes contre le gouvernement, disant : « je suis criblé de blessures, et voyez comme on me traite. » Il me dit d'un air hypocrite, j'en ai dès le moment fait l'observation à ma femme. « Vous faites le plus joli ménage de Paris, je vous demanderai la permission d'être un de vos amis; et d'autres choses semblables.

Le président. — Tout cela n'a pas grand rapport à l'affaire.

Me Joly. — Si : cela prouve que Bray jouait un double rôle. Il flatte Combes, cherche à capter son amitié et bientôt le signale à la police.

Bray. — Je ne me rappelle pas cette circonstance.

Le président. — Témoin Bray, allez vous asseoir.

G. Chaveau. — Permettez, je n'ai à faire qu'une question. Bray n'avait-il pas en sa possession un tire-point?

Bray. — Oui, monsieur, le voilà (Il tire vivement de sa poche un tire-point aigu et fortement emmanché, et le jette sur la table des pièces à conviction). Je m'attendais à me le voir demander. (Mouvement.)

G. Chaveau. — Il me le montra en disant : « J'en veux au ministre de la guerre; on méconnait mes services; je n'ai pas de solde de retraite, je me vengerai ; j'ai déjà porté cette arme en juillet : elle me servira quelque jour. »

BRAY. — Jamais je n'ai dit cela. Je ne me suis mêlé de rien aux journées de juillet, et cet instrument ne m'a jamais servi qu'à gratter du cuivre·

LE PRESIDENT. — Dans quel but avez-vous apporté cet insment à l'audience ?

BRAY. — C'est une idée ; j'étais sûr que M. Chaveau ne manquerait pas d'en parler.

Mᵉ Plocque demande que le tire-point soit saisi et joint aux pièces de conviction.

Mᵉ JOLY. — Le témoin, qui était mécontent du gouvernement, et dont on méconnaissait les services, n'a-t-il pas dit depuis que le procès est commencé, qu'il était certain d'avoir bientôt une bonne place ?

BRAY. — Je ne crois pas. — (Rumeur.)

Mᵉ JOLY. — Il l'a dit dans une maison où il allait chercher de l'ouvrage. Voici ses propres expressions : « Dépêchez-vous : dans une quinzaine de jours, j'aurai une bonne place. » (Sensation.)

BRAY. — Il m'est arrivé souvent, en demandant de l'ouvrage, de dire que j'allais être placé ; c'était alors pour qu'on ne différât pas de me faire la commande.

Mᵉ JOLY. — N'est-ce pas chez M. Ismaël, fabricant de cordes, rue Saint-Martin, que ce propos a été tenu, il y a environ quinze jours ?

BRAY. — Oui, je me le rappelle. Je lui demandais à faire des crampons ; il ne se décidait pas. J'ai dit : « Dépêchez-vous, si vous avez l'intention de m'en commander, car je vais avoir une place. »

UN JURÉ. — Quelle place espériez-vous ?

BRAY. — Aucune, c'était pour le stimuler.

LE PRESIDENT. — Avez-vous demandé quelque place ?

BRAY. — J'ai fait une pétition il y a long-temps, je demandais à être employé sur le canal ; ça n'a pas eu de suite.

LE PRESIDENT. — Il ne serait pas surprenant que vous eussiez demandé une place ; peut-être même y avez-vous des droits comme ancien militaire, mais il faudrait le dire. Depuis le 26 juillet, avez-vous fait une pétition au ministre de l'intérieur ou à tout autre ?

M⁰ JOLY. — Il a demandé une place aux Invalides.

BRAY. — Oui, j'ai dit que je voudrais entrer à l'Hôtel-des-Invalides. J'étais aux vétérans, c'est là mon desir, et je disais : Je n'aurai jamais assez de service pour entrer à l'Hôtel.

G. CHAVEAU. — Dans ses confidences, il m'a parlé du chef de la société dont il faisait partie, un ancien militaire, qui, par parenthèse, avait été sauvage à Belleville. (Mouvement de curiosité.)

BRAY. — Non, monsieur, je n'ai jamais connu de sauvage. (Hilarité prolongée.)

LE PRESIDENT. — Allez vous asseoir, témoin.

BRAY. — M. le président, ne pourrais-je sortir quelque temps de l'audience, j'éprouve un assez fort malaise ?

LE PRESIDENT. — Il y a en effet près de trois heures que cet interrogatoire est entamé. Absentez-vous une demi-heure, mais revenez, car votre présence sera nécessaire quand nous entendrons M. de Breiderbach et M. Cerclet.

(Le témoin Bray sort de la salle au milieu des murmures de curiosité du public qui n'a pu voir ses traits durant ce long interrogatoire).

Après une courte suspension, l'audience est reprise, et l'on introduit la femme Bray.

Les frères Chaveau sont venus deux ou trois fois chez elle, Gabriel lui a un jour apporté une adresse pour son mari.

M⁰ MOULIN. — Combien y a-t-il de temps que le témoin a épousé Bray ?

R. Il y a vingt ans environ.

D. Se rappelle-t-elle une absence que son mari aurait faite en 1818 ?

R. Non.

M. le baron de BREIDERBACH, âgé de 50 ans, officier d'état-major. — Sur le fond de l'affaire, je sais fort peu de chose. Bray est venu chez moi le 25 juin, ne me trouvant pas, il a été chez M. Cerclet où je dinais, il m'a déclaré qu'on lui avait proposé d'entrer dans un complot contre la vie du roi. Bray revint le lendemain, me remit un pistolet et seize cartouches, je me suis concerté avec M. Cerclet, et il fut résolu que nous irions tous les trois au ministère de l'intérieur. Nous y fûmes, en effet, M. Gasparin reçut les déclarations de Bray et prit des notes.

D. Quelle était la contenance de Bray?

R. Il paraissait très agité; je lui ai dit de ne rien craindre, et de donner au ministère de l'intérieur tous les renseignemens qu'il pourrait avoir, et que je voulais rester étranger à tout cela.

D. N'avez-vous pas voulu mettre Bray en rapport avec M. le procureur du roi?

R. Je crois que M. Cerclet a conduit Bray au parquet du procureur du roi, et que n'ayant trouvé personne, il l'a conduit au ministère de l'intérieur.

D. Au ministère de l'intérieur Bray a-t-il donné les noms de ceux qui faisaient partie du complot ?

R. Il a prononcé plusieurs noms; je ne me rappelle que celui de Chaveau.

D. Avez-vous vu Bray le 26 juin?

R. Oui, il est venu me parler de ses craintes.

D. De quelle nature étaient ces craintes ? Paraissait-il redouter d'être arrêté?

R. Non; il semblait craindre que les accusés ne connussent ses révélations.

D. M. Gasparin lui a-t-il dit de venir lui donner tous les renseignemens qu'il pourrait obtenir?

R. Oui.

D. Pensez-vous que Bray pouvait parvenir auprès de M. Gasparin toutes les fois qu'il le voulait et sans attendre.

R. Je le pense.

D. Depuis le 26 juin, avez-vous eu de Bray quelques détails sur le complot ?

R. Je crois que Bray m'a parlé de quelque chose, et m'a cité des noms; mais je n'en ai gardé aucun souvenir.

D. Vous a-t-il dit qu'il avait des pistolets autres que ceux qu'il vous a remis?

R. Non, j'ai eu peu de rapport avec Bray depuis le 26 juin. Je le renvoyais au ministère de l'intérieur.

D. Pouvez-vous nous donner des détails sur une canne à fusil qui vous appartient ?

R. Oui, Bray m'a vendu cette canne il y a deux ans, je la

lui ai donn'e pour la faire revernir dans le commencement de l'été de 1835.

D. Pouvez-vous préciser l'époque de cette remise?

R. Non.

D. Quand vous a-t-il remis cette canne-fusil?

R. Je ne pourrais rien préciser à cet égard, je pense cependant que c'est vers le mois de juin.

M. Martin (du Nord.) On paraît attacher de l'importance à cette canne-fusil dont on a parlé; nous vous prions de l'apporter demain.

D. Quelle est l'opinion de M. de Breiderbach sur la moralité de Bray?

R. Bray m'a été recommandé comme un honnête homme. J'ai fait des démarches pour lui faire obtenir une place de garde dans un passage : n'ayant pu y réussir, je l'ai employé plusieurs fois; j'en ai toujours été très content.

D. Croyez-vous qu'il ait eu des opinions exaltées?

R. Je crois qu'il n'en a aucune. Il travaillait beaucoup; je ne l'ai jamais entendu parler politique.

D. Dans votre opinion, aurait-il été capable d'entrer dans un complot quelconque?

R. Je ne le crois pas.

Me Plocque.—Quand Bray a vu M. de Breiderbach, le 25, lui a-t-il dit qu'il eût un rendez-vous le soir même?

R. Je crois qu'il m'en a parlé, mais je n'en suis pas certain.

Le président.—N'avez-vous pas dit à Bray : *vous êtes lancé, allez tout du long?*

R. Je crois que oui; c'est une expression militaire dont j'ai pu me servir.

D. Bray vous a-t-il parlé d'un baril?

R. Je pense que oui; mais ma position de militaire ne me permettait pas d'entrer avec Bray dans de longs détails sur un complot. Ma situation était pénible; je ne voulais en entendre que le moins possible.

Me Plocque.—M. de Breiderbach a-t-il entendu parler par Bray d'un nommé Henri?

R. Oui.

D. Croit-il que le nommé Henri fût un homme connu de Bray?

R. Je le pense.

D. Bray a-t-il dit, le 23, que le lendemain il devait y avoir une distribution d'armes?

R. Oui. Et le lendemain, il est venu, en effet, ma remettre des pistolets qu'il avait reçus.

D. Résultait-il de ses déclarations qu'il s'agissait d'un complot contre la vie du roi?

R. Je l'ai cru ainsi.

D. Savez-vous quels ordres auraient été donnés à Bray par M. Gasparin.

R. J'ai vu M. Gasparin prendre des notes, entendre ses explications; je ne lui ai pas entendu donner d'ordres.

Me JOLY. — Bray a déclaré que c'était d'après les conseils de M. de Breiderbach qu'il avait caché chez lui les deux paires de pistolets qui y ont été trouvées.

LE TEMOIN. — Je ne me rappelle pas du tout avoir rien dit de semblable.

Me PLOCQUE. — M. de Breiderbach déclare que Bray était troublé par la crainte que les accusés ne connussent ses révélations. Ce n'était donc pas, comme celui-ci l'a déclaré hier, parce qu'il redoutait d'être arrêté.

R. Il avait l'une et l'autre craintes.

LE PRESIDENT. — Vous êtes-vous expliqué à cet égard avec lui?

R. Non; car je ne voulais pas entrer en conversation avec lui sur cette affaire.

Me MOULIN. — D'après ce qui a été dit par M. de Breiderbach, Bray ne lui aurait donné, le 25 juin, que des renseignemens vagues, et c'est pour cela qu'il aurait dit : Vous êtes lancé, allez jusqu'au bout.

R. Cela est vrai. Il n'y avait rien de positif dans tout ce qu'il me disait.

M. CERCLET, âgé de 39 ans, secrétaire-rédacteur de la Chambre des députés. Le nommé Bray est venu, le 25 juin, demander M. de Breiderbach, avec lequel il a causé pendant quelque temps. M. de Breiderbach m'a dit qu'on avait proposé à Bray de faire partie d'un complot contre la vie du roi. J'ai été, avec Bray, au ministère de l'intérieur.

Le Président. Avez-vous assisté aux explications données par Bray à M. Gasparin ?

R. Oui ; il a répété tout ce qu'il m'avait déjà dit. Bray était très agité ; il avait peur d'être compromis auprès des conjurés s'il parlait, et d'être compris dans l'accusation s'il ne disait rien.

D. Etes-vous sûr qu'il eût ces deux craintes ?

R. Je n'en suis pas sûr : j'ai attribué son agitation à la double crainte dont je vous ai parlé, mais je n'ai pas jugé convenable de le faire expliquer en aucune manière. J'ai rempli mon devoir en signalant un complot contre la vie du roi; je ne voulais pas me mêler de cette affaire; j'ai même recommandé à mon portier, si Bray me demandait, de lui dire que je n'étais pas chez moi.

Martin (du Nord). — Bray vous a donné quelques renseignemens sur le complot; vous les rappelez-vous ?

R. Il m'a dit que les conjurés étaient au nombre de 13 ou 16; qu'ils se réunissaient chez l'un d'eux, rue Mauconseil; qu'on devait se rendre sur le quai d'Orsay, s'informer de l'endroit où devait passer le roi, et l'assassiner.

D. Avait-il été question d'armes ?

R. Les conjurés devaient être tous armés, l'un d'eux devait se précipiter sur la voiture, briser la portière avec une hache.

D. Vous a-t-il parlé d'une réunion qui avait eu lieu la veille ?

R. Il m'a parlé de la proposition de complot qui lui avait été faite la veille. Je ne me rappelle pas qu'il ait été question de réunion.

Me Plocque. — J'insiste pour savoir à quelle époque Bray a parlé au témoin de la réunion du 25 juin.

R. Dans le mois d'août, autant que je puis me rappeler.

Martin (du nord). — Quelle impression vous ont faite les révélations de Bray ? vous paraissait-il sincère dans ses explications ?

R. J'ai examiné l'homme, il m'a paru très-agité; je n'ai remarqué chez lui qu'une grande crainte.

D. Croyez-vous que Bray ait été mis par Gasparin en rapport avec M Yon ?

R. C'est ce qui m'a été dit par Bray.

Me PLOCQUE. — Nous désirons que Bray s'explique sur ce fait qu'il a nié hier.

BRAY. — J'ai dit hier que je connaissais antérieurement Yon; j'ai dit cela pour ne pas compromettre Yon : c'était une défaite. Il est vrai que je n'ai connu Yon que par suite de mes rapports avec le ministère. (Rumeur prolongée.)

LE PRESIDENT. — Quel était votre motif pour dire une chose inexacte ?

R. Je n'attachais pas d'importance à tout cela.

D. Vous avez annoncé hier avec solennité que vous alliez dire la vérité. Alors vous avez parlé de socques que vous auriez fournis à madame Yon ; que vous connaissiez Yon antérieurement, et que vous aviez été spontanément chez lui pour lui faire des révélations sur le complot. Pourquoi avez-vous fait ce mensonge ?

R. Je n'ai pas tiré grande conséquence de cela. Je ne voulais pas dire que j'avais été mis en rapport avec Yon par le ministère de l'intérieur ; voila mon motif.

Me PLOCQUE. — A quelle heure précise avez-vous été mis le 26 en rapport avec Yon ?

R. C'était le matin.

D. Etait-ce en quittant M. Gasparin ?

R. (Avec impatience.) Ma foi, je n'en sais rien; est-ce que vous croyez que j'ai pu retenir tout cela ?

L'audience est suspendue à deux heures et reprise une demi heure après.

MARTINET, commissaire de police, rend compte des perquisitions qu'il a faites chez Combes, le 10 juillet; il a saisi de la poudre, des balles et des pistolets dans une mansarde; le lendemain 11, il a envoyé sur la toiture un maçon, qui y a trouvé grand nombre de balles, des capsules et deux pistolets enveloppés dans un linge. Ces objets étaient à une distance d'une douzaine de pieds de la fenêtre du grenier de Combes.

COMBES. — Ne vous ai-je pas fait remarquer chez moi des trous, des cachettes où j'aurais pu déposer les objets qui ont été trouvés sur le toit ?

R. Cela est vrai.

LE PRÉSIDENT. — Ces cachettes auraient-elles pu soustraire les objets qu'on y aurait placé aux recherches de la justice.

R. Je n'en sais rien.

LE PRESIDENT. — Introduisez le témoin Marlin. (Rumeur dans l'auditoire.)

MARLIN, garçon tailleur — A la fin de juin, je travaillais chez M. Combes. J'y vis venir Mme Chaveau et son fils Gabriel. Mme Chaveau raconta l'arrestation de Charles Chaveau et de quatre autre personnes. Plus tard, j'y ai vu Dulac et Delont. Il fut question du complot cantre la vie du roi, de tuer les chevaux... (Le témoin s'arrête ; il est ému. Le président lui fait donner une chaise). Les personnes convinrent d'arrêter la voiture du roi et d'attenter à ses jours. Les portes étaient ouvertes lorsqu'ils parlaient ; on aurait pu tout entendre et arriver jusqu'à nous, sans même qu'on s'en aperçut. Je savais que Gabriel Chaveau avait été dans le procès du 27. Je craignais pour lui et pour moi-même. Je les priai de parler plus bas.

Quand la semaine fut finie, je m'en allai à St-Leu, chez mon père, auquel j'ai dit tout ce que je savais.

LE PRESIDENT. — Combien de temps avez-vous travaillé chez Combes?

R. Six jours, je crois.

D Où étiez-vous placé lorsque vous avez entendu les conversations dont vous avez parlé ?

R. J'étais sur l'établi, et c'était ordinairement près de moi que ces messieurs parlaient.

D. Quel jour avez-vous vu venir Délont et Dulac?

R. Je ne puis pas affirmer les dates. C'est, je pense, dans les trois premiers jours de mon arrivée chez M. Combes.

D. Que disaient Delont et Dulac?

R. Delont restait fort peu de temps ; il jouait avec les enfans de M. Combes et ne disait pas grand'chose. Dulac parlait de l'arrestation de M. Chaveau et de plusieurs de ses amis.

D. Qu'avez-vous entendu sur le complot?

R. On parlait de se rendre sur la route de Neuilly, de se jeter sur les chevaux du roi, de les abattre et de tuer le roi.

D. Avez-vous entendu parler d'un baril ?

R. Jamais.

D. Auriez-vous pu ne pas entendre ce qui aurait été dit à cet égard ?

R. J'aurais certainement entendu cela comme le reste : ces messieurs parlaient toujours tout haut.

D. Quelles devaient être les armes des conjurés?

R. Des pistolets.

D. Les conversations sur l'attentat étaient-elles postérieures à l'arrestation faite chez la femme Chaveau?

R. Oui.

D. Dulac restait-il long-temps dans la maison?

R. Très peu de temps.

Le président. — Vous avez déclaré dans l'instruction qu'il y passait la moitié de la journée en s'entretenant d'un complot. Rappelez vos souvenirs, ne craignez rien.

R. Je ne puis me rappeler cela : j'ai pu faire cette réponse machinalement au juge d'instruction. Aujourd'hui, il me serait impossible de dire si Dulac restait long-temps chez M. Combes. J'ai été arrêté trois jours; on a fait perquisition chez moi; j'étais affligé et très ému; je répondais oui et non sans trop savoir ce que je disais.

Le président. — Vous avez fait la déclaration dont nous venons de parler le 1er octobre; vous n'étiez plus en prison, vous n'aviez rien à craindre alors.

R. Toutes les fois que je paraissais devant le juge d'instruction, j'étais très ému, comme je le suis encore aujourd'hui.

Le président. — Il est plus probable que vous avez dit la vérité dans l'instruction, et que vous ne voulez pas la faire connaître aujourd'hui.

Martin (du Nord). — Lorsque vous avez vu la femme Chaveau le 27 juin, n'a-t-elle pas dit : L'affaire est manquée?

R. Je ne me rappelle pas cela.

Madame Chaveau. — Vous avez déclaré n'avoir jamais été chez Combes.

R. C'est vrai; je n'ai jamais vu Combes, je le prouverai, le témoin est dans l'erreur.

Au témoin. — Vous rappelez-vous que la femme Chaveau ait parlé des armes saisies chez elle?

R. Je ne me le rappelle pas.

D. Comment se fait-il que vous ayiez oublié tant de circonstances qui ont dû frapper votre attention, puisqu'il s'agissait d'une chose grave, d'un complot?

R. Lorsqu'on parlait d'un complot, j'étais très effrayé pour moi-même, je craignais d'être compromis.

D. (A. Combes.) Vous avez dit qu'il n'avait jamais été question d'un complot contre la vie du roi, vous entendez Marlin, qui dit formellement le contraire sur ce point, au moins sa mémoire n'est pas en défaut.

R. Je ne sais pas pourquoi il dit cela. Il se trompe, on a peut-être parlé chez moi du complot d'avril, et le témoin aura confondu.

MARTIN (du Nord). — Le témoin a précisé : il a dit qu'il s'agissait d'un complot contre la vie du roi, qui devait s'exécuter sur la route de Neuilly. Il ne peut y avoir confusion dans son esprit avec le complot d'avril.

R. Le témoin a été arrêté. Il a pu dire tout ce qu'il a voulu pour sortir de prison.

Me JOLY. — J'insiste sur cette circonstance, que le témoin a été arrêté ; il a fait alors des déclarations qui l'ont lié en quelque sorte, et qu'il a été dans la nécessité de reproduire plus tard.

MARTIN (du Nord). — Ainsi, vous supposez que le témoin a fait une fausse déclaration.

Me JOLY. — Nous expliquerons cette déclaration plus tard.

Me AUG. MARIE. — Je désire que le témoin s'explique de nouveau sur la conduite de Delont chez Combes ?

R. Delont venait le matin, ne parlait pas politique, et s'en allait le plus tôt qu'il pouvait.

LE PRESIDENT. — Croyez-vous que Delont se mettant à l'écart ait causé politique sans que vous pussiez l'entendre ?

R. Cela est possible : la chambre où je travaillais est très grande.

D. Et l'accusé Dulac ?

R. Il causait avec Gabriel Chaveau du complot.

D. Quel rôle jouait Combes dans ces conversations ?

R. M. Combes était à côté de moi ; il parlait avec Gabriel Chaveau et Dulac.

Me PLOQUE. — S'agissait-il d'un projet exécuté ou à exécuter ?

R. A exécuter. Une personne qui est venue plusieurs fois chez M. Combes, et qui était avocat, parlait aussi d'un projet exécuté. On avait été sur la route de Neuilly pour y tuer le roi; mais apercevant un gendarme, on avait cru que le complot avait été dénoncé, et on s'était sauvé.

M⁰ Joly. —Le témoin a-t-il vu un nommé Bray?

R. Dans la dernière semaine où j'ai travaillé chez M. Combes, il m'a amené un homme en blouse et en casquette. Cet homme avait une canne à fusil qui se dévissait; à l'aide d'un cordon, on faisait partir une détente. Il en fit l'essai, qui a été répété par Mme Combes.

D. A-t-il dit quel devait être l'emploi de cette canne-fusil?

R. Non, mais il a fait remarquer qu'elle pouvait se cacher facilement dans la foule.

D. Pourriez-vous reconnaître cet homme?

R. Je l'ai vu long-temps dans la salle des témoins, et après avoir recueilli mes souvenirs, je l'ai reconnu, quoique son costume soit bien différent de celui qu'il avait chez M. Combes.

Le président. — Bray, approchez-vous. Témoin, le reconnaissez-vous?

R. Oui; je le reconnais maintenant.

Mᵉ Joly, au témoin. — Bray vous a-t-il proposé de vendre à Combes une douzaine de cannes-fusils semblables à celle qu'il avait apportée?

R. Il n'en a pas proposé une douzaine, mais cinq ou six, et il a ajouté qu'il se contenterait d'un simple bénéfice. Il a beaucoup vanté ces fusils.

Bray. —Je n'ai rien dit de semblable.

D. Bray n'a-t-il pas dit à Combes de lui adresser tous ses amis qui avaient des armes à nétoyer?

R. Je ne me rappelle pas cela.

D. Bray a-t-il parlé du complot?

R. En ma présence il n'en a rien dit.

Mᵉ Moulin. — Parlait-on du complot comme d'une chose, arrêtée? Désignait-on précisément le lieu où il devait s'exécuter?

R. C'était un projet vague; le lieu d'exécution n'était pas fixé: c'était depuis Paris jusqu'à Neuilly.

Le président. —Avez-vous vu venir chez Combes, son porteur d'eau?

R. Oui, plusieurs fois; mais jamais il n'a parlé politique.

M_e Moulin à Bray. — N'avez-vous pas dit que votre canne-fusil pouvait facilement se cacher dans la foule?

Bray. — Si j'ai dit cela, je n'y attachais aucune importance.

Me Moulin. — Le fait nous paraît grave ; il est nouveau. Nous demandons qu'il soit inséré au procès-verbal.

Martin (du Nord.) Nous ne nous opposons pas à la demande de l'avocat, et nous demandons aussi qu'on y mentionne cette déclaration nouvelle du témoin, qu'il aurait entendu dire par un prétendu avocat, qu'on avait attendu le roi sur la route de Neuilly pour l'assassiner, et que l'arrivée d'un gendarme avait empêché les conjurés de mettre leur projet à exécution.

Sigoulet, cuisinier, beau-père de Marlin, demeurant à St.-Leu. — Marlin est venu en juillet à Saint-Leu, et m'a dit que plusieurs individus devaient attendre le roi sur la route de Neuilly, tuer les chevaux, se précipiter sur le roi, et le frapper.

D. Qu'avez-vous dit à Marlin?

R. Je l'ai engagé à ne plus travailler chez Combes. Il me dit que c'était son intention.

Castaing, ouvrier tailleur.

Le président. — Que savez-vous?

R. Je sais que j'ai été arrêté ; mais rien de plus. On m'a demandé si des armes avaient été déposées à la maison, je l'ignorais. Depuis, ma femme m'a dit qu'un nommé Bray lui avait apporté un paquet enveloppé, c'étaient ces malheureux pistolets.

Le président. — Elle ne vous a pas dit plutôt que c'était la femme Combes qui les lui avait remis?

Castaing. — Ma femme m'a dit qu'en effet, elle avait dit cela devant le juge. Elle était arrêtée, le juge d'instruction lui dit qu'elle serait mise en liberté, si elle voulait faire cette déclaration contre madame Combes. (Rumeur d'étonnement.)

le président. — C'est un propos de sa femme. Ce n'est pas à lui qu'on peut en faire reproche.

(A Castaing.) Avez-vous vu Bray-le-Hussard.

R. Oui, une fois.

D. N'avez-vous pas donné asile à Gabriel Chaveau?

R. Non, monsieur, jamais.

M. Monsarrat, substitut du procureur-général. — Ne vous êtes-vous pas trouvé dans le voisinage du Pont-Royal avec Delont et Dulac?

R. Non, monsieur.

D. Avez-vous été chez un marchand de vin, rue de Rivoli, avec le Hussard et d'autres individus.

R. Il y a plus de trois ans que je n'ai mis les pieds chez un marchand de vins.

D. N'avez vous pas chargé Bray d'aller chercher pour vous un paquet ficelé qui contenait des pistolets?

R. Non, monsieur.

Me Joly. — A quel sentiment le témoin a-t-il attribué l'avertissement que lui a donné Bray, de ne pas s'exposer à tomber dans les mains de la police?

Castaing. — Jamais Bray ne m'a parlé de la police.

Un juré. — Le témoin s'est-il trouvé souvent avec Bray?

R. Deux ou trois fois. La première fois, il apporta un pantalon; depuis, il est revenu voir s'il était prêt.

La dame Castaing, couturière, ne connaît aucun des accusés.

Femme Castaing. — Bray m'apporté un paquet; il m'a dit qu'il renfermait des pistolets, et que le lendemain il viendrait le reprendre. En s'en allant, il me serra les mains, m'embrassa et me dit qu'il était bien malheureux, que la police le poursuivait.

D. Avez-vous raconté tout cela à votre mari?

R. Non, je craignais de lui faire de la peine.

Le président. — Etes-vous sûr que les pistolets dont vous parlez vous ont été apportés par Bray et non par la femme Combes?

R. Oui, monsieur.

Le président. — Vous avez déclaré tout le contraire dans l'instruction. Vous avez fait alors, ou aujourdhui, un mensonge. (Lecture est donnée au témoin de la déposition dans laquelle elle a déclaré que la remise des pistolets lui avait été faite par la dame Combes.)

Le témoin. — J'ai pu dire cela, mais ce n'est pas vrai.

Le président. — Pourquoi auriez-vous dit un mensonge.

R. Depuis deux jours, j'étais au dépôt de la préfecture, ma petite était malade, le juge d'instruction m'a dit : Les pistolets, vous les avez reçus de la femme Combes. Si vous dites que c'est la femme Combes, je vous ferai mettre sur le champ en liberté. J'ai dit que oui, et en effet je suis sortie de prison tout de suite. (Votre agitation dans tout l'auditoire.)

Le président.—Pensez-vous que nous puissions croire ce que vous venez de dire? C'est une calomnie, une injure atroce qui ne peut atteindre le magistrat auquel vous voulez l'adresser.

Le procureur-general. — La seule chose que le juge d'instruction ait pu dire au témoin, est celle-ci, votre intérêt est de dire la vérité, dites la toute entière. Je demande que la déclaration du témoin soit insérée au procès-verbal, et qu'il nous soit donné acte de nos réserves à son égard.

M. le président fait droit à ces réquisitions.

Me Moulin. — Je ferai observer que ce n'est pas la première fois que la dame Castanig dépose des faits comme elle vient de le faire; que dans toutes ses dépositions faites après sa sortie de prison, elle a déclaré ce qu'elle déclare aujourd'hui

Prugues, tailleur, a remis à sa femme des pistolets que Bray est venu chercher.

Femme Prugues.—Madame Castaing m'a donné des pistolets à garder.

Le président.—Vous a-t-elle dit qui les lui avait remis?

R. Elle m'a dit que c'était un père de famille qui était au désespoir, qu'on avait fait des perquisitions chez lui, et qu'il était dans une mauvaise position.

Me Moulin. — Des perquisitions n'ont été faites chez Bray que le 25 septembre. A l'époque où il a parlé à la dame Castaing de perquisitions faites chez lui, aucune n'avait eu lieu. Il a donc menti sur ce point comme sur tant d'autres.

Le president. — Nous entrons dans une nouvelle série de témoins, l'heure est trop avancée pour que nous nous en occupions.

L'audience est levée à cinq heures un quart, et renvoyée à demain.

CINQUIÈME AUDIENCE. — 2 AVRIL

A dix heures un quart les accusés sont introduits; l'audience est immédiatement ouverte.

LE PRESIDENT. — Huissier, faites approcher la femme Castaing.

L'huissier audiencier annonce que Madame Castaing est absente.

LE PRESIDENT. — Nous ordonnons qu'un huissier se transportera, accompagné d'un garde municipal, au domicile de la femme Castaing. Nous avons bien voulu hier ne pas la mettre sous une telle surveillance, mais son absence nous force à user de mesures de rigueur, car il y a en ce moment une prévention contre elle.

(Un huissier sort, après s'être nanti d'un mandat, pour aller chercher la femme Castaing.)

Darbois, portier, rue St-Denis, n. 376, ne reconnaît parmi les accusés que le jeune Husson. Il a logé chez moi six mois environ, dit-il. Je ne connais rien de relatif à son affaire. Il a été arrêté à l'époque des troubles de la rue St-Martin, mais jamais il n'a manifesté aucune intention méchante. Il a quitté la maison quelques jours avant le carnaval.

LE PRESIDENT. — Husson manifestait-il d'une façon quelconque son opinion politique ?

DARBOIS. — Je crois qu'il était républicain; il portait de grands cheveux et un costume exagéré qu'on appelle, je crois, à la jeune France.

LE PRESIDENT. — Assurément de longs cheveux ne signifient rien ; mais lorsqu'on affecte de porter de longs cheveux, des calottes rouges, et que plusieurs personnes se trouvent réunies sur un point avec ces démonstrations, il y a là une signification réelle.

DARBOIS. — C'est ce que je lui disais ; je lui donnais les conseils que l'on donne à un jeune homme.

LE PRESIDENT. — Vous lui avez donné en effet de bons conseils; il n'en a malheureusement pas profité.

DARBOIS. — Il était alors sans ouvrage, et ne pouvait assurément pas être content. Je dis à un garçon limonadier qui demeurait dans la maison : « Tâchez donc de lui trouver de l'occupation; » et en effet il entra quelque temps après dans un café.

Le président. — Accusé Husson, il paraît qu'avec vous l'ouvrage ne va pas fort? (Hilarité.)

Husson. — M. le président, je ne désirais pas changer d'état; j'ai travaillé pendant quatre ans dans la même maison; je gagnais 5 fr. par jour; et je pense que lorsqu'on est ainsi rétribué, on peut se dire un homme laborieux.

M. Martin (du Nord.) — Où travailliez-vous à l'époque de votre arrestation? vous n'avez pas voulu donner alors votre adresse. Quel intérêt aviez-vous?

Mᵉ Rittier. — L'accusé a répondu...

Le président, avec vivacité. — Si vous interrompez ainsi le débat, il est impossible de l'engager avec régularité; et en définitive l'opinion publique qui est après tout l'expression du bon sens n'approuvera pas votre système.

Mₑ Rittier, — Si M. le président voulait consulter l'opinion publique, nous doutons qu'elle approuvât davantage la manière dont ces débats sont dirigés.

Husson. — Je demandai à M. Zangiacomi s'il pouvait de son chef me mettre en liberté si je lui répondais d'une manière satisfaisante; il m'a répondu que non; alors je me suis tû.

M. Martin (du Nord). — Vous ne pouvez pas, accusé, ainsi imposer des conditions au magistrat.

Le président. — Lorsque, moi-même, je vous ai interrogé, sur la demande de l'indication de votre domicile, vous avez formellement répondu : je ne le dirai pas.

Mₑ Rittier. — M. Girardot, chez qui demeurait l'accusé, est lié d'une amitié intime avec lui; s'il a refusé de donner son adresse, c'est dans la crainte de le compromettre. Si M. le président l'autorise, M. Girardot viendra déposer. L'instruction, au reste, a creusé la question de moralité, et l'accusé est sortⁱ de cet examen entièrement pur.

Le président. — MM. les jurés ont pu remarquer, depuis trois jours, la manière dont est entravé le débat. S'il faut qu'une lutte s'engage entre le président et les défenseurs, sa position sera celle d'un homme seul contre plusieurs. Nous reconnaissons, assurément, que nous avons obtenu, par l'intervention des défenseurs, un peu plus de tranquillité. Au lieu des interruptions de treize personnes, nous n'en avons plus que de la part de deux ou trois, parmi les défenseurs; mais cela n'en est pas moins regrettable, en ce que les débats se trouvent inutilement prolongés.

Le procureur-général. — Husson, connaissez-vous Delont?

R. Non.

D. Connaissez-vous Combes?

R. Non.

Le procureur-général. — Vous avez nié faire partie de la société des Droits de l'Homme.

Husson. — Je le nie, monsieur.

Le procureur-général donne lecture d'un contrôle sur lequel Husson est porté avec son nom, son âge, son domicile, et qui a été trouvé à Sainte-Pélagie, dans la paillasse de M. Berryer-Fontaine, secrétaire de la société des Droits de l'Homme, comme membre de la section de l'Abolition de la Propriété mal acquise, composée de 23 personnes. Sur ce contrôle se trouve, comme chefs, Delont, demeurant rue Molé, et Combes, tailleur, rue de l'Arbre-Sec.

Huillery. — Tous les accusés protestent contre l'authenticité de ces documens!

Les accusés. — Oui, nous protestons tous!

Delont. — Jamais je n'ai été président ni chef d'aucune section; on se réunissait, et chaque fois on choisissait un président pour lire le procès-verbal.

Martin (du Nord). — C'est chez vous que l'on se réunissait, le contrôle l'indique.

Delont. — Jamais on ne s'est réuni chez moi.

Mᵉ Joly. — Cette pièce ne présente aucun caractère d'authenticité; quand bien même elle aurait été saisie chez M. Berryer-Fontaine, elle n'aurait rien de concluant. J'ai été moi-même, lorsque je faisais partie de la chambre des députés, porté en qualité de membre d'une société qui avait pour but l'émancipation du peuple; mon nom se trouvait sur une liste semblable, et jamais cependant je n'avais fait partie de cette société. Sur de telles listes on peut porter le nom des personnes dont les opinions paraissent sympathiser avec celles de fondateurs sans leur demander leur assentiment.

Martin (du Nord). — Berryer-Fontaine était présent à la

saisie des archives de Sainte-Pélagie; l'authenticité de ces pièces a été établie.

LE PRESIDENT. — Au reste, il n'est ici question que de document; on en discutera plus tard contradictoirement l'authenticité.

M. PAJON, ciseleur, rue Molé, a eu Delont pour locataire. Un tiers, par suite de convention, l'a remplacé dans sa boutique.

BERTRAND, marchand de bric-à-brac, a vu Delont vers le milieu du mois du juillet, il paraissait triste, contraint.

MARTIN (du Nord). — N'avez-vous pas entendu dire, dans le commerce, que Delont cachait son domicile ?

BERTRAND.—Non monsieur, jamais je n'ai dit cela.

DELONT. — J'ai découché, il est vrai, mais je ne me suis pas caché.

BERTRAND. — Delont venait chaque jour aux ventes.

DELONT.—Je ne couchais pas chez moi, parce que j'étais prévenu d'un mandat lancé contre moi. Je le jure ici, j'ai été arrêté d'une manière infâme. On a couru contre moi aux cris d'assassin. (Avec chaleur :) Depuis trente-trois ans que je suis domicilié à Paris, jamais on n'a eu aucun reproche à me faire.

MARTIN (du Nord). — Ce n'est pas la première fois que vous êtes arrêté, cependant.

DELONT. — Ai-je jamais été mis en jugement? Si on m'a arrêté, on a eu bien tort, puisque l'on n'a pu me mettre en jugement.

ROSSIGNOL, traiteur à Belleville, a acheté quelques meubles à Delont; cet accusé a consommé chez lui le prix de la vente. Il ne l'a jamais entendu parler politique; il venait avec sa femme. Le témoin ne reconnaît ni Duval, ni Boireau.

LE PRESIDENT. — Accusé Delont, pourquoi dans l'instruction avez vous nié connaître Rossignol?

DELONT. — j'ai dit mon motif : je ne voulais pas que l'on fît une perquisition chez M. Rossignol. Ici, je suis devant mes juges naturels, et non devant le juge d'instruction.

MARTIN (du Nord). — C'est à l'aide de ces maximes que l'on trompe les populations, et nous ne pouvons laisser passer de telles protestations. (Au témoin.) Un jeune homme est-il venu jamais demander Delont chez vous pendant qu'il était à table?

Rossignol. — Oui, en effet, un soir il est venu un jeune homme.

Martin (du Nord.) — Boireau, n'était-ce pas vous qui demandiez Delont?

Boireau. — Non, monsieur, je n'ai jamais été chez le témoin. Je comprends bien le but de votre question. (Avec chaleur.) Si messieurs les jurés ont suivi les débats de la cour des pairs, ils ont pu voir qu'à la première audience où il a été question de l'affaire de Neuilly, je n'ai rien dit; à la seconde, j'ai dit peu chose; à la troisième, j'en ai dit davantage; mais je ne faisais que répéter ce que j'avais entendu dire.

Martin (du Nord). — Mais, Boireau, votre déposition a été très détaillée; elle ne pouvait être la répétition de ce que vous aviez entendu.

R. Je ne prétends pas dire que le président de la cour des pairs m'ait jamais dicté mes réponses, mais il m'interrogeait d'une manière si explicite, que je n'ai eu ensuite qu'à répéter ce dont il m'instruisait lui-même.

D. Boireau, vous persistez à dire que vous ne connaissez pas Delont?

R. Je n'ai jamais connu Delont; je ne l'avais pas vu avant de le trouver à la Conciergerie.

D. Dulac, avez vous été chez Rossignol?

Dulac. — Jamais je ne l'ai vu; je n'ai aussi connu Delont qu'à la Conciergerie.

Boireau. — Tout mon interrogatoire de la cour des pairs n'est que mensonges.

D. Vous avez demandé vous-même à M. le président de la cour des pairs à être entendu. Voici la lettre que vous lui écriviez :

A M. Pasquier, président de la Cour des pairs.

10 février 1836.

Monsieur le président ,

« J'ai l'honneur de vous adresser la présente; je suis décidé à ne rien cacher à la justice, et à lui prouver que je suis décidé à ne plus jamais m'entretenir de politique avec personne, décidé, si j'ai le bonheur d'être libre, d'aller consoler ma malheureuse famille, et ne plus quitter le pays qui m'a vu naître ;

les manières satisfaisantes avec lesquelles vous avez reçu ma mère, ainsi que plusieurs membres de la noble Cour, seront pour moi une reconnaissance sans bornes.

» M. le président, ayant dit la pure vérité sur le malheureux attentat, je désire que vous ne m'interrogiez qu'après que toutes les répliques seront terminées, si cela est un effet de votre complaisance, sur Neuilly.

» C'est dans cette attente que j'ai l'honneur d'être votre très-humble et dévoué serviteur,   BOIREAU. »

MARTIN (du Nord).—Voilà ce que vous écriviez.

BOIREAU.—Mais c'est vous tous qui m'y avez poussé!.. C'est aussi bien M. le président de la Cour des pairs que M. Zangiacomi; et si je demandais du temps, c'était pour tout combiner.

MARTIN (du Nord).—Comment osez-vous parler ainsi!

BOIREAU.—C'est que vous m'y forcez.

MARTIN (du Nord). — Mais c'est une action infâme que celle dont vous déclarez être l'auteur; au surplus, MM. les jurés ont bien vu que le langage de cette lettre est celui d'un homme qui ne veut rien cacher.

BOIREAU. — C'est le langage d'un homme qui a peur, et j'ai eu la lâcheté d'avoir peur.

MARTIN (du Nord) se levant.—Nous n'avons pas besoin, messieurs les jurés, de justifier M. le président de la Cour des pairs, des imputations qui viennent d'être lancées contre lui. Il est défendu par sa haute position et par son caractère. Mais pour vous montrer, messieurs les jurés, quel est Boireau, il est utile de vous faire connaître quelques lettres récemment écrites par cet accusé.

BOIREAU. —Lisez! lisez ces lettres !

LE PROCUREUR-GÉNÉRAL. — Nous n'avons pas besoin de votre permission pour cela. Messieurs les jurés, je dois vous dire comment les autres lettres sont parvenues en nos mains. Une femme s'était introduite dans la prison, en vertu d'une permission qui lui avait été délivrée; elle venait voir Boireau. On trouva sur elle une lime; on croit qu'il s'agissait d'une tentative d'évasion qui concernait Boireau. Cette femme, nous devons le dire, était la femme Petit, la concubine de Fieschi, on fit une perquisition chez elle, et on a trouvé les lettres dont nous allons donner lecture.

« Mon cher Janot,

» Tu ne peux te figurer le plaisir que j'ai ressenti, en apprenant ton retour dans la capitale : toi, mon vieil ami, tu ne me condamneras pas au moins sans m'entendre!

» Je suis bien malheureux ! Les remords que j'éprouve devraient me suffire, sans que quelques hommes vaniteux me calomnient ; oui, mon ami, s'il faut mon sang pour racheter quelques?.... (*M. le procureur-général* : Ici, il y a un mot que le cachet a fait disparaître, mais ce doit être *momens*) d'erreur, je suis prêt à en faire le sacrifice.

D'ailleurs, ai-je besoin de te faire des protestations; ne me connais-tu pas? Tel j'étais le 28 juillet, tel je suis au moment où je t'écris, et mes sentimens seront toujours les mêmes : la conviction politique de Boireau est trop profonde pour qu'ils s'évanouissent devant les membres d'une royauté. J'attends avec impatience les débats de l'affaire de Neuilly où je suis imculpé, pour prouver à la France entière que Boireau n'est et ne sera toujours qu'un loyal républicain ! incapable de nuire à ses amis.

» Il est inutile de te décrire les tortures que j'ai endurées pendant six mois et demi. Tu dois les connaître capables de tout. Jusqu'à la corruption ! Ils avaient tout tenté près de moi et ils n'avaient pu réussir. Il n'y a donc eu qu'un être sur la terre, que je n'aurais pas dû voir; c'est ma malheureuse mère éplorée! se traînant à mes pieds, en me suppliant au nom de mes frères et sœurs et de toute ma famille en deuil, m'accusant de flétrir leur honneur. Ah! mon ami, mets-toi un instant dans ma position, et regarde ce tableau touchant...

» Cependant il y avait encore loin de là à me faire fléchir, quand une nouvelle scène s'est présentée, qui m'a tout-à-fait anéanti; et si j'avais encore suivi la première impulsion de mon ame, je me serais éloigné de ma mère. Mais la nature me criait: c'est ta mère que tu tues! et elle l'a emporté sur tout... (*M. le procureur-général*) : Ici, messieurs, ont disparu encore deux mots qui doivent être ceux-ci : (*quand dans*) ce moment même est entré un juge d'instruction, comme si (nouvelle lacune d'un mot qui doit être *cela*) eût été fait exprès, qui s'écria, en se tournant vers moi : le jour n'est-il pas venu où vous devez mourrir ou vous sauver ? Ces paroles, comme on doit le penser ne m'ont fait que peu d'impression ; car j'étais familiarisé avec la mort depuis long-temps ! et sans cependant la désirer. Je ne la crains pas (car celui qui l'appelle est un lâche !), et celui là même n'a pas envie de mourir, car j'en sais quelque chose par un individu, que je connaissais bien, qui l'appelait de tous ses vœux, et qui faisait ce qu'il pouvait pour se sauver.

» Il était assez aveuglé pour croire ce qu'on lui disait : C'est donc, te dis-je, à ce juge d'instruction que j'ai dit quelques paroles insignifiantes pour ne pas compromettre mon co-accusé Pepin, qui plus tard n'a pas craint lui-même de me charger, et par cela même, nous nous sommes perdus l'un et l'autre ; si Pepin avait voulu, il ne serait pas mort ; c'était d'avouer des faits qui étaient établis, et qu'il ne pouvait nier, de les faire retomber sur Fieschi ; je lui aurais aidé pour cela ; je le conseillai à cela ; mais il ne voulait pas écouter un conseil comme le mien, j'étais trop jeune auprès de lui !...

» Sois bien convaincu de tout ce que je te dis ; je n'ai fait en aucune manière du mal à Pepin ; le malheureux était condamné d'avance, ainsi que nous tous ; tu dois connaître la manière de juger des pairs ; ils ne connaissent pas de loi, ils n'ont que très peu besoin de preuves, la vie d'un homme ne leur coûte rien , et surtout pour une affaire aussi grave ; je te dirai que j'ai été interrogé par le président des assises pour l'affaire de Neuilly, j'ai... ce que le misérable Fieschi avait déclaré, propos qui... je lui avais tenu sur cette affaire, et j'ai persisté dans mes deux premiers interrogatoires, où je déclarai absolument ne rien connaître du tout ; il m'a fait observer que je n'étais pas d'accord avec ce que j'avais déclaré à la cour des pairs ; je lui ai répondu que je n'avais fait que répéter ce que le juge d'instruction m'avait dit peut-être dix fois, et que tout cela était mensonge, et que personne ne m'avait jamais rien dit.

» J'ai remercié mon avocat Paillet, et si M. Dupont ne veut pas me défendre, je me défendrai seul ; je lui ai écrit pour cela, sois tranquille, *je les travaillerai dur* ; là, je ne craindrai plus Fieschi, car j'avais toujours peur qu'il me chargeât davantage ; j'ai été bien près du soleil, la camisole avait été aussi apprêtée pour moi, m'en voilà encore échappé d'une cruelle.

» Maintenant, à l'avenir ! pour me venger de cette canaille

de Suïreau, qui a tout fait pour porter ma tête à l'échafaud. Mais il est bien malheureux pour lui de ne pas avoir réussi, on a cru que je lui avais confié beaucoup de choses. On s'est cruellement trompé; car si cela avait été ainsi, l'affaire n'aurait pas réussi... Il n'a d..... le 27 juillet au soir, et sur sa déposition on a fouillé le boulevard Saint-Martin, et non le boulevard du Temple; ils croyaient qu'ils s'agissait de souterrain avec quelques tonneaux de poudre; ç'en était un drôle de souterrain...; il a fait des mensonges atroces pour avoir des billets de mille francs. Que je voudrais t'avoir près de moi pour te confesser bien des choses! Il y a bien des hommes *que je croyais bien solides et qui ont trompé mon attente, et ceux-là me déchireront peut être plus tard; je te dirai leurs noms, et tu les verras. En définitive ils doivent savoir si je suis un homme d'honneur et si je les ai fait inquiéter de la moindre des choses. Non, Boireau ne nuira jamais à ses frères.*

» Demande donc à Salis ce que je lui ai fait pour avoir déclaré que c'était une grande fatalité pour lui de m'avoir connu? Il a fait une déclaration à Pasquier, dans un interrogatoire, qui est pitoyable : il s'accuse d'être juste-milieu; et cependant je t'assure qu'il n'avait rien craindre, car ce ne serait pas, en effet, à un jeune homme comme lui que nous nous serions confiés. Ainsi donc, qu'il se taise lui et tant d'autres, qu'il ne parle plus de faits passés, alors même qu'il se cache quand il faut exécuter !

» Je te salue de cœur,

» Ton ami fidèle et qui ne transigera jamais,

« BOIREAU (Victor). »

» Cherche à déchiffrer cela si tu peux. Assure mes respects à ton bon oncle Auguste, et qui sait juger, j'en suis sûr, les hommes. Mes amitiés à tous ceux qui s'intéressent à moi. Jusqu'à ce jour je n'ai encore vu que madame Petit.

» Je t'écris à dix heures du matin, la nuit du mercredi au jeudi 17 mars, tout seul au secret dans le cachot d'un assassin, Lacenaire, qui a été exécuté. Voilà bientôt huit mois que ce commerce dure : ainsi juge de mon ennui.

» N'abandonne pas madame Petit, car malgré que je n'aie pas été galant pour elle, elle ne m'abandonne pas.

» A madame Petit, rue Saint-Germain-l'Auxerrois n° 27;
pour remettre à M. Janot, en ville. »

MARTIN (du Nord). — Voici une autre lettre; vous l'appré-
cierez, messieurs les jurés. Nous croyons devoir nous abstenir
de toute réflexion.

24 mars 1836.

Brave citoyen,

« Permettez à l'ami de votre neveu de jeter quelques paroles
dans votre ame fière et impartiale.

» Puisse la divinité vous avoir bien inspiré à mon égard, et
que vous ressentiez les battemens d'un cœur pur qui ne demande que le bonheur de sa patrie.

» J'ai des reproches à me faire sans doute; mais ne suis-je
pas jeune? et l'avenir effacera, j'en suis sûr, quelques momens
d'erreur; votre neveu connaît mieux que personne le fond de
mon ame; lui seul sait si je mérite un seul instant d'être ca-
lomnié, et surtout par des hommes qui se cachent quand le
tonnerre gronde! Moi, dévoué corps et ame au plus saint des
principes, et qui ne transigerai jamais. Le seul regret que j'em-
porte dans ma captivité, c'est de ne pouvoir être utile à la cause
à laquelle j'ai voué ma vie! Excusez-moi si je vous parle avec
tant de franchise; mais les louanges que l'on m'a faites de vous
me font vous regarder comme mon père; votre cœur a gravé
dans bien des ames des souvenirs qui ne s'effaceront jamais.

» C'est toujours une grande consolation pour moi, après
avoir tant souffert dans les cachots de la Conciergerie, de voir
des citoyens si honorables s'intéresser à moi, sans oublier le
bon cœur de cette dame Petit, qui a mille égards pour ma malheureuse position. Ma gratitude envers elle sera sans bornes!
Prenez pitié d'elle, citoyen.

» *Je fais des vœux, citoyen, pour qn'un ciel pur ranime
des têtes blanchies par le malheur?*

» Recevez mes respects, citoyen.

» Votre ami de cœur, BOIREAU (Victor).

» Je vous fais parvenir cette lettre, citoyen, par un tiers et
avec la plus grande discrétion.

» Si vous désirez une carte pour entrer aux assises et voir
juger le soi-disant complot de Neuilly, venez me voir. »

A la dame Petit :

« Ma bonne dame Petit,

» Je vous avais priée, comme intime amie, de vous adresser à Mᵉ Crémieux pour accepter ma défense, mais la réponse que m'a faite Mᵉ Dupont m'a fait changer d'avis. J'ai juré que nul autre que lui ne porterait la parole pour moi; quoique n'acceptant pas, je tiendrai à ce que j'ai dit et me défendrai moi-même en peu de paroles. Je vous prie de remettre ces deux petites lettres à leur adresse; vous savez pour qui elles sont. J'ai obtenu la permission que vous vinssiez me voir dimanche, je vous donnerai en même temps les cartes pour les assises, nous en avons demandé au président. Pensez à ce que je demande, ma bonne amie, je désirerais avoir ce costume pour me présenter le second jour aux assises. Si vous n'avez pas encore l'étoffe, c'est à l'écossaise, grands carreaux, plissée autour des poches sur les côtés et ouverte sur le devant. Je vous cause sans doute beaucoup de tourment et peu de rofit; mais si j'ai le bonheur d'être plus heureux un jour vous en profiterez.

» Je vous embrasse de tout mon cœur.

» Votre ami,

» Signé Boireau (Victor).

» 24 mars.

» Venez Dimanche, car je ne pourrais vous voir dans la semaine.

» Je désirerais bien que Bourceaux me fît don de son chansonnier, si c'était un effet de sa complaisance. Assurez mes respects à toutes les personnes qui s'intéressent à moi. »

M. LE PROCUREUR-GÉNÉRAL. — Cette lettre, MM. les jurés, est relative à une prétention de Boireau de se présenter devant vous en costume prétendu républicain, pour *travailler dur*, suivant son expression.

« A M. Isidor It., étudiant en droit.

» 24 mars 1836.

» Mon ami,

» J'ai appris, non sans peine, que tu quittais Paris ; plus je réfléchis, plus j'approuve la conduite de tes parens. Quitte, je te le conseille, cette ville corrompue, et va chercher, au sein d'une famille qui t'aime, une tranquillité parfaite, jusqu'à ce que le lion qui dort se soit réveillé et que les tyrans aient disparu.

»Ce que je désire, c'est que tu n'oublies jamais celui qui aurait exposé bravement sa vie pour toi ; et si un jour je suis libre, tu entendras parler de ton ami.

» N'oublie pas non plus que nous devons tout à notre patrie, et que cela seul peut nous faire supporter les peines de la vie.

» Adieu, honneur, courage, espoir. »

» Ton fidèle ami,   Boireau (Victor).

« Plus les jours s'écoulent, plus j'apprends à connaître le bon cœur de cette bonne dame Petit, je ne pourrai jamais lui payer des dettes de cœur semblables ; ne l'abandonne pas non plus, mon ami, car elle ferait bien des sacrifices pour toi, cette pauvre femme ! Le jour approche où je vais me faire voir un peu ; je me défends moi-même.

« Husson et Hubert le rouge te souhaitent le bonjour. Si nous étions dehors tous les quatre !....

« Cette lettre te parvient par un tiers homme sûr.

« J'ai prié madame Petit de te demander une pipe pour souvenir de mon ami. Elle doit aussi, cette femme de si bon cœur, me faire une blouse avec ceinture rouge, une cravate rouge et des chaussons rouges. J'irai avec ce costume le second jour aux assises. »

Boireau, pendant cette lecture, reste comme interdit, les yeux baissés, la contenance abattue ; bientôt il s'assied, et se cache le visage dans ses deux mains.

Martin (du Nord). — Voilà, messieurs, les lettres écrites par Boireau. Je les ai lues pour prouver que Boireau n'est pas un homme à faire ce qu'il ne lui convient pas de faire.

Dulac. — Je demande la parole.

Le président. — Il faut savoir avant si Boireau a quelque chose à répondre.

Boireau (avec abattement). — Non, je n'ai rien à répondre.

Martin (du Nord.) — Il y a dans une des lettres que je viens de lire, dans la dernière, une phrase dont je vous demande l'explication, Boireau, dans votre intérêt personnel, et dans celui d'Hubert et de Husson.

Boireau. — Mon avocat vous donnera cette explication, je n'ai rien à dire.

Le président. — Votre avocat ne pourra que répéter l'explication que vous lui donnerez vous-même. (Boireau garde le silence.)

Rittier. — Permettez-moi un mot dans l'intérêt de Husson. (L'avocat lit.) « L'histoire vante la discrétion du général athénien qui ayant intercepté les lettres de Philippe de Macédoine, son ennemi, les lui renvoya sans les ouvrir. Au plus fort de la terreur, les partis respectèrent les lettres. » C'est Me Dupin que je cite, messieurs les jurés.

Le sieur Paulus, tailleur, âgé de 84 ans, ne sait rien du complot. Il a été grandement étonné lorsqu'on est venu l'arrêter à son domicile.

Le président. —N'avez-vous pas entendu parler du complot ?

Paulus. — J'avais entendu dire que l'on avait voulu attenter à la vie du roi *avec de l'artillerie de poche.* (Hilarité).

Le président. — On vous a arrêté, il est vrai, et on vous a fait venir en poste de Corbeille à Paris ; mais vous en savez plus que vous n'en voulez dire.

Paulus. — J'ai fait une maladie, monsieur, depuis le mois de janvier, et il serait possible que la mémoire ne fût plus fidèle.

Le président. — Je vais faire représenter une paire de pistolets saisie chez vous, (on représente au témoin deux petits pistolets de poche).

Paulus. — Ces armes étaient pour ma défense ; il y a plus de cinq ans que je les ai achetées ; quant au fusil, il appartient à la personne chez qui j'habitais à la campagne ; c'est une arme prise lors de la destruction de la Bastille. (Le témoin poursuit en s'animant par degrés.) On est venu m'arrêter d'une manière infâme, sans mandat, sans que l'autorité fût présente. Considérez mon âge ; je n'ai pas une tête comme les jeunes gens, j'ai été troublé.

Le président. — Avez-vous vu quelquefois Delont ?

Paulus. — Je le voyais tous les jours ; il venait aux ventes.

(Madame Castaing entre en ce moment dans la salle, et va s'asseoir au banc des témoins au milieu d'un mouvement de curiosité et d'intérêt.)

Le président. — N'est-ce pas Dulont qui vous a remis les pistolets?

Paulus (avec chaleur)—Je ne les aurais pas reçus. Croyez-vous donc que j'aurais voulu compromettre mes enfans? J'avais ces armes, je les avais chargées parce qu'on nous a volé chez mon gendre, où je demeure; on avait pris 5o fr. dans mon tiroir.

Le procureur-général. — Avez-vous porté plainte à la suite de ce fait?

Paulus. — A quoi bon? c'est de l'argent, ça n'a pas de nom.

Me Auguste Marie. — Le témoin a-t-il entendu parler Delont d'un baril de poudre?

Paulus. — Je connais Delont depuis bien long-temps, j'ai été témoin à son mariage; il ne m'a jamais parlé de rien.

L'Huissier. — La femme Castaing est arrivée.

Le president. — Faites-la venir.

Femme Castaing, nous vous avons envoyé chercher par un huissier et un garde municipal parce que mention avait été faite au procès-verbal des expressions injurieuses dont vous vous êtes servie à l'égard d'un magistrat, qu'il y avait des réserves contre vous, et que dans cet état vous deviez arriver au commencement de l'audience.

R. Il m'a fallu faire mon ménage et m'habiller.

Le president. — Je vous demande si la nuit vous a porté conseil, et si vous persistez encore dans les injures et les calomnies que vous avez prodiguées au juge d'instruction.

R. Je crois que je n'ai pas dit d'injures au juge d'instruction.

Le président. — Si ce que vous avez dit hier est vrai, la conduite du juge eût été infâme, par conséquent vos paroles étaient injurieuses, vous le saviez bien.

R. Je puis m'être trompée à cet égard.

Le president. — Vous ne vous êtes pas trompée, mais vous avez voulu nous tromper.

R. J'ai pu mal comprendre les paroles du juge d'instruction; je ne puis pas bien m'expliquer, vous voyez que je suis toute tremblante devant vous. (Le témoin est en effet troublé; elle

change plusieurs fois de couleur, on est obligé de la faire asseoir.)

Martin (du Nord). — Si vous êtes troublée, attendez un
instant, recueillez-vous.

Le président. — Devant le juge d'instruction, pourquoi n'a-
vez-vous pas dit, comme vous l'avez fait hier, que c'était Bray
qui vous avait apporté les pistolets?

R. La première fois je n'ai rien dit pour ne pas compromettre un père de famille, un homme qui se disait malheureux.

D. Vous rappelez-vous aujourd'hui ce que vous a dit le juge
d'instruction?

R. Il m'a dit que je mourrais dans les cachots si je ne disais
pas la vérité.

D. En êtes-vous sûre?

R. Je le crois.

Le président. — Il ne s'agit pas de ce que vous croyez, mais
de ce qui vous a été dit. Selon vous, on vous aurait fait des menaces pour obtenir de fausses déclarations.

R. J'étais arrêtée, ma petite était malade, j'étais fort agitée,
je ne me rappelle pas au juste ce qu'on m'a dit.

Le président. — Le juge d'instruction n'a pas pu vous dire
que vous pourririez dans les prisons si vous ne dénonciez pas
la femme Combes.

R. J'ai pu me tromper ou mal entendre.

Le président. — Vous n'ê'es pas un enfant, vous compre-
nez parfaitement ce qu'on vous dit, et vous savez fort bien que
le juge d'instruction n'a pas tenu le langage que vous lui
prêtez.

Martin (du Nord). — Dans votre premier interrogatoire,
vous avez dit positivement que la femme Combes vous avait
remis les pistolets.

R. Non, je n'ai pas dit cela la première fois.

Le président. — Je crois que la première fois elle n'a pas été
interrogée sur ce point, c'est seulement dans son second interrogatoire qu'elle s'est expliquée à cet égard. (M. le président
donne lecture des deux déclarations du témoin.)

D. Je vous demanderai encore une fois pourquoi vous avez
déclaré que les pistolets vous avaient été remis par la femme
Combes.

R. J'avais peur de compromettre M. Bray.

Le president.—Mais vous compromettiez par vos réponses la femme Combes.

R. Madame Combes n'était pas dans la position où je croyais M. Bray.

D. Votre but en vous rétractant n'a-t-il pas été d'être favorable à la femme Combes et surtout à son mari que vous connaissiez et que vous saviez compromis ?

R. Je n'ai pas pensé à cela.

Le president. — Je ne sais pas si M. le procureur-général prendra des réquisitions contre vous. Dans tous les cas, nous devons vous dire que votre conduite est odieuse ; que les imputations que vous avez dirigées contre un magistrat auraient contre vous de graves résultats, ssi on n'avait pas égard à votre faiblesse et à votre sexe.

Le procureur-general. — Lorsqu'on inculpe un magistrat comme l'a fait hier le témoin, nous ne devons pas garder le silence ; notre position nous fait un devoir d'insister. La femme Castaing a prétendu que les premières déclarations ont été dictées par une violence morale exercée sur elle par le juge d'instruction. Cette violence n'aurait pas pu exister en présence de la femme Combes. Eh bien! en présence de la femme Combes, le témoin a déclaré que c'était de cette femme qu'elle avait reçu les pistolets. Dans la déclaration qu'elle a faite le 25 septembre, après sa mise en liberté, c'est-à-dire à une époque où elle n'avait rien à craindre, elle n'a pas parlé de Bray, et cependant c'était le moment de se rétracter.

Je regrette que cet incident vienne interrompre les débats et les prolonger ; mais nous ne devons point laisser passer un pareil outrage sans que justice soit faite ; et qu'il soit puni.

Je demande dans l'état des choses, si la dame Castaing persiste à soutenir que le juge d'instruction lui a dit qu'elle pourrirait en prison, si elle ne voulait pas faire les déclarations qu'il lui indiquait.

Le temoin, avec hésitation.—J'ai pu me tromper ; je ne me rappelle pas ce qu'on m'a dit.

Le president. — Hier vous ne balanciez pas à accuser le juge d'instruction et à lui imputer une conduite odieuse. Aujourd'hui qu'il y a des réquisitions contre vous, et que vous pouvez être arrêtée, vous hésitez.

R. Je n'ai pas peur que l'on m'arrête, j'ai la conscience pure ; je n'ai pas voulu accuser le juge d'instruction, et encore moins l'insulter.

LE PRÉSIDENT.—Vous ne vouliez pas insulter ce juge, et vous disiez tout ce qu'il fallait pour cela.

Me JOLY.—Je demande la parole.

LE PRESIDENT.—Les faits dont le témoin a déposé intéressent Combes : faites vos observations.

Me JOLY. — La déposition orale du témoin est conforme à celle qu'elle a déjà faite dans l'instruction. C'est un point important à constater dans l'intérêt de Combes. Madame Castaing paraît hésiter aujourd'hui ; elle est sous le coup d'un mandat. Je comprends que dans une pareille position elle manifeste de la crainte, et qu'elle soit moins affirmative sur les faits qu'elle ne l'a été hier. MM. les jurés sauront apprécier cette situation.

Je ferai remarquer que dans les questions qui lui ont été posées lors de sa déposition du 25 septembre, il ne s'agissait pas de la remise des pistolets. Plus tard la femme Castaing a été interrogée d'une manière précise, et alors elle a répondu que c'était Bray, et non pas Mme Combes, qui lui avait fait cette remise. A l'aide des réquisitions qui ont été faites, la déposition du témoin a nécessairement été paralysée.

Mme Castaing n'a pas compris la portée de ses expressions ; s'il y a eu quelque chose de fâcheux dans ses paroles, elle n'a voulu offenser personne, elle le déclare, et je crois qu'elle est sincère. C'est la première fois qu'elle comparaît devant la justice, elle ne connaît peut-être pas tous les égards qui lui sont dus.

Je pense qu'il n'y a pas lieu de statuer à son égard.

LE PROCUREUR-GENERAL. — Je n'accuse pas la femme Castaing de faux témoignage. Il ne s'agit pas pour le moment de savoir quelle peut être la valeur de sa rétractation, mais des outrages dont elle s'est rendue coupable vis à vis du juge d'instruction de ces expressions que mensongèrement elle prêta au magistrat : si vous ne dites pas telle chose vous pourrirez en prison.

Nous ne pouvons souffrir que de pareils outrages soient proférés dans une audience publique sans qu'il en soit fait une juste répression.

Il faut que la femme Castaing rétracte immédiatement tout ce qu'elle a dit contre le juge d'instruction, autrement, nous requerrons contre elle l'application des dispositions de la loi pénale relatives au délit dont elle s'est rendue coupable.

Me Moulin se lève.

LE PRESIDENT. — Laissez répondre la femme Castaing.

LE TEMOIN. — Je demande excuse à M. le président et à ces messieurs.

LE PRESIDENT. — Révoquez-vous les outrages que vous avez adressés au juge d'instruction?

R. Oui.

D. Pourquoi les avez-vous dits?

R. J'étais troublée.

LE PRESIDENT. — Sachez que vous êtes exposée à entendre prononcer contre vous une condamnation, et que si on est indulgent pour vous, c'est en raison de votre repentir. *La honte de vos injures contre un magistrat retombera sur vous. Essayez de lever les yeux en retournant à votre place.* (Une assez vive agitation se manifeste dans l'auditoire et aux bancs des accusés. Au milieu du bruit, on entend : c'est bien brave! et d'un autre côté : une femme!)

M. MONSARRAT (avec vivacité). — Huillery vous avez dit que le magistrat osait insulter une femme.

Huillery. — Je n'ai pas dit cela.

M. MONSARRAT. — Vous l'avez dit.

R. J'ai dit à mon avocat, c'est une femme.

Huillery est agité, il paraît souffrant et demande à sortir pendant quelques instans.

LE PRESIDENT. — Sortez.

(L'audience est suspendue quelque temps.)

LE PRESIDENT. — Nous levons la consigne que nous avions donnée au garde municipal de rester auprès de madame Castaing.

Femme CHAPEL, portière. — Dulac était dans la maison depuis cinq ans. Il était fort tranquille; c'est un homme rangé.

VEUCLIN, garçon d'attelage aux écuries du roi. — Un jour

il s'est présenté une femme avec une pétition, il a voulu la prendre, mais la femme effrayée par le cheval, s'est retirée.

D. Vous rappelez-vous l'endroit où ce fait s'est passé?

R. Je crois que c'est sur la place Louis XV.

D. Etait-ce en allant à Neuilly ou en revenant?

R. Je ne me le rappelle pas.

D. Vous rappelez-vous le jour où le fait dont vous parlez a eu lieu.

R. C'était dans le beau temps.

M. Monsarrat lit un rapport sur les différens voyages du roi à Neuilly, dans le courant de juin et de juillet 1835.

Me PLOCQUE. —Avez-vous remarqué des individus qui aient attiré votre attention d'une manière particulière?

R. Je ne remarque personne j'ai toujours les yeux sur la voiture et les chevaux.

MAYE, marchand de meubles.

D. Avez-vous entendu Delont causer d'un complot avec différens individus.

R. Non, jamais.

MARTIN (du Nord.) — Vous avez été chez Combes au commencement de juillet; vous y avez vu l'ouvrier de Combes. Vous n'y avez jamais entendu parler d'un complot contre la vie du roi?

R. Non.

D. Combes ne vous a-t-il pas entretenu de l'arrestation de plusieurs individus compromis dans un complot?

R. Il m'a parlé d'une arrestation qui avait eu lieu, je crois rue Mauconseil.

D. Ne vous a-t-il pas engagé dans un nouveau complot?

R. Non, parce qu'il sait bien que je n'aurais pas voulu en être.

D. Ne vous a-t-il pas dit que les conjurés n'avaient pas renoncé à leurs projets d'assassinat sur la personne du roi?

R. Je ne me le rappelle pas.

D. Ne lui aviez-vous pas entendu dire que l'on avait renoncé à exécuter ce projet sur la route de Neuilly?

R. Oui.

D. Pourquoi?

R. Parce qu'il y avait trop de surveillance.

D. Il vous a donc parlé d'un nouveau complot?

R. (Avec hésitation.) Oui.

D. A-t-il désigné le lieu où ce nouveau complot devait se réaliser?

R. Non.

Le procureur-general. — Il ne vous a pas annoncé par conséquent que le projet de com plot était abandonné

R. Il ne m'a pas dit que le projet fût éteint.

D. Combes vous a-t-il demandé des pistolets?

R. Oui, pour envoyer à son frère. Je les lui ai faits 18 fr., ils m'en coûtaient 15 ; j'espère que ce n'est pas trop cher. Il n'en a pas été content et me les a rendus.

D. Combes n'a-t-il pas dit que comme les conjurés étaient surveillés on ne se réunissait pas en grand nombre?

R. Je ne me rappelle pas cela.

Le procureur - general. — Tâchez de vous recueillir, vous en savez plus que vous ne voulez en dire. Le 3 juillet, n'avez-vous pas eu connaissance d'un nouvel attentat contre la vie du roi?

R. Je viens de vous le dire.

Le procureur - general. — Vous n'en avez encore rien dit. Vous savez des faits importans. Non seulement vous connaissiez l'arrestation faite rue Mauconseil et le projet de complot qui avait précédé cette arrestation, mais encore vous avez su qu'un nouveau complot avait été projeté ; vous devez en savoir les détails ?

R. On m'a proposé d'entrer dans un complot ; j'ai refusé : je ne puis donc savoir ce qui devait se faire.

D. Puisqu'on vous proposait d'entrer dans un complot, on a dû vous dire ce que c'était que ce complot, quel en était le but, où il devait s'exécuter ?

R. On m'a dit qu'il s'agissait d'attaquer le roi sur la route de Neuilly.

Le procureur - general. — Vous ne dites pas la vérité tout entière. Est-ce de Combes que vous avez su qu'on devait attenter aux jours du roi?

R. Combes m'en a parlé.

D. Vous a-t-il donné des détails ?

R. Puisque je ne voulais pas en être, il n'a eu rien à me dire.

D. Est-ce qu'il ne vous aurait pas dit que par suite de l'arrestation faite chez les frères Chaveau, on n'était plus en nombre, qu'il manquait des conjurés?

R. Il m'a dit qu'il avait besoin de plusieurs personnes. (Le témoin semble hésiter et s'arrête.)

M. LE PROCUREUR-GENERAL. — Continuez.

LE TEMOIN. — Il leur manquait des conjurés, parce qu'ils n'étaient plus que cinq ou six.

D. Connaissez-vous Léglantine?

R. Oui, il était porteur d'eau dans mon quartier.

D. Vous a-t-il parlé d'un complot?

R. Comme ci, comme ça. Il m'a dit qu'il existait un complot, qu'il y aurait une autre expédition.

D. Vous saviez donc qu'il y aurait une seconde expédition?

R. Oui, d'après ce que m'avait dit Combes, qui m'avait parlé d'un complot, en m'engageant à y entrer.

MARTIN (du Nord). — Témoin, pourquoi n'avez-vous pas parlé de cela au juge d'instruction?

R. Je tremble encore; je ne savais pas qu'il fallût le dire.

Me JOLY. — Mais il est bien étrange que, dépositaire de révélations aussi graves, vous les ayez conservées pour l'audience, en les cachant jusqu'à présent à la justice.

MARTIN (du Nord). — Le témoin a rempli un devoir de bon citoyen en avertissant l'autorité d'un complot contre le gouvernement; s'il n'en a pas parlé à M. le juge d'instruction, il en a parlé ailleurs, et voici la lettre écrite par lui à M. Thiers, et qui nous a été envoyée par M. le président du conseil. M. Martin (du Nord) donne lecture d'un billet ainsi conçu :

« Je prie M. Thiers de me faire demander, j'ai un secret à lui révéler; il s'agit d'un complot contre la vie du roi, je le prie de me faire demander ailleurs qu'à son hôtel, et comme si c'était pour vendre des meubles. » (Agitation.)

Me JOLY. — Quelle est la date de cette lettre?

MARTIN (du Nord). — Le 4 juillet.

M⁰ Joly. — Eh bien! voici sa déposition le 2 août, dans laquelle il ne dit pas un mot de tout cela.

Martin (du Nord). — Mailhe a fait acte de bon citoyen; on doit toujours révéler à l'autorité les faits qui intéressent le gouvernement; on conçoit d'ailleurs qu'il n'ait pas voulu révéler, le 2 août, le fait qu'il avait révélé officiellement à l'autorité le 4 juillet précédent.

M⁰ Joly. — Mais cette prétendue déclaration faite à M. Thiers?.....

Martin (du Nord). Vous ne pensez pas sans doute qu'on l'ait supposée.

M⁰ Joly. — Je ne parle pas de la déclaration en elle-même, mais seulement des faits qui y sont contenus; elle lui imposait le devoir de dire tout ce qu'il savait. Pensez-vous que M. le juge d'instruction ait eu connaissance de cette dénonciation lors de son interrogatoire?

Martin (du Nord). Ah! mon Dieu non! il ne la connaissait pas; elle m'a été envoyée dernièrement.

Le président. — Nous ne la connaissions pas nous-mêmes il y a trois jours.

L'audience est suspendue à deux heures.

Elle est bientôt reprise.

M⁰ Plocque. — L'art. 525 impose à la cour l'obligation de prévenir MM. les jurés de la qualité de dénonciateur applicable à un témoin. Il a été procédé hier, dans ces termes, à propos de Bray, nous demandons qu'il soit fait mention sur le procès-verbal de ce que cette formalité n'a pas été remplie en ce qui concerne Mailhe, dénonciateur, qui vient d'être entendu avant la suspension de l'audience.

Le président. — Il en sera fait mention; d'ailleurs l'inobservation de cette formalité n'entraînera pas la nullité.

On entend ensuite le sieur Dauteuil, expert nommé par la cour, qui a adressé un plan en relief des lieux habités par Combes; il entre dans de fort longs et fort minutieux détails sur l'endroit où ont été trouvées les armes. MM. Martinet, commissaire de police, entendu déjà dans l'audience d'hier, et Boudrot, officier de paix, qui ont procédé à la saisie des objets chez Combes, déposent des mêmes circonstances. Il s'agit de savoir si les armes ont été déposées sur le toit par la lucarne du portier ou par la fenêtre du grenier de Combes.

Radermacher, tailleur et portier de la maison des époux Combes, ne reconnaît pas les accusés par ce qu'il est trop éloigné et que sa vue, très faible, ne lui permet pas de distinguer leurs traits.

On représente au témoin le plan en relief dressé par le sieur Dauteuil, et il entre dans des détails sur les localités. Le témoin s'approche ensuite des accusés pour tâcher de les reconnaître ; il ne reconnaît pas les frères Chaveau. Dulac quitte le banc des accusés et vient au milieu de l'enceinte, devant la cour.

Delont. — Mais il ne faudrait pas que Dulac descendît seul ; autrement la reconnaissance serait trop facile, puisqu'on commence pas le nommer.

Le président. — MM. les jurés voient notre embarras ; nous ne pouvons faire autrement.

Radermacher reconnaît Dulac comme l'ayant vu quelquefois venir chez Combes.

Bastide, ébéniste, ayant demeuré rue Saint-Honoré, dans la maison de Combes, à l'époque du mois de juillet dernier, déclare qu'il emportait toujours la clé de sa chambre, voisine des toits, et que ce n'est pas lui qui y a déposé les armes qu'on a saisies.

Jeffrie, témoin entendu en vertu du pouvoir discrétionnaire, est introduit.

M. le président. — Tournez-vous du côté de MM. les jurés, et si vous avez quelque chose à dire, dites-le ; mais je pense que vous ne savez rien. Vous avez connu Bray ?

R. Oui, monsieur.

Bray s'avance.

D. Bray ne vous a-t-il pas remis une canne-fusil ?

R. Oui, monsieur, il me l'a donné pour la faire repeindre, et, comme je ne pouvais faire cela moi-même, je lui ai donné une autre adresse, où il est allé la chercher lui-même.

D. A quelle époque était-ce ?

R. Il y a un an ou quinze mois.

On appelle M. de Breiderbach, qui s'avance, tenant à la main la canne fusil.

Le président. — Jeffrie, c'est vous qui avez vendu cette canne ?

R. Oui, monsieur; Bray désirait en avoir une, dont il voulait faire cadeau à quelqu'un qui le protégeait.

D. Bray ne vous a-t-il pas demandé plus tard de lui en fournir?

R. Non, monsieur.

D. Avez-vous dit à Bray le nom de la personne qui en faisait?

R. Non, monsieur.

D. Qui a porté la canne chez le vernisseur?

R. Je crois que c'est Bray qui l'a portée dans le passage de la Marmite.

JEFFRIE reconnaît dans les mains de M. de Breiderbach la canne qu'il a vendue.

M. DE BREIDERBACH, sur la demande de M₀ Joly, démonte la canne et en indique l'emploi.

LE PRÉSIDENT. — Quelle est la charge d'une arme pareille?

R. Je crois qu'on n'y pourrait mettre que quelques grains de plomb.

On rappelle Marlin, auquel on montre la canne de M· de Breiderbach; elle lui semblait plus foncée, lorsqu'il l'a vue chez Combes, dans les mains de Bray.

M. MUSNIER, peintre en miniature, reconnaît Combes, reconnaît Combes, Dulac et Léglantine. Le témoin n'a connu les accusés qu'à la Force, où il était détenu lui-même, par suite d'une prévention politique.

LE PRÉSIDENT. — N'avez-vous pas fait un portrait de Duval, et ne le lui avez-vous pas remis enveloppé?

R. Oui, Monsieur.

D. Chaveau n'était-il pas dans la même chambre que vous à la Force?

R. Oui.

Madame HERVEAU explique alors comment les mots latins dont parle l'acte d'accusation ont dû se trouver écrits sur un papier qui aurait été laissé chez elle par Torrès, le compagnon de son fils en Portugal.

On représente au témoin Musnier le papier sur lequel sont écrits les mots latins.

D. Duval, il faudrait expliquer comment le papier s'est trouvé en votre possession.

R. J'étais dans la même chambre que Chaveau à la Force. Ma femme vint prendre mon portrait ; je le lui passai en prenant par hasard le papier qui était sous ma main ; je n'y attachai d'ailleurs aucune importance, et la preuve, c'est qu'après deux mois on a retrouvé le portrait enveloppé de la même façon.

G. Chaveau. — C'est de l'écriture de Torrès.

M. de Montsarrat explique alors à MM. les jurés l'importance que l'accusation attache à cette note latine trouvée chez Duval, et qui établirait des relations antérieures entre Duval et la famille Chaveau.

M. Virmaitre : Je profite de l'occasion pour dire que jamais Duval n'a été arrêté au sujet des affaires d'avril.

M. de Montsarrat : Je vous demande pardon ; nous avons sous les yeux son interrogatoire, subi devant M. Jurieu.

M. Virmaitre — Cet interrogatoire ne prouve pas l'état d'arrestation ; Duval ne comparaissait devant M. le conseiller instructeur qu'en vertu d'un mandat de comparution.

M. Yon, commissaire de police dépose en ces termes :

Le 26 juin, j'ai assisté M. Barlet dans sa visite chez la dame Chaveau ; il y eut d'abord quelque résistance ; mais, au moment où l'on se disposait à employer la force, les portes furent ouvertes de l'intérieur.

Le témoin rapporte les faits déjà connus sur les scènes de désordre et de violence qui auraient eu lieu chez Chaveau ; il raconte ensuite les circonstances des visites faites chez Duval.

D. A l'époque où vous allâtes avec M. Barlet étiez-vous instruit personnellement du complot ?

R. Non, monsieur ; je venais de voir arriver à la préfecture M. de Gasparin, dans son équipage ; on demanda M. Joly, et, peu de temps après, il descendit en me disant : « Voilà un mandat que je vous charge d'exécuter. M. le prefet vous recommande la plus grande célérité. » Nous allâmes ensuite rue Mauconseil.

D. Qui est-ce qui donna le signal du désordre?

R. Ce fut Chaveau ; jusque là les autres nous avaient paru assez tranquilles.

Le témoin rend compte des circonstances déjà connues sur l'arrestation et sur la saisie des armes.

D. Après votre sortie de la maison, où ont commencé les cris?

R. Ils avaient commencé dans la maison, et ils continuaient dans la rue; on criait : « Vive la république ! à bas le tyran ! à bas Louis-Philippe ! on chantait la *Marseillaise*.

D. A quelle époque avez-vous été mis en rapport avec Bray?

R. L'époque a été indiquée d'une manière très-exacte dans l'acte d'accusation; je fus chez M. de Gasparin, d'après les ordres de M. Gisquet, à 7 heures du matin; Bray y était : voici l'homme qui a dénoncé le complot, me dit-il; il paraît que les conjurés n'ont pas abandonné leurs projets, et qu'aujourd'hui même ils veulent les exécuter : je vous recommande la plus grande surveillance pour protéger la voiture de S. M.

D. Ainsi donc vous n'aviez pas vu Bra   avant le 26 juin ?

R. Je n'avais jamais entendu parler de Bray avant ce jour; je ne connaissais même pas son adresse : je me mis en relation avec lui, d'après les ordres de M. de Gasparin.

D. Que vous dit Bray la première fois?

R. Il nous dit : on nous a dit de rester chez nous, et c'est la preuve qu'ils veulent exécuter leurs projets d'assassinat.

D. Bray vous a-'-il dit qu'il avait été place de la Concorde, et dans un cabaret rue de Rivoli, avec d'autres conjurés ?

R. Je n'ai pas vu ces hommes-là, parce que je me tenais près des fossés, endroit où le péril était le plus imminent.

D. N'a-t-il pas parlé d'un baril ?

R. Il ne disait pas l'avoir vu; mais il donnait à cet égard les explications les plus complètes et les plus satisfaisantes, qu'il tenait des conjurés.

D. Où était le baril, suivant Bray ?

R. Il était chez Delont; mais il ne connaissait pas l'adresse de ce dernier, et j'ai pu me convaincre par moi-même de la réalité de ce fait.

D. Comment avez-vous connu la demeure de Duval ?

R. Un jour pendant mon absence, Bray vint chez moi, insistant beaucoup pour me voir : il dit à ma femme qu'il voudrait me parler; elle me l'envoya, à la préfecture. Il me dit alors : Mme Combes vient de m'envoyer chez Duval; et ce fut ainsi que je fus mis sur les traces de cet individu.

D. Ne vous a-il pas parlé d'un nommé Henry, personnage imaginaire, qu'il mettait en avant pour attirer les conjurés ?

R. Oui, Monsieur; il m'en dit quelque chose; mais je l'engageai fortement à abandonner de pareils moyens qui pourraient le compromettre devant la justice : « Comment, me dit-il, est-ce qu'il faudra que j'y paraisse ? — Oui, sans doute ; et ne faites rien qui puisse vous faire rougir. J'en parlai à M. le préfet, qui m'engagea fort à maintenir cet homme dans ses dispositions; il n'avait été entraîné que par un excès de zèle. Je lui dis qu'il valait mieux n'être jamais sur la trace du baril, que d'y arriver par de semblables moyens. (Mouvement)

D. Vous qui étiez chargé de pousser le complot jusqu'au bout, comment n'avez-vous pas parlé à la justice des fusils trouvés chez Prugue ?

R. Fonctionnaire public, je n'ai dû révéler que des renseignemens précis et certains.

On interroge M. Yon sur la mission de surveillance qu'il a remplie le 26 juin sur la place de la Concorde; il déclare n'y avoir rien vu qui lui parût suspect.

M Joly.— Je p rie M Yon de vouloir dire s'il considérait Henry dont parlait Bray comme un être réel, ou comme un être imaginaire ?

R. Je le regardais comme un être fictif, et j'ai même fait à Bray les observations que j'ai indiquées tout-à-l'heure.

Une discussion s'engage ensuite sur la déposition de M. Yon, elle se prolonge jusqu'à 5 heures 1|2.

L'audience est ensuite renvoyée à demain 10 heures.

La liste des témoins à charge étant à peu près épuisée, on entendra demain les témoins à décharge, et, selon toute apparence, le réquisitoire de M. le procureur-général.

SIXIÈME AUDIENCE. — 3 AVRIL.

A dix heures un quart les accusés sont amenés sur les bancs. La salle est comble. On remarque que Bray, placé au premier rang des témoins, reste, malgré la foule qui l'entoure, dans un complet isolement. Il hasarde un salut à l'un des officiers de paix de service. Celui-ci le lui rend à peine.

M. Oudart, expert en écriture prête serment.

Me VIRMAITRE. — Il serait peut-être convenable de remettre à l'expert de l'écriture de Duval.

LE PRÉSIDENT. — Il est constant que les mots latins *diligo excellentissimam mulierem Chaveau* ne sont pas de la main de Duval.

M. MARTIN (du Nord). — Je ne vois aucun inconvénient à remettre à l'expert un corps de l'écriture de Duval. Je pense qu'il serait bon qu'Huillery , Dulac et Delont fissent aussi un corps d'écriture.

M. le président fait successivement sortir Dulac , Delont et Huillery du banc des accusés ; il les fait placer devant le greffier et leur fait écrire à l'encre et au crayon la note trouvée Chez Boireau, laquelle est ainsi conçue : « Chez Rossignol, » traiteur , rue de la Fontaine , au parc St-Fargeau , en haut de Belleville , tu demanderas Delont. »

Me MOULIN. — M. le président voudrait-il ordonner l'audition d'un nommé Loubinouste, ouvrier ?

D. Sur quel fait le témoin doit-il déposer ?

Me MOULIN. — Une dissidence s'est élevée à l'une des précédentes audiences entre Bray et l'un des accusés , sur la manière dont Bray avait quitté le service ; c'est sur ce point que Loubinouste donnera des renseignemens utiles.

Le président donne l'ordre de faire assigner le témoin indiqué, et engage les autres défenseurs à lui faire connaître les noms des témoins qu'ils désirent encore faire appeler.

Me MOULIN. — Je profiterai de l'occasion pour demander à . le procureur-général s'il s'est procuré l'adresse de Fresnot.

M. MARTIN (du Nord). — Nous avons demandé cette adresse à la préfecture de police, mais elle ne nous a pas encore été envoyée.

Me MOULIN. — Par l'intermédiaire de Fresnot fils, on peut avoir l'adresse de son père ; Fresnot est aujourd'hui attaché à la brigade de M. Bertin, officier de paix.

Me VIRMAITRE. — J'aurais quelques questions à adresser à M. Yon,

L'huissier audiencier. — M. Yon n'est pas présent.

Le president. — Il faut aller à la préfecture, et dire à M. Yon qu'il vienne; que l'on a des questions à lui adresser.

M. Lenoir, commissaire de police, reconnaît pour les avoir arrêtés, plusieurs des accusés. Il a fait une perquisition le 19 octobre chez les frères Chaveau, et y a trouvé du papier rayé à l'encre rouge et noire, une cartouchière renfermant six balles de calibre, une pierre à fusil, un mandrin à cartouches, un poignard à manche grossier, une cuillère en fer ayant servi à fondre du plomb. Ces objets étaient cachés derrière des poteries et de la ferraille.

Le president. — Comment expliquez-vous que ces objets n'aient pas été trouvés lors de la première perquisition?

Le temoin. — Il paraît qu'il y a eu beaucoup de tumulte le jour de cette perquisition; c'est sans doute pour cela que tout n'a pas été trouvé.

Charles Chaveau, au témoin. — N'ai-je pas emporté un carton dans lequel il y avait des papiers?

R. Oui, je me rappelle qu'il m'a demandé ces papiers; après avoir consulté M. Zangiacomi, je les lui ai remis.

Le president. — Y avait-il du papier à registre?

R. Je ne me le rappelle pas bien.

D. Pensez-vous qu'il ait emporté du papier à impression?

R. Je ne le crois pas.

Mé Virmaitre. — M. le commissaire de police a laissé emporter du papier blanc : se rappelle-t-il que ce papier fût recouvert d'une envelopp e

R. Je n'en ai aucun souvenir; cela est possible.

M. Martin (du Nord.) — Si vous aviez vu autre chose que du papier blanc, l'auriez-vous laissé emporter?

R. Non certainement.

Le president. — Rendez-nous compte de la perquisition que vous avez faite chez Bray, et de ce qu'il vous a dit alors.

Le temoin. — Arrivé chez Bray, je l'ai trouvé seul; je lui ai annoncé que j'allais procéder à une perquisition. Il m'a laissé faire sans rien dire; dans une armoire, et, sous des linges, j'ai trouvé de pistolets. Il m'a dit alors qu'étant ancien militaire il aimait les armes, et qu'il avait celles-là pour les raccommoder. Cet homme me paraissait mystérieux et embarrassé. J'ai cru ne devoir pas lui faire subir d'interrogatoire, n'espérant point obtenir de réponse satisfaisante.

LE PRESIDENT. — Quelle opinion avez-vous eue de Bray ?

R. Le prenant pour un des complices, je l'ai arrêté.

D. Où avez-vous trouvé les pistolets ?

R. Ils étaient dans une armoire, en deux paquets, et enveloppés d'une grosse toile grise.

UN JURÉ. — Était-il bien facile de découvrir ces pistolets ?

R. Ils étaient derrière un pot de grès ; mais on pouvait les trouver facilement.

D. Bray vous a-t-il dit, lorsque vous lui avez annoncé votre perquisition, qu'il avait des pistolets ?

R. Non.

UN JURÉ. — Vous a t-il fait des observations ?

R. Aucune.

Me MOULIN. — Je ne fais qu'une remarque : c'est que Bray, au lieu de dire à M. le commissaire de police, qui lui avait fait connaître sa mission : Voilà des armes, elles appartiennent à tels ou tels, les lui laisse péniblement chercher, et, lorsqu'elles sont découvertes, lui en dissimule l'origine.

M. MONSARRAT, substitut du procureur-général. — Y avait-il un ou deux paquets ?

LE TEMOIN. — Deux, je crois.

M. MONSARRAT. — Cette circonstance est importante, car, d'après les déclarations de Bray, il y aurait eu deux remises de pistolets, l'une par Prugues et l'autre par Lacombe.

Me JOLY. — Mais il est à remarquer aussi que Bray a déclaré que les quatre paires de pistolets lui avaient été remises, deux par Prugues : je comprends que celles-là aient pu être trouvées réunies ; quant aux deux autres, qui lui ont été données séparément, si on les a trouvées ensemble et entourées d'une toile, elles ont été disposées ainsi par Prugues.

Me VIRMAITRE. — M. Lenoir a fait des perquisitions chez Duval, voudrait-il s'expliquer à cet égard ?

R. La première avait pour but la saisie d'un portrait de Chaveau, et la seconde de l'écriture de Duval.

LE PRESIDENT donne lecture des procès-verbaux de perquisition dressés par le témoin.

Me VIRMAITRE. — Il résulte de l'un de ces procès-verbaux

que le papier sur lequel se trouvent des mots latins et le nom Chaveau, enveloppait le portrait de Charles Chaveau.

Le témoin. — Je me rappelle, en effet, que ce portrait était enveloppé.

Le procureur-général. — Avez-vous demandé à la femme Duval d'où lui venait ce papier ?

R. Elle m'a répondu qu'on le lui avait remis avec le portrait.

Le président. — Vous avez aussi fait perquisition chez l'Eglantine.

R. En effet, et j'y ai trouvé deux pistolets et des cartouches.

Me Coin de Lisle. — Quel était l'état des cartouches trouvées chez l'Eglantine ? Etaient-elles anciennes ? pouvaient-elles servir telles qu'elles étaient?

R. Elles paraissaient anciennes, et contenaient peu de poudre. Cependant je pense que telles qu'elles étaient, elles pouvaient servir.

Martin (du Nord). — Lors de votre perquisition, rue Mauconseil, Charles Chaveau n'a-t-il pas déchiré des papiers ?

R. Oui.

Martin (du Nord). — Pour quel motif, Chaveau, avez-vous déchiré ces papiers?

Charles Chaveau. — J'ai déchiré ces papiers devant tout le monde, et sans y attacher d'importance.

Le président. donne lecture de la traduction faite par Saint-Omer de l'un de ces papiers, écrit en chiffres, et dont les morceaux ont été réunis. Voici cette traduction : « Allez à Mont-» martre visiter le carliste. Nous lui couperons la tête lorsque » nous aurons la république. Vive la république... vive la... »

Martin (du Nord). — Chaveau, je vous demande de nouveau pourquoi vous avez déchiré ce papier?

R. Si j'y avais attaché de l'importance, je l'aurais mangé ; je savais bien qu'en le déchirant, les morceaux pourraient être réunis.

Le président. — Pourquoi vous êtes-vous permis de lacérer des papiers qui avaient été saisis par le commissaire de police?

Charles Chaveau. — Je n'y attachais aucune importance.

Le président. — Vous n'étiez pas juge de l'importance des des objets qu'on saisissait. Il ne vous appartenait pas de laisser au commissaire de police ce que vous jugiez convenable, et d'anéantir le reste.

Charles Chaveau. — On sait ce que contenait le papier que j'ai déchiré. Il était tout à fait insignifiant.

Le procureur-general. — Un écrit dans lequel on parle de couper la tête à un carliste n'est pas insignifiant.

M. Oudart est introduit pour faire connaître le résultat de son rapport.

J'ai reconnu que Duval et Huillery sont étrangers à l'écriture des mots latins : *diligo excellentissimam mulierem Chaveau*. Ces mots ont été écrits par le nommé Torrès.

Quant à la petite note sur laquelle se trouve le nom *Delont*, elle n'est pas de l'écriture de l'accusé Delont, mais de Dulac.

L'expert indique de nombreux signes de ressemblance entre les différentes lettres du corps d'écriture fait par Dulac et la note trouvée chez Boireau.

Il fait remarquer qu'une faute d'orthographe de la note se trouve reproduite dans ce corps d'écriture.

Le president. — Dulac, vous entendez les paroles de l'expert : qu'avez-vous à dire?

Dulac. — Je ne doute pas du talent de M. l'expert ; mais ce qu'il vient de dire me prouve qu'on ne doit pas ajouter grande foi aux expertises.

Le president, au témoin. — Vous avez la conviction que la note portant le nom de Delont est de l'écriture de Dulac?

Oudart. — Je n'en ai pas la conviction intime : mais c'est mon opinion, et le résultat des observations que je viens de faire.

Le procureur-général. — Il serait bon que l'expert constatât par un procès verbal les déclarations qu'il vient de faire.

Le president. — Certainement ; mais il est convenable que les pièces soient examinées sur le champ par messieurs les jurés.

La note et les pièces de comparaison sont remises aux jurés.

Martin (du Nord.) — Boireau, soutenez-vous toujours que le billet trouvé chez vous, et sur lequel est écrit le nom de Délont, vous ait été remis au bal de la Porte-St-Martin ?

R. Oui.

D. Nous vous ferons observer que vous avez dit tout autre chose dans vos déclarations lors du procès de la cour des pairs.

Le rapport de l'expert vient ajouter une nouvelle importance à ces déclarations.

R Le juge d'instruction m'a dit tant de choses sur l'affaire de Neuilly, que j'avais fini par me pénétrer de tous ses détails, et qu'il ne m'a pas été difficile de les reproduire. Quant à une démarche chez Rossignol, j'affirme que je n'ai jamais été chez lui ; je défie qu'un seul témoin vienne dire qu'il m'y ait vu.

D. Je vous rappelle cette phrase de votre interrogatoire ; elle est bien claire. Vous avez déclaré : « Dulac m'avait dit de demander Delont. » Expliquez cela.

R. C'est un pur mensonge de ma part ; voilà tout ce que je puis vous dire.

M. Lenoir entre ici dans de longs et minutieux détails sur l'examen qu'il a fait des diverses armes, cartouches, munitions et papiers saisis chez les accusés. A cette expertise faite à l'audience et pour laquelle il prête un serment *ad hoc*, succèdent deux autres expertises faites et expliquées dans d'interminables détails par messieurs Lepage, arquebusier et Gazan, chef d'escadron d'artillerie. Ces longs débats n'amènent à la connaissance d'aucun fait nouveau.

Toutefois, un de messieurs les jurés ayant découvert sur le papier d'une cartouche quelques mots écrits à la main, ces mots sont copiés par les frères Chaveau pour être soumis plus tard à l'examen de l'expert Oudard.

L'audience est levée à six heures un quart et renvoyée à lundi.

Huillery. — M. le président, resterons-nous jusqu'à lundi enfermés dans nos cabanons ?

Le président. — L'audience est levée.

Huillery. — C'est une observation que je vous prie d'entendre.

Le président se relevant. — Je n'ai pas d'observation à vous faire.

Huillery. — C'est nous qui vous faisons une observation...
Le directeur....

La cour est déjà rentrée dans la chambre du conseil, les accusés sont emmenés.

SEPTIÈME AUDIENCE. — 4 AVRIL.

A dix heures et demie l'audience est ouverte.

LE PRESIDENT. —Combes, vous nous avez écrit pour que nous donnions l'ordre de faire introduire un de vos parens ; nous ferons observer que nous avons fait délivrer à chaque accusé un certain nombre de billets ; toutes les places disponibles sont occupées, nous ne pourrions par conséquent autoriser de nouvelles entrées ; cependant, par exception, nous obtempérons à votre demande en faisant observer toutefois que nous ne pourrions étendre à d'autres accusés cette exception. Dites-nous quel est le nom du parent que vous désirez faire introduire à l'audience ?

COMBES paraît ne pouvoir indiquer de nom.

LE PRESIDENT.—Vous dites que c'est un de vos parens, et vous ne savez pas son nom ! Je retire ma permission ; qu'il n'en soit plus question.

LE PRESIDENT. — Faites approcher M. Oudart.

M. OUDART fait remettre à M. le président son rapport écrit sur les expertises qu'il a faites à l'audience de samedi sur la note trouvée chez Boireau, contenant le nom de Delont, et sur les mots : *diligo excellentissimam mulierem Chaveau*, trouvés chez Duval.

M. CATHERINET, greffier, donne lecture de ce rapport.

LE PRESIDENT (à l'expert). — Faites connaître maintenant le résultat de votre expertise sur les mots d'une bourre trouvée dans un des pistolets de Bray.

M. OUDART. — Charles Chaveau est étranger à l'écriture de la bourre ; cette écriture est conforme à celle de Gabriel Chaveau. L'expert fait de nombreuses observations à l'appui de son opinion.

LE PRESIDENT. — Les défenseurs de Gabriel Chaveau et de Dulac désirent-ils qu'un autre expert soit appelé pour donner son avis sur les écritures déjà expertisées par M. Oudart ?

UN JURE. — Je ferai une remarque qui m'est personnelle. L'écriture de mon père ressemblait tellement à celle de mon grand-père, que je me suis trompé et que je prenais l'une pour l'autre.

M. Oudart. — M. le juré a pu être frappé de la similitude de l'écriture de son père et de celle de son grand-père, et la confondre; mais cette confusion n'aurait pas été faite par un expert écrivain.

Un Juré. — Je demande que cette expertise soit ordonnée par M. le président.

Le président (à M. Oudart). — Nous allons vous confier une nouvelle opération. On va vour remettre un fragment de papier ayant enveloppé des cartouches trouvées chez Bray, et un petit registre saisi au domicile des frères Chaveau, sur lesquels sont des chiffres; vous nous direz si tous ces chiffres ont été tracés par la même personne. Je crois qu'il n'est pas nécessaire de faire faire un corps d'écriture aux frères Chaveau.

Le procureur-général — Je pense qu'il est utile d'avoir de l'écriture des frères et de la veuve Chaveau, et que l'expert s'explique sur le point de savoir si ces chiffres ont été écrits par l'un d'eux.

Les frères et la veuve Chaveau sortent du banc des accusés, se placent successivement à l'endroit qu'ils ont occupé hier, et écrivent à l'encre et au crayon, sous la dictée de M. le président, les numéros 175, 50, 86, 80, 51, 40, 175, 50, 10, 20, 60, 70, 50.

Les enveloppes des cartouches de Bray, le livre trouvé chez les frères Chaveau, et les corps d'écriture sont remis à l'expert, qui se retire dans la chambre du conseil pour faire son expertise.

Le président. — Messieurs les jurés, on a trouvé le maçon qui a été sur le toit de la maison de Combes.

Le président (indiquant au témoin qui vient d'être introduit le plan et relief de la toiture de la maison de Combes.) — Regardez ce bâtiment qui est devant vous et dites si vous le reconnaissez.

Le témoin cherche autour de lui et semble ne pas savoir ce qu'on veut lui dire. C'est à grand'peine que le président, le procureur-général et MM. les jurés peuvent lui faire comprendre que le plan en relief qui est devant lui est celui de la maison de Combes.

Le président. — Reconnaissez-vous la lucarne par laquelle vous avez été sur le toit?

R. Si j'allais sur le bâtiment, je la reconnaîtrais.

Le président.—Mais la reconnaissez-vous sur le plan?

Le témoin montre du doigt une des lucarnes piquées sur le plan. Il indique le chemin qu'il a parcouru sur le toit et les endroits où il a trouvé les pistolets et les munitions saisies.

Le président.—Nous avions fait prévenir M. Basset, commissaire de police, pour donner des explications sur les endroits où, selon Combes, il aurait pu cacher des armes. M. Basset nous a écrit qu'il était atteint d'un rhumatisme aigu , il ne pourra se présenter.

M. Oudart sort de la Chambre du conseil, et déclare que les chiffres écrits par les frères Chaveau, n'ont aucune ressemblance avec les pièces de conviction qui lui ont été remises ; que ceux de la veuve Chaveau pourraient présenter quelque similitude avec les chiffres du livret et des cartouches, mais il ajoute toutefois qu'il ne saurait les lui attribuer.

Le président.—Faites approcher M. Yon.

Mᵉ Virmaitre, (à M. Yon). — A quelle heure avez-vous vu Bray le 10 juillet?

R. A midi, midi et demi.

Mᵉ Virmaitre. — Je prie messieurs les jurés de se rappeler cette circonstance, elle est importante.

D. Comment Bray a-t-il désigné Duval?

R. Il ne me l'a pas désigné autrement qu'en me disant qu'il était perruquier, et qu'il demeurait rue St Jean-de-Bauvais.

Mᵉ Virmaitre. — Bray a-t-il vu le mandat d'arrestation de Duval?

M. Yon.—Je suis certain qu'il ne l'a pas vu.

D. Comment étaient enveloppés les pistolets trouvés chez Duval?

R. Ce n'est pas moi qui les ai trouvés. Quand il s'agit de découvrir quelque chose dans un endroit, cela regarde les sergens de ville. Je crois me rappeler que ces pistolets ont été trouvés par un des agens qui m'accompagnaient, et qu'ils étaient enveloppés d'un papier gris.

D. N'a-t-on pas fait une perquisition chez un nommé Duval, coiffeur, rue de Cléry?

R. En effet, et nous y avons saisi un pistolet. Il nous a dit, lorsque nous nous sommes présenté, que nous venions sans doute chez lui parce qu'il connaissait Combes qui était son tailleur.

Le président donne lecture des interrogatoires du nommé Duval.

Me MOULIN. — C'est Bray qui a fait connaître à M. Yon que Duval avait des armes chez lui. Je désire savoir de M. Yon dans quels termes à peu près Bray lui a fait cette révélation.

M. YON. — Il m'a dit : Je viens vous trouver, parce que la femme Combes m'a prié d'aller chez Duval, rue Saint-Jean-de-Beavais, pour le prévenir de cacher ses pistolets.

Me MOULIN. — MM. les jurés se souviendront-ils que c'est là ce que Bray a appelé demander un avis ou un conseil à M. Yon ? (Mouvement.)

LE PRESIDENT. — Il faut garder vos notes : le témoin ne peut répondre à cette observation.

Me MOULIN. — Aussi ma remarque ne s'adresse-t-elle pas au témoin, mais à MM. les jurés dont elle provoque les souvenirs.

DELONT. — J'aurais une question à faire à M. Yon. Pourquoi m'a-t-on donné le nom de Dulong dans le mandat d'arrestation ?

M. YON. — J'ai pu faire erreur sur votre nom. Il a pu m'être donné d'une manière inexacte.

DELONT. — Je figure ici sous bien des noms, sous ceux de Dulong, Delont, Lelong et de Gérard. Bray a dit qu'il me connaissait, il aurait dû alors savoir mon nom, et le dire à M. Yon.

LE PRESIDENT. — Y a-t-il encore des témoins à charge présens ?

L'HUISSIER-AUDIENCIER. — Non, M. le président.

LE PRESIDENT. — Faites entrer un témoin à décharge.

LESAGE, fabricant de socques. — J'ai vu Bray en 1833 ; il m'a dit : tenez voilà un objet qui vous conviendrait. Il m'a présenté alors une petite canne à fusil, je lui ai fait observer que c'était une arme prohibée, et que cela ne me convenait pas. Il l'a essayée chez moi d'abord avec des capsules, puis avec de la poudre ; et, comme je lui disais qu'il pouvait se compromettre, il m'a répondu : allez, il n'y a pas de danger. J'ai été très-étonné de la proposition qu'il me faisait, et de ses observations.

On présente au témoin la canne-fusil déposée par M. de Brederbach. Il déclare qu'elle ne ressemble pas à celle que lui a montrée Bray. Il déclare de plus que Bray lui dit que s'il voulait lui acheter cinq ou six de ces cannes, il les passerait à bon marché. Je n'étais pas seul lorsque Bray me les a proposées, ajoute-t-il, il y avait près de moi deux de mes ouvriers.

LE PRESIDENT.—Bray, qu'avez-vous à dire?

BRAY. — J'ai à dire que tout cela est faux.

LE PRESIDENT.—Bray, avez-vous proposé plusieurs cannes-fusils au témoin?

BRAY.—Jamais.

M. LESAGE.—Les deux ouvriers dont j'ai parlé vous ont entendu, ils disent, comme moi, que vous m'avez proposé cinq ou six cannes-fusils.

Bray m'a dit encore : tous vos républicains sont des enfans ; ils ne savent rien taire, j'ai été napoléoniste tant que le roi de Rome a vécu, maintenant je suis républicain.

LE PRESIDENT.—Quand vous a-t-il dit tout cela?

R Vers la fin de 1832.

D. Depuis cette époque avez vous eu avec lui des conversations sur la politique?

R. Non.

Le témoin a occupé Husson, il en a été satisfait.

Mᵉ PLOCQUE.—Le témoin a-t-il eu de Géfrier des renseignemens sur Bray.

LESAGE.—Géfrier m'a dit qu'il était un très-zélé républicain

Il y a une dizaine de jours, j'ai vu Bray. Il m'a tendu la main, je n'ai pas voulu lui donner la mienne, cependant je la lui ai présenté machinalement. Il m'a fait beaucoup d'amitiés, je lui ai rappelé les propos qu'il m'avait tenus, et ses protestaions républicaines: alors il est devenu furieux, et il m'a dit que je passerais par ses mains, et que les journaux parleraient de moi.

LE PRESIDENT. — Je trouve toutes ces discussions indignes de la justice, nous ne devons pas nous en occuper ici. Témoin, allez vous asseoir.

Mᵉ PLOEQUE.—Pardon, M. le président, j'aurais une question à adresser au témoin. Sait-il quelque chose sur les cannes-fusils et les relations de Bray avec celui qui les lui procurait?

Lesage.—Cette personne m'a dit que Bray lui avait demandé plusieurs de ces cannes, mais qu'il lui avait dit plus tard qu'il n'en avait plus besoin.

Lacombe, relieur. — Gabriel Chaveau a travaillé chez lui long-temps ; il en a été très-content. Madame Chaveau a passé chez lui la soirée du 25 juin.

Le président. — N'avez-vous pas donné à Bray des pistolets pour les raccommoder ?

R. Non.

Bray.—Vous m'en avez donné.

Le témoin. — Etes-vous sûr que je vous aie remis des pistolets ?

Bray. — Oui.

Me Auguste Marie. — Le témoin a-t-il vu venir chez lui Bray avec Delont ?

R. Je n'ai jamais vu ni Bray ni Delont.

On présente à M. Gazan les pistolets étiquetés Lacombe. Il les examine, et déclare que ces pistolets peuvent fonctionner ; qu'ils ont seulement besoin d'être nettoyés.

Me Joly. — Pourquoi Bray n'a-t-il pas remis à Lacombe ses pistolets ?

Bray. — Je n'ai pas voulu retourner chez lui. Je ferai observer que les pistolets examinés par M. Gazan ne sont pas ceux qui 'ont été remis par M. Lacombe.

On présente à M. Gazan l'autre paire de pistolets trouvée chez Bray.

Gazan. — Cette paire de pistolets a besoin de plus que d'un nettoyage, la détente ne fait plus partir le chien.

Lacombe. — Je ne sais pourquoi une discussion s'engage sur ces pistolets, ils ne m'appartiennent pas ; je n'ai jamais vu Bray, qui, en ce qui me concerne, en impose à la justice.

Me Joly. — Bray est-il dans le cas de raccommoder des pistolets ?

Bray. — Je les ai emportés pour faire plaisir à M. Lacombe, et je lui ai dit : S'il n'y a qu'une petite réparation, je la ferai. Je ne suis pas armurier moi.

Me Joly. — Vous avez dit que vous aviez été chargé de remettre une paire de pistolets à Lacombe ; je vous demande de nouveau pourquoi vous ne l'avez pas fait ?

Bray. — J'ai gardé ces pistolets sans réflexion. (Murmures)

Plusieurs défenseurs se communiquent à voix basse leurs observations. Bray se retourne avec vivacité et répond à ces observations.

Mᵉ Joly. — Il était sourd aux audiences précédentes; aujourd'hui il entend des réflexions que nous faisons entre nous, et que les confrères qui sont à nos côtés ne pourraient saisir. (On rit.)

Un juré, à Bray. — Quelle personne vous a fait connaître M. Lacombe?

Bray. — Je crois que ce sont les époux Castaing.

Lacombe. — Mais je n'ai jamais vu monsieur et madame Castaing.

Gabriel Chaveau. — L'adresse que j'ai laissée chez Bray lui faisait connaître que s'il ne me trouvait pas chez Combes , je serais chez Lacombe.

Bray. — Sur cette adresse il y avait seulement l'indication de la maison de Combes, et pas de nom.

Allier. — Gabriel Chaveau est venu, le 27 juin, me demander asile, en m'apprenant que son frère et sa mère avaient été arrêtés; il m'a dit qu'il craignait de l'être. Comme je ne pouvais pas le recevoir chez moi, je l'ai conduit chez Combes.

Le président, à Gabriel Chaveau. — Pourquoi avez-vous dit que la personne qui vous avait conduit chez Combes vous était inconnue?

Gabriel Chaveau. — M. Allier est un homme paisible; il m'avait rendu un service; je ne voulais pas faire connaître son nom, dans la crainte qu'il ne fût arrêté, comme l'ont été tant d'autres.

Jouanne, traiteur. — Il a vu Leroy et Hubert; ils venaient manger chez lui, et ils ont paru très paisibles.

Botterel, fabricant de socques, sergent de la garde nationale. — Gabriel Chaveau était de faction au Louvre, au poste du drapeau, le 22 juin, au moment où le roi est entré aux Tuileries; il lui a entendu dire , à la descente de la garde, qu'il allait au tir à Montmartre.

Turmel , marchand de vins. — Il connaît Hubert, Leroy et Gabriel Chaveau; il rend compte des mêmes faits que le précédent témoin. Hubert et Leroy travaillaient avec assiduité.

Chaix, gantier. — A la fin de mai, ou au commencement de juin, Charles Chaveau m'a fait part de son projet de partir pour l'Espagne, il m'a dit qu'il voulait organiser une compagnie franche et qu'il achetait, à cet effet, de vieilles armes.

Perrard. — Charles Chaveau est venu me demander des conseils sur son expédition en Espagne.

Charles Chaveau. — Je savais que le témoin avait été huit ans en Espagne, c'est pour cela que j'ai été lui demander des conseils.

Le président, au témoin. — Comment avez-vous connu Chaveau?

R. A Sainte-Pélagie.

D. Pourquoi avez-vous été enfermé à Sainte-Pélagie?

R. Une première fois pour coalition, j'avais engagé les ouvriers à ne travailler que pour un salaire convenable; la seconde pour délit politique.

D. De quelle nature était le délit politique dont vous parlez?

R. Je suis appelé pour déposer comme témoin et non comme accusé. Je ne crois pas avoir à répondre à des questions qui me concernent personnellement.

D. Vous ne voulez pas répondre, nous n'avons pas l'intention de vous y contraindre.

M. Martin (du Nord). — Témoin, faisiez-vous partie de la société des Droits de l'homme?

Le témoin. — Je trouve étrange qu'on m'adresse de pareilles questions.

Le procureur-general. — Votre devoir est d'y répondre.

Le témoin. — Eh bien oui! j'ai été membre de cette société.

Le procureur-general. — N'étiez-vous pas président de section?

R. Oui.

Me Joly. — Maye était-il aussi de la Société des Droits de l'homme?

Un Juré. — Et Bray en était-il aussi?

Le Président. — On fera à cet égard toutes les vérifications nécessaires.

Royer, Viard et Person ont vu travailler Gabriel Chaveau chez M. Lacombe.

Clerisse, corroyeur. Hubert a travaillé chez lui en 1833, et en est sorti en 1835. Il en a été très-satisfait ; il a entendu parler de Leroy d'une manière favorable.

Moutier, traiteur. Hubert mangeait chez lui ; il lui a paru tranquille ; il est certain de lui avoir servi à dîner le 25 juin et de l'avoir vu chez lui une partie de la soirée.

Nativel, corroyeur. — Hubert et Leroy ont travaillé chez lui dans le courant du mois de juin.

Loubinoust, ferblantier, entendu en vertu du pouvoir dis-crétionnaire rend compte de qulque détails que lui aurait donnés Bray sur sa désertion en 1814.

L'audience est suspendue à deux heures.

A trois heures l'audience est reprise, et l'on introduit le té-moin Moulin, corroyeur.

Le président. — Connaissez-vous les accusés ?

Moulin. — Je connais Hubert et Leroy ; Quant aux autres je les connais seulement depuis que j'ai eu le triste avantage de faire avec eux huit mois de prison. C'est à la conciergerie que je les ai vus. Le témoin n'a donné que des renseignemens tout à l'avantage de Hubert et Leroy. Depuis 14 ans il est employé chez M. Clerisse ; Hubert y est resté deux ans, et s'y est par-faitement conduit.

D. N'avez-vous pas remarqué qu'il eût ce qu'on appelle mau-vaise tête ?

R. Jamais ; il était doux, un peu vif sans doute ; mais ayant le cœur bon.

D. Avait-il un caractère violent, emporté ? M. Clérisse nous a dit qu'il était sorti de chez lui à la suite d'une altercation vio-lente.

R. Non, M. le président, jamais M. Clerisse n'a eu à s'en plaindre.

D. Et Leroy, quel était son caractère ?

R. Leroi était très-doux. Il a travaillé six mois environ à la maison. Il était avant, employé chez son frère, où il est rentré après.

D. Quand avez-vous été arrêté vous-même ?

R. J'ai été arrêté le 27. Hubert et Leroy l'avaient été le 26.

Me Moulin. — Le témoin n'a-t-il pas passé la soirée du 23 juin avec Hubert?

R. Non, pas la soirée entière ; à neuf heures, neuf heures et demie, nous avons été ensemble, chez un traiteur qui demeure en face de la boutique de M. Clerisse ; nous avons bu une bouteille de bière ensemble, et nous nous sommes ensuite séparés.

M⁰ Moulin.—Leroy n'était-il pas indisposé à cette époque ?

R. Oui, je lui ai même porté la tisane.

M⁰ Moulin.—Le témoin parlait du cœur d'Hubert, ne s'en rappelle-t-il pas quelque preuve, quelque acte significatif?

—Oui, en 1835, un locataire malheureux et père de six enfans devait une année de loyer ; je lui avais signifié congé, et au moment du nouveau terme, celui qui avait loué vint emménager. Le locataire nécessiteux refusa de vider les lieux, si on ne lui donnait pas un demi-terme ; alors alors je fis ce que l'on fait d'ordinaire en cas pareil ; j'ôtai les portes de leurs gonds. Furieux alors, le locataire se jeta sur moi et voulut me frapper d'un carreau de fer : c'était un tailleur. Hubert accourut au bruit, nous sépara, et me dit de le laisser ; qu'il allait s'arranger avec le tailleur. Alors il ôta sa redingote, alla emprunter 15 fr. dessus et les donna à ce pauvre tailleur, qui était un partisan du gouvernement.

Martin (du Nord).—Vous vous occupez donc bien de politique, pour pouvoir signaler cette dernière circonstance ?

R. Oui, monsieur, quelquefois.

Martin (du Nord).—Ne faisiez-vous pas partie de la société des Droits de l'Homme ?

R. Oui, monsieur ; je ne m'en cache pas.

M. Guillemin, employé à la Force, ne sait pas pourquoi on l'a appelé.

M⁰ Virmaitre. —N'est-il pas à la connaissance du témoin que Duval a fait passer son portrait à une personne de dehors.

Le témoin.—En effet, ce portrait était roulé ; je l'ai déroulé et j'ai été frappé de la ressemblance.

M. Chanousse, négociant, a été sergent-major de la 4ᵉ compagnie, au 3ᵉ bataillon de la 5ᵉ légion de la garde nationale, dont a fait partie Gabriel Chaveau. Il n'a jamais fait par lui-même de recensement, et ne sait par quelles circonstances l'accusé est entré dans la 4ᵉ compagnie plutôt que dans toute autre.

Le président.—L'entrée de Gabriel Chaveau dans une compagnie qui n'était pas la sienne était illégale, et, comme sergent-major, vous deviez le savoir.

Le témoin.—J'ai convoqué M. Chaveau après avoir reçu de la mairie le contrôle où il était porté comme demeurant rue Montorgueil, n 50 : je n'ai jamais su qu'il demeurât rue Saint-Claude.

D. Pouvez-vous expliquer comment il se peut que 49 individus n'appartenant pas à la circonscription de la compagnie en aient fait partie et se soient trouvés portés sur les contrôles ?

Le témoin. — Je crois pouvoir affirmer que le fait n'est pas exact ; il y a évidemment exagération.

Martin (du Nord) établit que les compagnies de chasseurs se recrutent dans les circonscriptions de la compagnie; que celles de grenadiers et de voltigeurs seules se recrutent dans le quartier tout entier. Des renseignemens demandés à M. le comte Lariboissière, colonel de la 5e légion, il résulte que l'effectif de le 4e compagnie (chasseurs) était de 158 individus, et qu'il a été constaté que 4 n'étaient pas domiciliés dans la circonscription, la plupart même étaient étrangers à l'arrondissement.

Me Plocque.— J'ai entre les mains, et c'est de plusieurs officiers de la légion et de la compagnie même que je les tiens, des documens entièrement contraires. Il n'y a jamais eu sur les cadres plus de 29 hommes étrangers à la compagnie.

Martin (du Nord), à Chaveau.—Pourquoi avez-vous désiré faire partie de cette compagnie, de préférence à toute autre.

G. Chaveau.—Je pourrais me dispenser de répondre, car la compagnie n'est pour rien dans cette affaire. Je ne suis entré dans cette compagnie qu'après avoir été harcelé par la légion. On m'écrivait chaque jour, j'y suis entré indifféremment et sans motif.

Martin (du Nord).—Pourquoi avez-vous donné l'indication du domicile chez Chuquet pour que les billets y fussent adressés ?

Chaveau. — J'y couchais souvent alors, mais en changeant de domicile, j'ai donné une adresse nouvelle.

Martin (du Nord).—Vous vous êtes habillé, c'est un témoignage de zèle, mais dans votre position gênée, o us qui deviez quatre termes de loyers de 25o fr., vous ne pouviez guère faire cette dépense.

CHAVEAU. — J'ai acheté l'équipement à un garde national qui me le cédait à très bas prix. Quant au loyer, nous nous sommes arrangés avec le propriétaire, nous lui avons fait un engagement à terme fixe.

Me PLOCQUE. — Je ferai remarquer que dans cette compagnie le capitaine lui-même ne demeure pas sur l'arrondissement.

M. LE PROCUREUR-GENERAL. — Il y a exception pour les officiers. (Rumeur au banc des accusés.)

Le témoin Chanousse a monté la garde le même jour que Chaveau. Le roi était à Neuilly, et devait revenir à midi ; il est en effet arrivé vers midi. G. Chaveau se trouvait devant le corps-de-garde, le roi a passé à deux pas de lui.

Mᵉ PLOQUE.— Nous voulions seulement faire constater que Chaveau était en faction au moment où est arrivé le roi, qui a passé près de lui.

M. Jacob connaît les accusés Chaveau et leur mère. Celle-ci a passé une partie de la journée chez lui le 25 juin.

M. Collet, relieur (ce témoin est assigné à la requête de Duval. — Il se rappelle que cet accusé lui a parlé un jour d'un homme d'assez mauvaisse apparence qui était venu une fois dans sa boutique, et qui, ayant été laissé seul quelques instans, se trouva, au retour de Duval, dans la pièce du fond, et parut tout embarrassé à sa vue.

Le sieur Mativat se trouvait avec le relieur Collet chez un marchand de vtns, dont la boutique fait face à celle de Duval. IIs ont vu entrer un individu dans la boutique de celui-ci, qui était restée déserte ; Duval y alla, et en revenant, leur dit que cet individu avait eu l'air tout embarrassé de sa venue.

LE PRESIDENT. —Il est bien extraordinaire que cette circonstance n'ait pas été révélée dans l'instruction.

Mᵉ VIRMAITRE. — Il n'y a d'extraordinaire que le mot de la dame Combes.

BERNIER, connaît les fils Chaveau. Il passait le 26 juin dans la rue Montorgueil, il y avait un rassemblement ; il s'arrêta et entendit dire que la police arrêtait des jeunes gens ; au bout de la rue il rencontra Charles Chaveau. N'allez pas chez vous, lui dit-il, la police y arrête du monde. Charles Chaveau ne voulut pas le croire. Vous vous trompez, répliqua-t-il, vous faites erreur, et il continua son chemin.

Deux témoins assignés à la requête de l'accusé Combes déposent de sa moralité ; ils l'ont connu comme bon ouvrier et excellent père de famille ; il a travaillé pendant la coalition. Depuis son arrestation il a continué de travailler pour venir au secours de sa famille, et a même fait des économies en prison pour le moment ou il espère être rendu à la liberté.

L'audience est levée à 5 heures, et renvoyée à demain 10 heures.

HUITIÈME AUDIENCE. — 5 AVRIL.

L'audience est ouverte à dix heures et demie.

M. SAINT-OMER, vérificateur en écritures, rend compte de son expertise, qui se trouve coïncider avec celle de M. Oudart.

Me JOLY fait remarquer que cette coïncidence ne doit point étonner, vu que les mots qui présentaient de l'identité dans l'écriture des accusés et les pièces fournies par l'accusation, ont été soulignés à l'encre rouge par M. Oudart.

LE PRESIDENT.—Nous ne pensons pas que M. Saint-Omer ait pu faire taire sa conscience qui lui ordonnait de dire la vérité, pour faire coïncider son expertise avec celle d'un de ses confrères.

La liste des témoins étant épuisée, la parole est à M. le procureur-général pour son réquisitoire.

MARTIN (du Nord), dans son réquisitoire, s'efforce d'établir les points suivans :

Qu'il y a eu en juin, et au commencement de juillet 1835 ; un complot contre la vie du roi ;

Qu'il a été concerté et arrêté entre tous, ou du moins partie des accusés.

Qu'il y a eu commencement d'exécution ;

Enfin, que l'exécution dudit complot aurait été consommée

sur la route de Neuilly avec les circonstances mentionnées dans l'accusation , sans les révélations propices du témoin Bray , auquel la France doit une éternelle gratitude pour avoir conservé les jours de Louis-Philippe.

A l'égard de la part prise par chacun des accusés aux actes dont l'existence a été soutenue par le ministère, public. M. le procureur-général déclare abandonner l'accusation en ce qui concerne Boireau , Delont et la dame Chaveau.

A l'égard de Hubert , Culac et Duval, M. le procureur-général croit qu'il y a lieu à prononcer les circonstances atténuantes ; mais il maintient dans leur intégrité les charges élevées contre les sept autres accusés. Seulement, M. le procureur-général laisse le jury libre de mitiger, à leur égard, son verdict de culpabilité. C'est à MM. les jurés à voir dans leur sagesse jusqu'à quel point il conviendra d'user de quelque indulgence.

Aucun incident n'a troublé le cours du réquisitoire.

A une heure , l'audience est suspendue et reprise à deux heures pour les plaidoiries.

Mᶜ Plocque obtient, la parole pour présenter la défense des frères et de la dame Chaveau.

Cet avocat, dans une exorde tiré du tableau de la tranquillité qu'on voit en ce moment régner de toutes parts , des nécessités d'indulgence qui se sont manifestées , du système de conciliation auquel on paraît vouloir se ranger , s'étonne que le ministère public ait cru devoir exhumer la société des *Droits de l'Homme,* du tombeau où elle dort aujourd'hui pour effrayer les jurés de son fantôme. L'avocat s'étonne encore qu'on ait emprunté à notre première révolution des noms purement historiques pour en faire le préambule de l'acte d'accusation ; de là , passant aux faits spéciaux de la cause , Mᵉ Plocque discute avec lucidité les témoignages produits contre ses cliens. Il établit que le complot dont on excipe n'a jamais été qu'une chimère intéressée, nourrie dans le cerveau du nommé Bray. La défense flétrit cet homme comme agent provocateur et déduit les nombreuses circonstances tendant à prouver la justesse de cette qualification infamante. L'avocat dit que dans l'affaire actuelle on a montré moins de pudeur que la restauration qui n'osa pas toujours faire figurer les agens provocateurs en face de leurs victimes.

Dans une digression sur les prétendus assassinats dont on accuse les hommes au sentiment populaire, le défenseur rappelle les assassinats royalistes et commis en 1815 et 1816, sous sus lesquels succombèrent tant de guerriers et un maréchal illustre. Il rappelle aussi que M. Voyer-d'Argenson dénonça avec énergie les assassinats, et il s'indigne qu'aujourdhui l'accusation ait osé faire figurer le nom de l'honorable citoyen à côté des noms de prétendus conspirateurs, de prétendus assassins.

Dans une chaleureuse péroraison, le défenseur repousse les inculpations d'immoralité déversées sur la tête de madame Chaveau, tenues par le ministère public.

Il présente un tableau attendrissant des douleurs de cette mère emprisonnée avec ses fils, et prouve que, loin de les avoir nourris dans des idées d'oisiveté, loin de les avoir excités au meurtre, elle n'a cessé jusqu'ici de les élever dans des préceptes de vertu, tant par ses paroles que par son exemple.

Me BRIQUET présente la défense de Huillery, et, à l'exemple du précédent avocat, représente Bray comme un être ignoble, spéculant sur les paroles insignifiantes de quelques étourdis, et depuis long-temps affilié à la police.

Me RITTIER combat ensuite l'accusation en ce qui touche Husson et Leroy. Avant de discuter les détails, l'examen des faits généraux fournit à l'avocat l'occasion de reprocher au ministère public le système étrange en vertu duquel il s'est attaché à faire usage d'élémens étrangers à la cause.

Me RITTIER a fait remarquer combien il était inconvenant de faire entrer les passions politiques dans le domaine de la justice, et il a ajouté qu'au reste on ne pouvait qu'avoir bon marché en calomniant la société des Droits de l'Homme, puisque la législation de septembre défend de répondre à ces calomnies.

L'audience est levée et renvoyée à demain dix heures moins un quart pour la continuation des plaidoiries.

NEUVIÈME AUDIENCE. — 6 AVRIL.

L'audience est ouverte à dix heures et demie. La parole est à
M⁰ Moulin, défenseur de l'accusé Hubert.

M⁰ Moulin établit par les dépositions mêmes de Maye et de
Marlin, qu'il n'y avait qu'une volonté vague, incertaine, et
aucun projet arrêté de complot; d'après ces témoins, le lieu ,
les moyens d'exécution , n'étaient pas déterminés. M⁰ Moulin
soutient que le complot eût-il existé, rien n'établissait que Hubert en eût fait partie. On lui a opposé sa présence chez Chaveau le jour de l'arrestation ; ce fait n'implique pas nécessairement sa coopération au prétendu complot; il peut s'expliquer
de tout autre manière et notamment de celle que l'accusé a
présentée. M⁰ Moulin rappelle en terminant les paroles du ministre de la justice annonçant le calme du pays, le désir de
rapprocher les partis, et de les réconcilier.

Cette défense , écoutée avec attention , est accueillie par un
murmure d'approbation.

Le président.—La parole est à M⁰ Joly, défenseur de Combes et de Dulac.

M⁰ Joly. — Comme M⁰ Moulin , il nie les possibilités mo
rales d'un complot en 1836. Il s'attache, en outre, à apprécier
quelles étaient les possibilités d'exécution. Or, il était maté-
riellement impossible qu'il réussît au milieu des précautions
sagement prises pour préserver la vie du roi, dans ses voyages
fréquens de Paris à Neuilly. La presse les avait fait connaître , et les accusés ne pouvaient pas les ignorer. Voici ce
qu'on lit dans un journal du 12 juillet :

« Depuis long-temps les journaux ministériels font grand
bruit de la confiance et de la sécurité que témoignent le roi et
sa famille en sortant seuls et sans suite au milieu de la popu-
lation parisienne. Nos lecteurs sauront à quoi s'en tenir à cet
égard, quand ils apprendront que toutes les voitures sortant
du château sont toujours précédées et suivies d'une cinquan-
taines de cavaliers costumés en fashionables de mauvais goût,
et que nous avons reconnus comme appartenant à la police politique. Depuis quelques jours la bande est devenue plus nom-

breuse, et a poussé les précautions beaucoup plus loin que par le passé ; un grand nombre de ces messieurs ont quitté la rue de Jérusalem pour venir prendre des logemens dans les environs de Neuilly, aux Thernes, à Courbevoie. »

LE PRÉSIDENT. — Et croyez-vous cela, M⁰ Joly ?

M⁰ JOLY. — Aucun démenti n'a été donné à ce fait.

LE PRÉSIDENT. — Il y a des choses qu'on dédaigne alors qu'on ne les croit pas. On ne se donne pas la peine d'y répondre. Je ne regarde pas un article du *Bon Sens* comme une vérité. On ne répond pas à un tel article pour deux motifs : le premier, c'est quand on n'a pas de bonnes raisons à donner : le second, c'est quand on le meprise (1).

M⁰ JOLY. — Encore une fois, M. le président je ne donne pas un article de journal comme un article de foi, je le présente comme un expression de cette notoriété de laquelle il résulte que des cavaliers veillent sur la route à la sûreté du roi, et qu'au milieu de cette surveillance, il était impossible de songer à tenter une entreprise aussi périlleuse.

Détachant la question légale du complot, et désirant rendre la question compréhensible par un exemple, M⁰ Joly compare le soi-disant complot de Neuilly à l'attentat Fieschi. Supposez, dit-il, Fieschi arrêté au moment où il buvait ce verre d'eau-de-vie qui lui donna son horrible courage, il n'y aura pas attentat, il y aura complot tel que la loi le définit. Dans l'affaire actuelle, il peut y avoir des pensées coupables, des projets insensés ; il n'y a rien d'arrêté à l'avance, rien de disposé pour l'exécution.

Me Joly arrive au témoin Bray. Il s'étonne et s'afflige des éloges qu'il a entendu lui donner par l'accusation. Des éloges à Bray ! s'écrie-t-il, à Bray l'agent provocateur ! Selon moi, il est taché d'infamie !

Le défenseur continuant à réfuter la déposition de Bray, soutient qu'il n'est pas le délateur de l'article 30 du code d'instruction criminelle, mais le complice de l'article 108 du code pénal, révélant le complot auquel il aura pris part. Il est à l'a-

(1) Depuis M. Sylvestre, dans une lettre adressée au *Bon Sens* a reconnu la vérité des faits énoncés dans cet article.

bri de tonte poursuite, mais en même temps la loi le frappe de suspicion ; il peut être placé pendant toute sa vie sous la surveillance de la haute police. Voilà votre position, Bray, s'écrie l'avocat ; la voilà telle que vous vous l'êtes faite à vous-même !

Le Juif Deutz rendit aussi un service, il livra la duchesse de Berry ; Woelfel livrant le malheureux Berton rendit aussi un service. Le lieutenant de gendarmerie Thiers rendit aussi un service qu'aucun de ses camarades n'avait voulu rendre. Il y a des services honteux que l'on peut récompenser avec de l'or, mais qu'on n'ose pas publiquement avouer. »

Arrivant aux faits particuliers relatifs à ses cliens, le défenseur discute les charges que l'accusation a rassemblées contre eux, et soutient qu'elles ne sont pas suffisantes pour justifier les sévères réquisitions du ministère public.

Les temps deviennent meilleurs, dit en terminant Me Joly, les esprits se calment, une politique sage, modérée et conciliatrice nous est promise. L'aurore de ce beau jour est commencée ; il sera glorieux pour vous de le devancer ; vous n'oublierez pas que la clémence du jury est aussi de la justice.

Cette plaidoierie a produit une vive impression sur l'auditoire..

Me Aug. Marie, défenseur de Delont, discute avec habileté les charges relatives à son client. Après avoir expliqué sa vie et son entrée dans la société des Droits de l'Homme, il rappelle que Delont n'a jamais été vu dans la maison Chaveau où l'accusation place le siège du complot ; qu'il n'était pas à la réunion des conjurés du 26 juin. Il signale le témoignage de Marlin attestant que Delont venait chez Combes comme ami de la maison, et que ses conversations étaient toujours étrangères à la politique.

Après la plaidoirie de Me Marie, M. le président demande si Me Joly est à l'audience.

Sur la réponse affirmative de l'avocat, M. le président lui annonce que sa plaidoirie nécessitant quelques questions qu'il désire adresser à son client, il n'a pas voulu les faire en son absence.

Le président. — Combes, vous prétendez que Bray a joué près de vous le rôle d'agent provocateur, avez-vous quelques faits qui établissent cette provocation ?

Combes répète plusieurs faits déja connus : Bray lui a parlé de son antipathie contre le gouvernement, de son désir de le voir renversé, de sociétés qu'il connaissait.

Martin (du Nord).—Dites nous s'il vous a parlé d'entrer dans un complot contre la vie du roi ?

Combes.— Je ne dois rien répondre à ce sujet.

M⁰ Joly se lève.—Messieurs, mon client n'a rien à répondre à cette question, elle est dangereuse : s'il vous répnd affirmativement, vous en ferez une arme contre lui, et vous direz : le complot est donc constant, vous l'avouez. Défenseur, je dois le protéger dans son inexpérience contre tout ce qui peut le compromettre; et d'ailleurs, je dois dire que c'est moi qui ai trouvé, et dans les pièces du procès, et dans les débats, la preuve que Bry est un provocrteur, je vous l'ai démontré, messieurs les jurés, M. le procureur-général prouvera le contraire s'il le peut. (Sensation).

Gabriel Chaveau, interpellé par M. le président, donne des explications sur ses relations avec Bray.

Huillery se lève.—Messieurs, Bray m'a démenti quand j'ai déclaré que dans notre rencontre, rue Sainte-Marguerite, il m'avait proposé d'enlever les détenus d'avril, il m'avait dit : Huillery, je vous crois un homme sûr, je fais partie d'une société secrète, dont le chef est un ancien capitaine ; le personnel de la société est de 40 personnes, tous anciens militaires ; le chef voudrait être affilié à une autre société. Il désire seulement n'être pas connu. Je vous y conduirai. J'ai refusé, messieurs, et Bray m'a dit que j'étais un homme faible, que j'avais tort de nier appartenir aux société secrètes. Je n'ai rien dit, mais ma conviction fut que Bray était tout au moins exalté.

Bray a nié que Charles Chaveau lui eût parlé de son projet d'expédition en Espagne, et cependant il devrait se souvenir qu'un jour, en sortant, il nous donna l'adresse de M. Auzou, rue de Bondy, 72, et celle de M. Schwartz, rue Bleue, 25, tous deux recrutant pour l'Espagne. Je dis *nous*, messieurs, car j'avais le secret de Charles ; moi aussi je devais partir avec lui, si on m'avait promis le grade d'officier de santé. Oui, nous devions former une compagnie *franche*, nous armer à nos frais. L'on n'a, il est vrai, saisi aucune arme à mon domicile, cependa nt je dois dire que j'ai des pistolets. Et quant à ces poiguards , dont l'utilité vous semble si problématique , n'oubliez pas que pour rejoindre l'armée d'Isabelle , nous avions à traverser des pays occupés par les troupes de don Carlos.

Me Coin de Lisle , présente la défense de Léglantine.

Le président.—La parole est au défenseur de Boireau.

Me Massot.—Je n'ai que de courtes observations à faire dans l'intérêt de Boireau. Je désire ne les représenter que lors des répliques.

Le président. — Nous apercevons le terme de cette affaire. Demain auront lieu les répliques de M. le procureur-général et des défenseurs. Nous remettrons à vendredi pour notre résumé et la délibération du jury.

L'audience est levée à 5 heures.

DIXIÈME AUDIENCE.— 7 AVRIL.

L'audience est ouverte à 10 heures et demie.

Le président au témoin Marlin.—Avez-vous assisté à toutes les plaidoiries?

Marlin.—Non, monsieur.

Le président.—Avez-vous dit que si on avait parlé du baril devant vous , vous auriez nécessairement entendu ce qui se serait dit à cet égard?

Marlin.—Je travaillais près de la fenêtre ; le bruit des voitures a pu me faire perdre quelque chose de la conversation.

Le président.—Le témoin Lepage est-il présent?

L'huissier audiencier appelle M. Lepage ; personne ne répond.

Le président.—La parole est à M. le procureur-général.

Le procureur-général. — Avant de répondre aux défenses que vous avez entendues, nous éprouvons le besoin de nous associer aux sentimens que les défenseurs ont exprimés sur l'institution du jury : il n'est personne qui ne reconnaisse aujourd'hui les hautes garanties qu'il présente, qui ne rende hommage à ses lumières, à son impartialité, à la sagesse, à la fermeté de ses décisions. Cette institution, sanctionnée par notre pacte fondamental, régularisée par nos lois, est dans la plénitude de sa force et de sa puissance. Cette haute et légitime confiance qu'inspire le jury, tous les corps judiciaires la méritent; depuis les degrés inférieurs jusqu'aux sommités les plus élevées, il n'est pas un magistrat qui n'apporte, dans l'accomplissement de ses devoirs, la plus consciencieuse loyauté, qui ne recule à la seule pensée d'une injustice.

Le procureur-general s'efforce de démontrer que Bray n'est pas un provocateur, il n'a agi que dans les vues les plus pures, et sans aucune espérance d'être récompensé de ses révélations. Il discute ensuite la question de complot, et soutient que toutes les conditions exigées par les articles 86 et suivans du code pénal pour qu'il y ait complot, se trouvent dans les faits imputés aux accusés.

Le procureur-general revient à la société des Droits de l'Homme, et d'une voix véhémente s'écrie : Cette société honteuse, après avoir levé l'étendard de la révolte et de la sédition, après avoir porté la guerre civile dans nos rues, est descendue à l'assassinat. (Les accusés s'agitent sur leurs bancs : un sentiment d'indignation paraît les dominer.)

Charles Chaveau, avec vivacité.— Ce n'est pas vrai.

Le ministère public reproduit les charges relatives à chaque accusé. Lorsqu'il arrive aux outrages adressés aux agens de l'autorité et aux paroles sanguinaires placées par l'accusation dans la bouche de madame Chaveau, Charles Chaveau se lève et s'écrie : Des preuves ? des preuves !

Les accusés cherchent à le calmer. Delont le prend par le bras, et fait tous ses efforts pour le faire asseoir.

Charles Chaveau.—Non, non, de telles faussetés me révoltent..... Je ne puis laisser passer de pareilles infamies.

Le president. — Les défenseurs ont obtenu jusqu'à ce jour que les accusés gardassent le silence; s'ils oublient leur sage recommandation, nous saurons leur appliquer les dispositions de la loi.

Le procureur-general continue la discussion, et termine en invitant le jury à ne pas se laisser aller à l'indulgence que les défenseurs ont sollicitée de lui.

Après cette réplique, qui n'a pas duré moins de deux heures,

M⁰ Plocque discute les charges relatives à Gabriel et Ch. Chaveau, et arrivant à l'interruption de Charles, il s'exprime ainsi :

Messieurs, permettez-moi de justifier l'irritation qui tout à l'heure a saisi Ch. Chaveau quand le ministère public parlait de sa mère ; sa mère, c'est toute sa pensée ! Demandez contre lui la déportation, accusez-le d'assassinat, il restera calme sur son banc ! Mais parlez de sa mère, joignez à son nom quelques-unes de ces épithètes que vous ne lui avez pas épargnées, et vous le verrez s'agiter, répondre à des paroles irritantes par des paroles de colère, et tout le zèle de son défenseur, auquel on en appelle, ne pourra le calmer. Cette exaltation a sa source dans les plus nobles sentimens, vous l'excuserez.

M⁰ Plocque dit en terminant : On vous a parlé d'assassinat politique ; mais il n'existe pas de nos jours. Quel homme politique, quel homme pouvant s'honorer d'appartenir à un parti a pu songer à combattre pour le meurtre ?

C'est un crime en pure perte, c'est un crime inutile. Il n'est pas besoin d'avoir long-temps médité sur les leçons de l'histoire pour rester convaincu que jamais un meurtre n'a anéanti une idée, et que jamais le poignard n'a mis à la raison la volonté de tout un peuple.

En vain le premier des Nassau tombe frappé par un meurtrier, la république des Provinces-Unies ne s'élève pas moins glorieuse et florissante. Le meurtre du duc de Guise a-t-il empêché la chute de Valois ? Le meurtre du dernier Valois a-t-il empêché l'avénement de la maison de Bourbon ? Henri IV est assassiné, qu'y gagnera le fanatisme ? Les protestans n'en conquerront pas moins leur état civil !

Qu'y gagnera la politique européenne ? Richelieu ne va-t-il pas venir, qui accomplira plus sûrement et plus complétement les grands projets de Henri IV pour l'abaissement des maisons d'Autriche et d'Espagne. Enfin la mort de l'exécrable Marat, à quoi a-t-elle servi ? A-t-elle comprimé le torrent de la terreur ? L'attentat de nivose ne marque-t-il pas l'apogée de la puissance du premier consul. Carbon et Saint-Regent le sacrent empereur bien mieux encore que le sénat et le pape.

Voilà, je le répète, des vérités d'une évidence triviale, qui sont à la portée de tous, qui nous sont communes à tous, accusés, défenseurs et jurés.

Si l'antiquité nous a vanté le courage de certains hommes, qui se dévouaient et frappaient le tyran, l'oppresseur de la liberté du pays, c'est qu'alors il n'existait ni liberté, ni garantie, ni citoyens; c'est qu'entre le tyran et l'esclave, la dernière raison était le poignard, c'est enfin que la tyrannie n'était qu'un homme.

Mais aujourd'hui les hommes ne sont rien que les représentans des idées, les protecteurs des intérêts. Voulez-vous annuler les hommes? faites-vous le contradicteur des idées, le conducteur des intérêts. Mais assassiner! ah! c'est nier le progrès des lumières, c'est nier la civilisation moderne.

Eh! voilà ce que nous savons tous en France, accusés, défenseurs et jurés! Oui, nous sommes unanimes dans cette pensée, *horreur pour l'assassin!*

Cette improvisation, prononcée avec chaleur et conviction, émeut l'auditoire.

L'HUISSIER-AUDIENCIER.—M. Lepage est présent.

LE PRESIDENT, à M. Lepage.—Nous al'ons vous demander des explications sur les circonstances dans lesquelles ont eu lieu vos expertises. Est-ce en présence du juge que vous avez opéré, ou chez vous?

M. LEPAGE. — J'ai procédé chez moi à toutes les expertises.

Une discussion s'engage entre Me Plocque et le procureur-général et l'expert, sur le point de savoir s'il y a pu avoir erreur et confusion entre les nombreuses pièces à conviction soumises à son expertise.

M. LEPAGE déclare qu'il a employé toute espèce de précaution pour éviter des erreurs ou des confusions.

L'audience est suspendue à deux heures un quart et reprise à trois.

Mes RITTIER, BRIQUET, MOULIN dans des répliques animées, discutent de nouveau le complot, en nient l'existence, et tout au moins les caractères légaux. Ils opposent aux éloges donnés par M. le procureur-général à la conduite de Bray les faits qu'il a avoués, et qui constituent, selon eux, une véritable provocation.

Me VIRMAITRE déclare n'avoir rien à dire pour Duval, l'accusation ayant été abandonnée à l'égard de celui-ci.

Me AUGUSTE MARIE insiste sur le silence gardé en sa réplique par M. le procureur-genéral relativement à l'accusé Delont. Il en tire la conséquence que son client est hors de cause, et que son acquittement ne saurait être douteux.

Mᵉ Coin de Lisle reproduit d'une voix calme et persuasive la défense de Léglantine.

Mᵉ Massot, défenseur de Boireau, donne des détails sur la vie de son client.

Mᵉ Joly, dans une brillante et chaleureuse improvisation plusieurs fois interrompue par de nombreux murmures d'approbation, embrasse tous les faits de la cause; puis il discute et renverse avec une grande force de logique les charges qui s'élevaient contre ses cliens, Combes et Dulac. Il flétrit de nouveau ce Bray, inventeur et artisan du complot qu'il a dénoncé et déploré la confiance aveugle que le ministère public paraît avoir placé dans la déposition d'un tel homme. Mᵉ Joly termine sa réplique par un appel à la justice éclairée du jury.

Nous regrettons de ne pouvoir reproduire cette habile et éloquente plaidoirie qui a captivé au plus haut point l'attention du public, des jurés et de la cour. Mᵉ Joly est entouré et félicité de toutes parts, Combes se précipite dans ses bras et le remercie avec effusion. Plusieurs accusés qui avaient annoncé l'intention de prendre la parole y renoncent spontanément dans la crainte d'atténuer la vive impression produite par Mᵉ Joly.

Le président demande à chaque accusé s'il a quelque chose à ajouter à sa défense.

Sur cette interpellation, madame Chaveau se lève, et dit : Messieurs, vous allez prononcer sur le sort de mes deux enfans, n'oubliez pas qu'ils n'ont plus de père, et qu'ils sont mes soutiens. Je leur ai sacrifié ma vie, permettez leur d'en faire autant pour moi ; je suis veuve, je vous recommande mes enfans, mes chers enfans ; ne les séparez pas de moi. (Sensation.)

Boireau. — Je m'étais proposé de parler ; mais on m'a dit que mes opinions politiques pourraient nuire à mes co-accusés. Je ne dirai rien. Je m'en rapporte au surplus aux observations que vous a présentées mon éloquent défenseur.

Le président annonce que les débats ne seront clos que demain, pour que de nouvelles observations, si on les croit nécessaires, soient présentées à l'ouverture de l'audience.

ONZIÈME AUDIENCE. — 8 AVRIL.

L'audience est ouverte à dix heures un quart, et commence par le résumé de M. le président.

Le jury se retire dans la chambre de ses délibérations à onze heures et demie.

A quatre heures cinq minutes un coup de sonnette se fait entendre. L'huissier introduit les jurés à l'audience.

La cour entre immédiatement en séance. Le procureur-général ne paraît pas. M. Montsarrat, substitut, doit seul, selon l'usage, remplir les fonctions du ministère public.

Messieurs les jurés rentrent en séance, et un profond silence s'établit.

LE CHEF DES JURÉS. — Sur mon honneur et ma conscience, devant Dieu et devant les hommes, la déclaration du jury est :

A la majorité, Charles Chaveau est coupable d'un complot contre la vie du roi ; oui, il y a eu de sa part des actes commencés pour l'exécution ;

A la simple majorité, Gabriel Chaveau et Hubert sont coupables du complot ; non, il n'y a pas eu de leur part des actes d'exécution.

A la majorité, Huillery et Husson sont coupables du complot ; non, il n'y a pas eu de leur part des actes d'exécution.

A la majorité, Hubert et Huillery sont coupables d'avoir outragé un commissaire de police dans l'exercice de ses fonctions et d'avoir proféré des cris séditieux ;

A la majorité, Hubert est coupable d'avoir outragé des agens de la force publique dans l'exercice de leurs fonctions ;

A la majorité, il y a des circonstances atténuantes en faveur des cinq accusés ;

Non, la veuve Chaveau, Combes, Delont, Dulac, Léglantine, Duval et Boireau ne sont pas coupables.

LE PRÉSIDENT. — Introduisez la femme Chaveau, Combes, Delont, Dulac, Léglantine, Duval et Boireau.

Un quart d'heure s'écoule avant qu'ils aient été amenés de leur prison à l'audience.

LE PRÉSIDENT. — Vu la déclaration du jury en ce qui concerne les accusés présens, et en vertu des pouvoirs qui nous sont conférés par la loi, nous les déclarons acquittés de l'accusation portée contre eux, et ordounons qu'ils seront mis sur-le-champ en liberté, à l'exception de Boireau, détenu pour autre cause.

Madame Chaveau sort, soutenue par les gendarmes; sa douleur, qu'elle a cherché à contenir, se manifeste par des sanglots et des pleurs qui se font enfin passage; elle est hors de la salle et l'on entend éclater ses gémissemens et ses cris. (Profonde sensation dans l'auditoire.)

LE PRESIDENT. — Faites entrer les autres accusés.

Les frères Chaveau, Huillerye, Husson et Hubert sont amenés.

M. MONTSARRAT.—Vu la déclaration du jury, nous requérons qu'il soit fait à Gabriel et Charles Chaveau, Huillerye, Husson et Hubert, application de l'art. 89 du Code pénal, modifié par l'art. 465 du même Code. De plus, à Huillerye et Hubert de l'art. 222 du Code pénal, et 8 de la loi du 25 mars 1822.

LE PRÉSIDENT. — Gabriel et Charles Chaveau, avez-vous quelque chose à dire sur l'application de la peine?

Mᵉ PLOCQUE. — Je rappellerai à la cour la supplication que madame Chaveau adressait hier au jury. La cour a entendu aujourd'hui ses cris de douleur retentir jusque dans cette enceinte. Vous, messieurs, vous aurez égard à la jeunesse de Gabriel et Charles Chaveau; vous n'oublierez pas leur position exceptionnelle, leur inexpérience, et j'espère que vous serez aussi indulgens que la loi permet de l'être.

LE PRÉSIDENT. —Huillery, avez-vous quelque chose à dire sur l'application de la peine?

Hnillery veut faire quelques observations sur la condamnation. Le président l'interrompt, et lui fait connaître qu'il ne peut s'expliquer que sur l'application de la peine.

HUBERT (avec feu). — Nous sommes républicains; nous sommes innocens! Les républicains n'assassinent pas : il faut être partisan de la monarchie pour assassiner!

LE PRÉSIDENT.—Hubert, vous n'avez pas la parole; elle est en ce moment à Huillery. Je l'engage à parler avec calme et modération.

HUILLERY.—Je suis calme, vous le voyez. J'ai eu la bonne

foi de me constituer prisonnier, je me suis livré avec confiance au jury, et vous m'avez condamné, moi, innocent!

Hubert. —Nous sommes condamnés par vous, mais le peuple nous absoudra.

Le president.—La loi de septembre nous donne le droit, si un pareil tumulte continue, de faire reconduire dans leurs cachots les condamnés qui troubleraient l'audience, et de prononcer l'arrêt en leur absence, sauf à le leur faire connaître par une signification : nous déclarons ici que nous userons de ce droit si le scandale qui vient d'avoir lieu se renouvelle.

Huillery. —A un homme qui doit subir la peine que vous allez prononcer, il est permis de dire ce qu'il a sur le cœur. Je suis innocent.

Le president.—Vous ne devez pas protester de votre innocence et discuter une condamnation prononcée contre vous.

Hubert et Huillery renouvellent leurs protestations avec une énergie croissante.

M. Montsarrat.—En vertu de la loi du 9 septembre 1835, nous requérons que les accusés Hubert et Huillery soient transférés à la Conciergerie, et que l'arrêt prononcé par la cour, en leur absence, leur soit signifié.

Le president donne aux gendarmes l'ordre de faire sortir Hubert et Huillery.

Hubert (d'une voix forte). — Vive la république! Nous mourrons pour elle... Mépris à nos oppresseurs... Vive la république!... Adieu, mes amis!...

Huillery. — Vive la république!... (Rumeur prolongée dans l'auditoire, qui se lève spontanément.)

Les deux accusés sortent de l'audience.

Me Rittier présente quelques observations dans l'intérêt de Husson.

La cour se retire dans la chambre du conseil pour délibérer.

Pendant cette délibération, les frères Chaveau et Husson restent à l'audience. Husson paraît abattu et verse quelques larmes ; Gabriel Chaveau est pâle, mais calme ; Charles Chaveau est agité. Il se lève plusieurs fois pour parler, mais il cède aux sollicitations de Me Plocque et à celles de son frère.

Au bout d'une demi-heure, la cour rentre en audience (profond silence).

Le président. — La cour, vu le procès-verbal de ce jour, constatant qne le trouble causé à l'audience par Huillery et Hubert a nécessité leur renvoi dans la prison ,

«Ordonne que l'arrêt leur sera signifié, conformément à la loi du 9 septembre 1835 ;

Et après avoir entendu M. le procureur-général en son réquisitoire, les défenseurs des accusés en leurs plaidoiries et observations, sur l'application de la peine,

« Considérant qu'il résulte de la déclaration du jury, que Gabriel et Charles Chaveau , Huillerye, Husson et Hubert se sont rendus coupables d'un complot contre la vie du roi ; qu'il y a eu de la part de Charles Chaveau des actes commencés pour l'exécution de ce complot ;

» Que Hubert et Huillerye ont outragé un commissaire de police et proféré des cris séditieux ; que Hubert a de plus outragé des agens de la force publique, mais qu'il y a des circonstances atténuantes en leur faveur ;

» Condamne Charles Chaveau à dix années de détention, Huillerye et Hubert à cinq années de prison, Gabriel Chaveau à quatre années, et Husson à trois annnées ;

» Ordonne que Gabriel et Charles Chaveau, Huillerye, Husson et Hubert resteront, à compter de l'expiration de leur peine, pendant dix ans sous la surveillance de la haute police ;

» Les condamne tous cinq solidairement aux dépens. »

Condamnés, vous avez trois jours pour vous pourvoir contre l'arrêt que vous venez d'entendre.

Me moulin. — Je demande acte de ce qu'il n'a pas été demandé à Hubert s'il avait quelque chose à dire sur l'application de la peine.

le président. — J'ai demandé à Hubert, ainsi qu'à Huillerye, s'ils avaient à faire des observations sur l'applieation de la peine. Le trouble qu'ils ont occasionné n'a pas permis que ces explications fussent présentées, ce n'est pas de notre faute !

le président. — La séance est levée.

charles chaveau (à la cour qui se retire). — J'accepte votre coudamnation. (Avec un geste énergique et touchant :) Jurés ! vous avez assassiné ma mère ! vous, des pères de famille !

Cet arrêt, écouté dans un religieux silence, est suivi d'une longue rumeur. On remarque, dans la foule qui se retire, plusieurs dames dont l'émotion se trahit par des larmes. Bientôt on entend des chants retentir, ce sont les infortunés condamnés, qui, en regagnant leurs cachots, entonnent en chœur, d'une voix mâle, le second couplet du *Chant du Départ*.

FIN.